“生活方式与健康管理”丛书

运动管理与健康

王 珍 等◎主编

長江出版傳媒
湖北科学技术出版社

图书在版编目（CIP）数据

运动管理与健康 / 王珍等主编 . -- 武汉 : 湖北科学技术出版社， 2025. 6. -- ISBN 978-7-5706-4336-3

Ⅰ . G806

中国国家版本馆 CIP 数据核字第 2025C6C685 号

策　　划：冯友仁　　　　责任校对：张　婕
责任编辑：程玉珊　　　　封面设计：胡　博

出版发行：湖北科学技术出版社
地　　址：武汉市雄楚大街 268 号（湖北出版文化城 B 座 13—14 层）
电　　话：027-87679468　　　　邮　　编：430070

印　　刷：武汉科源印刷设计有限公司　　　　邮　　编：430299

---

710 毫米 ×1000 毫米　　1/16　　14.5 印张　　250 千字
2025 年 6 月第 1 版　　　　2025 年 6 月第 1 次印刷
定　　价：45.00 元

《运动管理与健康》
编 委 会

主　审　楼建林

副　审　沈旭慧

主　编　王　珍　钮富荣　冯文明　王霄一

副主编　张　颖　沈旭慧　唐成武　白宏锋

编　委　王　珍（湖州师范学院）

钮富荣（湖州师范学院）

冯文明（湖州市第一人民医院）

王霄一（湖州市第一人民医院）

张　颖（湖州市第一人民医院）

沈旭慧（湖州师范学院）

唐成武（湖州市第一人民医院）

白宏锋（湖州师范学院）

秘　书　刘乐乐（加拿大圭尔夫大学）

前　言

2018 年，世界卫生组织（World Health Organization，WHO）估计全球超过四分之一（约 14 亿）的成年人由于身体活动不足而面临疾病风险，身体活动不足或缺乏运动是继高血压、吸烟和高血糖之后导致死亡的第四大因素。2022 年，《柳叶刀》曾发表 *Physical Activity* 2021 专辑，报告全球每年超 500 万人因运动不足而死亡，呼吁在全球范围内加强身体活动和体育锻炼。

研究表明，在没有明显特殊因素诱导的炎症反应的情况下，随着年龄的增长，体内多种炎症因子水平呈现上升的趋势，表现为机体长期处于慢性低度炎症状态。中老年人群炎症因子水平升高还与久坐、低水平身体活动或高体脂率有关。长期身体活动不足，更加重了机体的慢性炎症状态。慢性低度炎症指的是全身炎症因子，如白介素（interleukin，IL）-1β、IL-4、IL-6、IL-10、肿瘤坏死因子（tumor necrosis factor，TNF）-α 和 C- 反应蛋白（C reactive protein，CRP）等长期处于低水平升高的一种炎症状态，这种炎症状态具有非特异性、可持续、遍及全身的特点。机体长期的低度炎症状态与心血管疾病、2 型糖尿病、肌肉减少症、肿瘤等多种慢性病的发生及发展相关，对中老年人身体健康造成严重威胁。

多项研究证实，运动能有效缓解机体因年龄增长造成的炎症因子水平升高，降低中老年人患慢性病的风险。运动抗炎症的机制可能是热休克蛋白转录增加、抗炎症 / 抗氧化能力提高、骨骼肌功能增强、改善肠道菌群失调、细胞衰老延缓等方面的共同作用。

团队成员近 20 年来一直致力于糖尿病、肥胖、心脑血管疾病与慢性低度炎症关系的机制和管理策略研究。集团队成员集体智慧撰写的《运动管理与健康》这部著作既具有充分的理论依据，又是实践经验的总结。

该书由“运动学基础”“运动与健康”“运动调节机制”“运动管理”四大部分组成。这四大部分系统介绍了运动与炎症和氧化应激的关系，运动与肥胖、糖尿病和心脑血管疾病等慢性炎症性疾病的关系，运动相关的调节机制，以及在日常生活中如何进行合理运动、营养调节、防止运动损伤、降低运动疲劳和制定个性化的抗炎症运动管理方案，从而进行精准化的运动抗炎症，以达到从根源上消除慢性炎症的目的。

我们希望本书的出版，为运动相关健康问题的管理提供富有特色的中国经验！

在撰写本书的过程中，参与素材收集的学生有陆哲宇、陈功、陈晓慧、王诗雯、赵子萌、王雨靖、梁叶、徐寒冰、柳谢雪、陆晟、吴家豪、顾梦简、王潘轶、黄可瀚、冯宇、何毅恒、朱声涛、侯家袁、闻俊毅、王政睿、姚琦崴、肖勇、傅诗焱、邹童妍、朱晗、沈杨婕、傅佳萍、马金、徐若兮、周树立、邹卓序、高芳艳、陈伊黎、沈嘉怡、卢柯羽、程艺源、刘乐乐等，在此一并表示感谢！

沈旭慧

2025 年 1 月

目 录

第一章

运动学基础

第一节 运动与身体素质

身体素质是指人体在肌肉活动中所表现出来的力量、速度、耐力、灵敏及柔韧等功能能力，是个体在遗传的基础上，在长期的生活、工作和运动中逐渐形成的身体能力要素。身体素质的好坏与肌肉和骨骼本身的结构和功能、内脏器官的功能、能量供应、神经及体液的调节等关系密切，是人体各器官系统在肌肉工作中的综合反映。

体力活动（physical activity，PA）与运动（exercise）是运动医学领域广泛使用的两个基本术语，在使用过程中常交替使用，但这两个术语并不是同义词。体力活动是由骨骼肌收缩产生的身体运动，使能量消耗增加到基础代谢水平以上，通常是指在身体活动分类中能够增强健康的身体活动。体力活动可以分为职业、交通、家务和休闲四大类。运动是休闲类的体力活动，是有计划、有组织、可重复，旨在改善或保持体质健康的身体表现或健康的身体活动。

体力活动或运动对身体健康的影响是全方位的，主要体现在提高心肺功能、增强免疫力、改善精神状态以及预防慢性疾病等方面。定期进行适度的体力活动或运动，可提高心肺的工作效率、增强心肌的收缩力、降低静息心率、提高血液的输送能力、有效提高身体的耐力和体能。体力活动或运动能够增强免疫系统对病毒和细菌的防御能力。体力活动或运动可有助于压力的释放，改善精神状态，预防和缓解抑郁症、焦虑症等精神疾病的发生及进展。体力活动或运动可以有效预防和控制一些慢性疾病，如高血压、糖尿病、高脂血症等。

身体素质的增强是身体健康的基本保障。但是，无论是体力活动还是运动，均需要达到一定水平才能真正发挥有益的健康效应。体力活动水平（level of physical activity）是描述个体进行规律有氧运动水平的概念，与肌肉发达程度、体重、工作强度、时间和频率相关。体力活动水平与个体在特定水平获得的健康受益体力活动水平分为以下 4 个级别：①非活跃状态（inactive），是指在日常生活的基本活动之外没有进行任何中等或较大强度的身体活动。②体力活动不足

（insufficiently active），是指进行一些中等强度或较大强度的身体活动，但是每周达不到150min的中等强度身体活动或75min的较大强度活动或等效组合。该水平身体活动低于满足成人身体活动指南的目标范围。③体力活动活跃（active），是指每周进行相当于150～300min的中等强度身体活动，或75～150min的较大强度身体活动或等效组合。该水平身体活动达到成人身体活动指南的目标范围。④体力活动非常活跃（highly active），是指每周超过300min的中等强度身体活动或150min的较大强度身体活动或等效组合。该级别身体活动水平超过成人身体活动指南的目标范围。

本节内容重点介绍身体素质的基本要素、影响身体素质的因素及注意事项，以及运动对人身体素质的影响。

一、力量素质

力量是人体对抗阻力的能力，是速度、耐力、灵敏及柔韧等身体能力要素的基础。肌肉力量可表现为绝对肌力、相对肌力、肌肉爆发力和肌肉耐力等几种形式。绝对肌力是指肌肉做最大随意收缩时所能产生的张力，通常用肌肉收缩时所能克服的最大阻力负荷来表示。相对肌力是指单位生理横截面积的肌肉做最大收缩时所能产生的肌张力。肌肉爆发力是指肌肉在短时间内发挥力量的能力，通常用单位时间内肌肉做的功表示。肌肉耐力是指肌肉长时间收缩的能力，常用肌肉克服某一固定负荷的最多次数（动力性运动）或最长时间（静力性运动）表示。

1. 肌肉力量的决定因素

决定肌肉力量的生物学因素很多，除了性别和年龄外，主要受到肌源性因素和神经源性因素的影响。

（1）肌源性因素。

肌源性因素主要包括肌肉的横断面积、肌纤维的类型和肌肉收缩时的初长度等。肌肉的横断面积是指横切一块肌肉，单位面积（cm^2）内所有肌纤维的数量之和，由纤维的数量和粗细共同决定。肌纤维的类型直接影响肌肉的力量。对于相同数量的肌纤维，快肌纤维因含有较多的肌原纤维，无氧供能酶活性较高，供能速度快，单位时间内做的功多，其收缩能力显著大于慢肌纤维。肌肉收缩时的初长度主要影响最大肌肉力量。肌肉收缩力量的大小主要取决于粗肌丝横桥的活化数量。当肌肉处于某一收缩长度时，肌小节中粗、细肌丝的重叠达到最佳水平，肌球蛋白横桥与肌动蛋白结合的数目多，活化的横桥数目越多，产生的力量最大，这一长度称为最适初长度。比如，在投掷类项目中，肌肉收缩前先向后引臂，肌肉被拉长，然后再做向心收缩，以及纵跳之前先下蹲等，都是为了提高肌肉的力量。

（2）神经源性因素。

神经源性因素主要包括中枢激活水平、中枢神经对肌肉的协调和控制能力、中枢神经系统的兴奋状态等。中枢激活是指中枢神经系统动员肌纤维参与收缩的能力。人体在进行最大用力收缩时，并不是所有的肌纤维都同时参加收缩，动员参加活动的纤维数量越多，收缩时产生的力量越大。缺乏训练的人，只能动员 60% 的肌纤维同时参与收缩，有良好训练的人可动员 90% 以上的肌纤维。当进行运动时，即使最简单的动作也是多块肌肉（主动肌、协同肌、拮抗肌和固定肌）协调完成的结果。不同的肌肉群受到不同神经中枢的支配，不同肌肉群由不同神经控制，不同神经中枢之间更协调一致，发挥更大的收缩力。中枢神经对肌肉的协调和控制能力同样具有可训练性，对于某特定的动作，动作越熟练，相关的神经中枢的协调性越好。力量训练还可以改善各运动中枢间的协调与控制能力，使支配各肌群的中枢之间能够准确而及时地产生兴奋与抑制的转换，使主动肌与对抗肌、协同肌、固定肌之间的工作更加协调一致，表现为主动肌群用力，被动肌群放松，从而发挥出更大的力量效果。中枢神经系统的兴奋状态也对肌肉力量产生影响。中枢神经系统兴奋，即情绪高度兴奋时，会导致肾上腺激素等大量释放，也是影响肌肉力量的重要因素。经常性的运动负荷训练有助于提高中枢神经系统的兴奋性。总之，这些神经源性因素共同作用，影响着肌肉力量的发挥和肌肉收缩的效率。通过适当的训练和调节，可以提高这些神经源性因素对肌肉力量的正面影响。

2. 力量训练的原则

力量训练（又称为抗阻力训练）是提高肌肉力量的重要手段，但是，只有遵循科学的训练原则才能有效地提高肌肉的力量。抗阻力训练需要遵循的基本原则包括超负荷原则、负荷渐增原则、专门性原则、有效负荷原则、负荷顺序原则、运动间隔合理原则等。

（1）超负荷原则（progressive overload）。

力量训练中的超负荷原则是指为了提高肌肉力量、耐力和体积，训练者必须逐渐增加训练的难度。若要提高肌肉的最大力量，必须使肌肉克服的阻力足够大，阻力应超过肌肉最大负荷能力的 2/3 以上，甚至达到或略超过肌肉所能承受的最大负荷。这个原则基于身体适应性的概念，即身体会适应施加给它的压力，而当这种压力增加时，身体也会变得更强壮以应对更大的挑战。

超负荷原则训练的要点：①增加重量，随着肌肉适应当前的重量，增加重量可以提供新的挑战，促进肌肉生长。②增加训练量，增加训练的组数或次数也可以增加超负荷。③增加训练强度，通过执行更高强度的训练，如单次最大重量（1RM）的百分比，来增加超负荷。④增加训练频率，增加每周训练同一肌肉群的次数可以增加超负荷。⑤周期性训练，通过周期性地改变训练计划，可以避免平台期，并持续提供超负荷。⑥改变训练方式，通过改变训练动作、速度或使用不同的训练技术来增加新的挑战。⑦减少休息时间，减少组间休息时间可以增加训练的强度，从而增加超负荷。⑧强化营养支持，超负荷训练需要适当的恢复时间和营养支持，以确保身体能够适应训练并恢复。⑨个体化训练，每个人的身体和训练反应都是不同的，因此超负荷原则需要根据个人情况来调整。

（2）负荷渐增原则。

负荷渐增原则，是指随着训练水平的提高，肌肉所克服的阻力也应随之增加，以保证最大肌力的持续增长。这意味着力量训练过程中，随着肌肉适应当前负荷，需要逐渐增加负荷量，形成新的超负荷。

负荷渐增原则的训练要点：①逐渐增加训练重量，这是最基本的渐进超负荷方法。例如，如果你在卧推中使用 70kg 做了 3 组 8 次，下周可以尝试使用 72.5kg 做同样的组数和次数。②增加训练次数，在保持相同重量的情况下，增加每组的训练次数。如果你能够完成更多的重复次数，这意味着你的肌肉已经适应了当前的负荷，需要增加训练量。③增加训练组数，除了增加单组的次数外，增加总组数也是渐进超负荷的一种方式。例如，如果之前是 3 组，可以尝试增加到 4 组。④缩短组间休息时间，减少组与组之间的休息时间可以增加训练的强度，从而实现超负荷。⑤控制动作速度，通过改变动作的速度，如做更慢的离心收缩，可以增加肌肉的负荷，促进肌肉生长。⑥训练量的渐增：训练量是指所选动作次数、所选动作重量和所选动作组数的乘积。渐进超负荷也包括逐渐增加训练量。⑦合理增加负荷，增加负荷时应该遵循个体差异、训练状态和目标肌群的不同，一般建议增加2.5%～10%的重量，并从轻开始慢慢尝试。⑧避免过度训练，渐进超负荷并不意味着无限制地增加负荷。需要确保身体有足够的恢复时间，避免过度训练和受伤。⑨适应性调整，随着训练的进行，身体的适应性会提高，因此需要不断地调整训练计划，以保持训练的新鲜感和挑战性。⑩记录和监控，记录每次训练的重量、次数和感受，监控自己的进步，并根据这些信息调整训练计划。通过遵循这些要点，可以有效地应用负荷渐增原则，促进肌肉的增长和力量的提升。

（3）专门性原则。

专门性原则的目的是通过力量训练提高运动员在特定运动项目中的表现。通过模拟实际运动中的动作，可以更好地发展与该运动项目相关的神经肌肉协调能力和肌肉的生理、生化适应性。因为肌肉和关节已经适应了特定的运动模式和负荷，这种训练方法有助于提高运动员在特定运动中的效率和表现，同时也减少了受伤的风险。

专门性原则的要点：①进行力量练习的身体部位的专门性，这意味着在进行力量训练时，应该针对那些直接参与特定运动项目的肌肉群进行训练。例如，对于篮球运动员，可能需要更多地训练腿部和核心肌群，因为这些肌肉群在比赛中扮演着重要角色。②练习动作的专门性，这涉及训练动作的选择，应尽可能模拟实际运动中的动作结构和节奏。也就是说，力量训练的动作应该与运动员在比赛中执行的技术动作相匹配，以提高训练的转移效应。

（4）有效负荷原则。

运动训练中有效负荷原则是指导运动员训练的重要原则之一，它涉及如何科学地控制训练负荷以促进运动员的快速进步，减少受伤风险，并提高训练效果。

有效负荷原则的要点：①个体化原则。每个人的身体状况和目标需求都不同，因此适宜负荷原则要求个体化。针对个体的特点和目标，制订相应的负荷计划，使训练对个体来说既具有挑战性，又不超出承受能力。②超负荷与适宜原则。在一定时间范畴内，负荷施加到人体并产生应答，使机体在心率、血压、血乳酸、注意力等多个方面发生变化，从而表现出运动负荷在人体功能改善和运动技能掌握方面的价值。对于竞技运动，只有在量的基础上提高强度才能满足功能提高的需要。③量与强度的关系。训练量的功能在于反复多次刺激机体，形成一定的积累效应，而训练强度的功能在于加大对机体刺激的深度，提升机体的抗载荷能力。④训练负荷的设计与安排。训练负荷的设计基础包括能量物质的供给与应用、适应和超量恢复原理、竞技状态形成和发展规律、运动项目特征和比赛情景、训练的阶段性和周期性。⑤训练负荷的节奏模式。科学构建训练负荷节奏模式，包括增加训练量降低训练强度、增加训练强度降低训练量、训练量和强度相对恒定等模式。⑥负荷的增长原则。为了使运动负荷的效果更加明显，则必须不断增加运动负荷以保证有效性。⑦心理负荷。在专项训练和比赛中，动机是个很重要的问题，缺乏动机就不可能具有最大限度地动员肌肉、神经系统的心理能力。长时间从事专项训练，要克服厌倦情绪。另外，比赛胜负、训练指标完成的好坏、计划执行的情况、社会因素的影响以及运动员的身体状况，都会对运动员产生不同的心理负荷。⑧监控与评定。对训练负荷进行监控，可以检验训练效果。选择晨脉、运动心率、肌肉用力感、教学观察、个体主观疲劳感等简易的方法和手段，去测试和判断运动员的功能和疲劳状态。⑨赛事组织特点。紧密结合赛事组织特点安排训练和比赛负荷，考虑赛事模式、比赛负荷、赛会制比赛周期等因素。这些原则共同构成了运动训练中有效负荷原则的核心内容，它们帮助教练员和运动员更科学、更有效地进行训练，以达到最佳的训练效果。

（5）负荷顺序原则。

负荷顺序原则是指力量训练要考虑前后动作的科学性和合理性，应遵循先练习大肌肉（相对不易疲劳）、后练小肌肉（相对易疲劳）、前后相邻动作避免使用同一肌群原则。

负荷顺序原则的要点：①先练大肌肉，后练小肌肉。在力量训练中，应先进行大肌肉群的训练，再进行小肌肉群的训练，这是因为大肌肉群在训练时能够调动更多的运动单位参与，且相对不易疲劳，可以延长训练时间。②多关节肌训练在前，单关节肌训练在后。多关节肌肉训练通常涉及更大的肌肉群和更多的运动单位，因此应该放在前面，而单关节肌肉训练则放在后面。③前后相邻运动避免使用同一肌群。在安排训练计划时，应避免相邻的训练动作使用同一肌群，以减少肌肉疲劳，确保每个动作都能以最佳状态完成。④在训练单一肌群时，大强度练习在前，小强度练习在后。当针对同一肌群进行训练时，应先进行大强度的练习，这样可以在肌肉力量最充沛时完成更高强度的训练，随后再进行小强度的练习。遵循这些原则有助于提高训练效率，减少受伤风险，并促进肌肉的全面发展。通过科学的训练顺序，可以更好地刺激肌肉生长和力量提升，从而达到最佳的训练效果。

（6）运动间隔合理原则。

运动间隔合理是指两次训练的间隔时间适宜，下次力量训练要在上次训练出现的超量恢复期内进行，从而使运动训练效果得以累积。

运动间隔合理原则的要点：①超量恢复原理。肌肉或肌群在运动练习之后会产生适度的疲劳，通过适当时间的休息，可以使肌肉的力量和形态功能等方面恢复到运动前的水平，并且在一定时间之内，还可以继续上升超过原有水平。这个时间间隔就是超量恢复期，是进行下一次训练的最佳时机。②个体差异。每个人达到超量恢复的时间长短由自身身体素质、营养状况、恢复能力和睡眠状态等因素决定，因此应根据自身情况来确定适宜的休息间隔。③不同类型运动的恢复时间不同。短跑等快速跑练习需要休息 36 ～ 48h 后进行第二次训练，大力量训练如举重、哑铃等需要休息 48 ～ 72h，而有氧运动如慢跑、骑自行车、游泳等需要休息 12 ～ 24h 后进行第二次运动。④力量训练的休息时间。对于负荷最大的活动，建议至少使用 2min 的休息时间，无论个人之前的力量训练经验如何。⑤系统训练与周期安排。根据运动训练结构特点、竞技状态呈现特征和重大赛事安排规律，系统持续地、周期性地组织训练过程。⑥集群组训与区别对待。运动员以组、队形式共同训练，同时依运动项目、个体特征、训练任务、训练条件、训练阶段等方面的不同而分别做不同训练安排。⑦适宜负荷与适时恢复。运动负荷的度量要对负荷计量，要对负荷做出具体的数量评定，同时积极采取加速机体恢复的适宜措施。⑧安全和效率。合理的运动需要遵守的原则就是“安全”和“效率”，而且安全和效率又是相互关联的。安全又有效率的运动训练就是合理的。综上所述，运动间隔合理原则需要根据个人的具体情况和运动类型来确定，同时要考虑到超量恢复、个体差异、系统训练和周期安排等因素，以确保运动训练的效果和安全性。

二、速度素质

速度素质是指人体进行快速运动的能力或最短时间完成某种运动的能力，主要包括反应速度、动作速度和周期性运动的位移速度等。

反应速度是指人体对各种刺激产生反应的快慢（如短跑运动员从听到发令到启动的时间），主要取决于反应时间（兴奋通过反射弧所需要的时间）的长短。人对刺激的反应，是一种神经反射活动，其结构基础为反射弧。反射弧主要包括感受器、传入神经、中间神经元、传出神经和效应器 5 个环节。在这 5 个基本环节中，传入神经和传出神经的传导速度基本上是固定的，反应时间的长短主要取决于感受器的敏感程度（兴奋阈值的高低）、中枢延搁和效应器（肌组织）的兴奋性。中枢延搁是决定反应时间最重要的因素，反射活动越复杂，历经的突触越多，反应时间越长。另外，反应时间也与中枢神经系统的功能状态（大脑皮质的兴奋性高低）和运动条件反射的巩固程度（运动技能越熟练，反应速度越快）有关。

动作速度是指完成单个动作时间的长短，取决于肌肉纤维类型的百分比组成及面积、肌肉力量、肌肉组织的兴奋性和运动条件反射的巩固程度等。

位移速度是指周期性运动（如跑步和游泳等）中人体通过一定距离的时间。以跑步为例，位移速度主要取决于步长和步频两个变量。而步长和步频又受多种生物学因素的影响。步长主要取决于肌力的大小、肢体的长度和髋关节的柔韧性。步频主要取决于大脑皮质运动中枢的灵活性和中枢间的协调性，以及快肌纤维的百分比和肥大程度。

三、耐力素质

耐力是指人体长时间进行肌肉工作的运动能力，也称为抗疲劳能力。耐力运动的分类和命名极其复杂，运动生理学中更多是从有氧耐力和无氧耐力进行划分。

1. 有氧耐力

有氧耐力是指人体长时间进行以碳水化合物和脂肪有氧氧化代谢供能为主的运动能力，因此充分的氧供应以及能量物质的有氧氧化能力是影响有氧耐力的关键因素。有氧耐力的影响因素包括最大摄氧能力、能量供应能力（体内肌糖原的提供以及肌肉氧化脂肪的能力）和神经系统的调节能力。

最大摄氧能力与心肺功能、血液运输能力、心血管功能和慢肌与快肌的比例密切相关，还与遗传、年龄、性别等因素有关。系统性耐力训练可以提高有氧氧化效率、氧化酶的活性以及机体动用脂肪供能的能力。有氧能力强的运动员脂肪供能的能力强，节省了糖原的利用。神经系统的调节能力是提高有氧运动能力的重要前提条件。神经中枢间的兴奋性和抑制性协调能力能提高肌肉活动的节律、节省能量消耗以及保持需氧与氧耗之间的平衡。长时间的耐力训练有助于神经系统调节能力的提高。

2. 无氧耐力

无氧耐力是指机体在无氧糖酵解的情况下较长时间进行肌肉活动的能力。当机体进行较大强度的运动时，主要依靠无氧糖酵解提供能量。无氧耐力的高低主要取决于肌肉无氧糖酵解供能的能力、缓冲乳酸的能力以及大脑细胞对血液 pH 变化的耐受力。

肌肉无氧糖酵解供能的能力是决定无氧耐力的主要因素，肌糖原含量高、糖酵解酶活性高、快肌纤维比例高，肌肉无氧酵解能力强。乳酸是机体运动过程无氧糖酵解的代谢产物，是一种较强的酸，pH 为 3.5。血液中存在多种缓冲对，能够中和进入血液的酸性物质，使血液的酸碱度改变较小，以维持人体内环境的相对稳定。另外，肝脏也具有缓冲和消除乳酸的能力。研究表明，经常进行无氧耐力训练，可以提高血液中重要缓冲物质（如碳酸氢钠）和促进碳酸分解的酶（碳酸酐酶）的活性，从而提高机体缓冲和消除乳酸的能力。脑细胞对血液 pH 变化较为敏感。尽管血液有较为强大的缓冲能力，但是当进入血液的乳酸量大，同时氧供应不足的情况下，会造成乳酸的堆积，影响脑细胞的工作能力。经常进行无氧耐力训练可以提高细胞对不利因素的耐受能力以及无氧工作效率。

四、其他能力

其他身体素质主要包括平衡、灵敏、柔韧和协调等能力。

平衡是指身体所处的一种姿势以及在运动或受到外力作用时能够自动调整并维持姿势的能力，是完成诸多运动项目和正常生活的前提条件。除了遗传和自身身体结构方面的因素外，还与前庭器官、视觉功能、本体感受器、大脑平衡调节、小脑共济协调以及肌肉群的力量和张力密切相关。按照性质，平衡分为 3 种，即对称型平衡、静态平衡和动态平衡。平衡性测定的方法主要有睁眼动态平衡测验、睁闭眼动态平衡测验、金鸡独立试验、头手倒立试验、平衡仪试验等。

灵敏是指运动者迅速改变体位、转换动作和随机应变的能力。灵敏性是身体各项素质的综合体现，与运动者的力量、反应、速度、爆发力和协调性密切相关，其突出特点表现在当环境突然发生变化时，能够随机应变地完成动作，并能够创造出新的动作以适应新的突变条件。灵敏性的生理基础主要涉及大脑皮质神经过程的灵活性与分析综合能力、感觉器官的功能状态、骨骼肌的结构与功能、运动技能的熟练程度等。另外，灵敏性还与年龄、性别、体重以及整个机体功能相关。灵敏性的测定主要有立卧撑测验、侧跨步测验、象限双脚跳测验等方法。

柔韧是人体在运动过程中完成大幅度运动技能的能力。柔韧性的不足直接影响动作的学习、高难度运动技能的掌握以及其他能力的发展。决定柔韧性的生理基础主要是运动器官的构造（如关节结构）、关节周围的附属结构、肌肉及皮肤的伸展性。同时，支配骨骼肌的神经系统功能状态，尤其是中枢神经支配对抗肌肉群的协调能力以及对肌肉收缩和放松的调节能力有关。柔韧性的评定既有简易测量方法，又有相对精确的测量方法，如直立体前屈测验、踝关节背屈测验、旋肩部测验、背伸测验、小腿内外旋测验等。

协调是指人体在运动过程中身体各器官、系统在时间和空间上相互配合完成动作的能力，是完成动作的基本条件之一，贯穿于一切动作的始终，是人体速度、力量、耐力、平衡、柔韧等各种素质与运动技能协同的综合表现。协调涉及广泛的生理基础，目前尚未有十分理想的测验来评定人体的协调性。

五、运动对中老年人群身体素质的影响

运动对中老年人群身体素质的影响是多方面的，具体包括以下几个方面：①心肺功能改善。长期坚持运动能够使心肌和毛细血管壁增厚，每搏输出量增多，增大呼吸肌的力量，有效改善随年龄增长带来的心肌纤维化和变性，减缓心功能下降，进而改善中老年人的心肺功能，提高心肺耐力。②肌力与肌肉耐力提升。适当的力量训练有助于提高中老年人的力量适应性、肌肉的力量、速度、耐力和关节的灵活性，增加肌肉线粒体的数量和体积。③增强肌肉力量和质量。运动可以改善中老年人增龄相关的肌肉力量和质量、骨密度、活动能力和认知功能的下降。④改善神经、肌肉、呼吸循环器官等功能。随着年龄增长，这些功能逐渐退化和减弱，但适宜的运动可以减缓这一过程。⑤预防跌倒和骨折。身体活动有助于防止中老年人跌倒，避免与跌倒相关的损伤，同时预防骨骼损伤和肌肉功能的下降。⑥改善躯体功能、提高日常生活活动能力和生活质量。运动可以改善中老年人的躯体功能和生活质量，减少非传染性疾病和全因死亡的风险。⑦经济和心理健康的益处。长期坚持锻炼的中老年人不仅寿命能延长，而且患上关节炎、2 型糖尿病、老年痴呆症和某些癌症的风险也降低了。人们的生活满意度也能提升，因为运动能降低体内应激激素含量，从而减小患焦虑症、抑郁症的风

险。⑧成功老龄化的促进。社区中老年人健康体适能与成功老龄化的关联研究表明，成功老龄化人群在身体形态、身体功能和身体质量指标方面优于未成功老龄化人群，且这种关系在不同性别中有所不同。总之，运动对中老年人的身体素质有着积极的影响，包括改善身体功能、增强肌肉力量、提高心肺功能和免疫力、预防跌倒和骨折、提高日常生活活动能力以及提升经济和心理健康水平。因此，鼓励中老年人参与适宜的运动是非常重要的。

（王珍　陈功）

第二节 运动与氧的利用

运动一般分为有氧运动（如耐力运动）和无氧运动（如阻力运动）。有氧运动是指机体在氧供充足的情况下，由能源物质氧化分解长时间提供能量以满足运动所需。氧供充足是实现有氧运动的先决条件，也是制约有氧工作的关键因素。无氧运动是指人体肌肉在无氧供能代谢状态下进行的运动，无氧运动是相对有氧运动而言的一个概念。日常生活中我们所认为的无氧运动是指肌肉在“缺氧”的状态下高速剧烈地运动，绝大部分无氧运动是负荷强度高、瞬间性强的运动，很难持续较长时间，而且疲劳消除的时间也较慢。

运动过程中所需要的氧量取决于运动项目、运动强度、运动时间等。在运动过程中，当机体能够摄取的氧量不能满足实际需要的氧量时，造成体内氧的亏欠，称为氧亏。另外，尽管运动结束后多数肌肉已停止活动，但由于能量代谢率尚未恢复到运动前水平，机体的摄氧量也不能立即恢复到运动前水平，从而出现运动后恢复期机体的耗氧水平高于运动前（或安静状态）耗氧水平的现象，这种情况称为运动后过量氧耗。

运动需要的能量大多是通过氧化体内的三大能源物质而获得的，该过程必定会消耗大量的氧气（O_2）。机体利用 O_2 的过程涉及氧的摄取、运输和利用三大环节，并且需要机体三大系统（呼吸系统、血液系统和心血管系统）协调运作才能完成。本节重点探讨运动中三大系统对氧的利用及其影响因素。

一、运动与呼吸系统

1. 呼吸与呼吸系统

呼吸系统由呼吸道和肺组成。呼吸道包括鼻、咽、喉、气管和支气管等。鼻、咽、喉为上呼吸道，气管和各级支气管为下呼吸道。肺由肺实质（支气管树和肺泡）和肺间质组成。肺间质包括结缔组织、血管、淋巴管、淋巴结和神经等。呼吸系统的主要功能是与外界环境进行气体交换，即吸入 O_2，呼出二氧化碳（CO_2）。

人体环境与外界环境进行气体交换的过程称为呼吸。呼吸的全过程分为 3 个环节，即外呼吸、气体运输和内呼吸。外呼吸包括肺通气和肺换气，肺通气是指外界环境与肺之间的气体交换过程，肺换气是指肺与肺毛细血管中血液之间的气体交换。气体运输是指吸入的 O_2 由血液经循环运送到组织毛细血管，组织细胞代谢产生的 CO_2 通过组织毛细血管进入血液，经循环运送到肺部。内呼吸是指组织毛细血管中血液通过组织液与组织细胞间实现的气体交换，包括组织换气和细胞内氧化代谢两个过程。

2. 肺通气

肺通气是指外界环境与肺之间的气体交换过程。肺通气的顺畅与否与呼吸系统以及呼吸肌的结构和功能有关。

肺通气的动力是通过呼吸肌的舒缩活动引起胸廓的节律性扩大和缩小来实现的。胸廓的节律性扩大和缩小称为呼吸运动。呼吸肌主要由胸背部的吸气肌、辅助吸气肌和呼气肌组成。主司吸气的是膈肌和肋间外肌。吸气时膈肌收缩，胸廓上下径扩大，肋间外肌收缩，左右径扩大。胸廓扩大，肺容积增大，肺内压下降，当低于大气压时，外界空气进入肺泡，形成吸气。呼气是吸气的逆过程。用力呼吸的特点是吸气和呼气过程均有肌肉的收缩活动，辅助肌也参与其中。

呼吸运动有两种主要的形式，一种是膈式呼吸（又称腹式呼吸），另一种是肋式呼吸（又称胸式呼吸）。膈肌舒缩时，腹部随之起伏，以膈肌为主的呼吸运动称为膈式呼吸。肋间肌的活动使得肋骨发生提降移动，胸廓也随之起伏，以肋间肌活动为主的呼吸运动称为肋式呼吸。儿童以腹式呼吸为主，成年人的呼吸都是混合性的，女性偏重胸式呼吸，男性偏重腹式呼吸。

运动时可改变呼吸形式而不影响动作的正常发挥。如双杠运动，肩胸部和臂膀固定，胸式呼吸受限，故采用腹式呼吸；而屈体直角动作，靠腹肌发力，腹式呼吸受限，应采用胸式呼吸。

3. 肺通气量

肺通气量是指单位时间吸入或呼出的气量，一般以每分钟为单位计量，故又称每分通气量。每分通气量的计算公式可表示为：每分通气量 = 呼吸深度（潮气量）× 呼吸频率（每分钟呼吸次数）。安静时成年人的每分通气量为 6 ～ 8L。

肺通气量取决于呼吸的深度和呼吸的频率。呼吸的深度随着活动的状态不同而不同。呼吸的深度可以用潮气量表示，是指每一呼吸周期中吸入或呼出的气量。平静呼吸时的潮气量为 400 ～ 600mL，潮气量与年龄、性别、体表面积、情绪等有关，运动时潮气量增大。呼吸频率在不同的生理状态下存在差异。安静时的呼吸频率主要与年龄有关，5 岁时平均为 26 次，15 ～ 20 岁平均为 20 次，成年后约为 16 次。呼吸深度和频率都随新陈代谢水平的改变而变化，代谢水平高时两者均增加。在剧烈运动时，呼吸频率可增加到 40 ～ 60 次 /min，每分通气量可增至 80 ～ 150L 甚至达到 180 ～ 200L。

除了肺通气量外，还有一个重要的指标用于衡量肺的通气功能以及受试者的通气储备能力，这个指标即为最大通气量。最大通气量是指以适宜的呼吸频率和呼吸深度进行呼吸时所测得的每分通气量。一般仅测定 15s 的通气量，乘以 4 得到每分钟的最大通气量。

4. 肺活量

肺活量是指最大深吸气后再做最大呼气时所呼出的气量，是潮气量、补吸气量和补呼气量的总和。补吸气量，又称为深吸气量，是指平静吸气之后再做最大吸气时，增补吸入的气量。补呼气量，又称为深呼气量，是指平静呼气之后再做最大呼气时，增补呼入的气量。肺活量在一定程度上反映了肺功能，也是肺部疾病的辅助诊断指标。

正常成年人肺活量的平均值约为 3 500mL，女性约为 2 500mL。运动锻炼既能使人的肺活量提升，又能延缓肺活量的衰减。高水平的运动员肺活量可达 7 000mL 以上。肺活量的大小与性别、年龄、体表面积、胸廓容积、呼吸肌发达程度以及肺和胸壁的弹性有关。

5. 肺泡通气量

肺泡通气量是指每分钟吸入肺泡的实际能与血液进行气体交换的有效通气量。每分钟肺泡通气量 =（呼吸深度 − 生理无效腔）× 呼吸频率。生理无效腔是指每次呼吸中不参与气体交换的气体容积，包括解剖无效腔和肺泡无效腔。在肺通气过程中，每次吸入的新鲜空气，有一小部分留在鼻、咽、喉、气管和支气管等管腔里，由于其特殊的解剖特征没有气体交换的功能，滞留在气管腔里的气体就气体交换来说是无效的，这部分管腔被称为解剖无效腔。由于解剖无效腔的存在，肺泡通气量总是少于肺通气量。

一般而言，深而慢的呼吸比浅而快的呼吸使肺泡气的更新更多。安静时，呼吸采用适当的深度与频率，既可节省呼吸时的能量消耗，又能保证一定的通气量，有利于气体交换。运动时的呼吸深且快，对提高肺泡通气量有一定的益处，但由于呼吸肌的能量过度消耗，因此，一般只有在剧烈运动时才采用深而快的呼吸。

6. 气体交换

这里的气体交换包括外呼吸阶段的肺换气以及内呼吸部分的组织换气两部分内容。肺换气是指肺泡与肺部毛细血管之间的气体交换。组织换气是指体内毛细血管血液与组织细胞之间的气体交换。无论是 O_2 还是 CO_2，都要通过理化扩散的方式完成气体的交换。

在肺循环中，当来自肺动脉的静脉血液流经肺泡毛细血管时，由于肺泡气体中的氧分压（PO_2）高于静脉血中的 PO_2，而肺泡中的二氧化碳分压（PCO_2）低于静脉血中的 PCO_2，从而完成了肺换气。

在组织中，当体循环的动脉血流经组织毛细血管时，由于动脉血中的 PO_2 高于组织血中的 PO_2，PCO_2 低于组织中的 PCO_2，从而完成了组织换气。

7. 气体运输

肺换气和组织换气之间是通过血液运输 O_2 和 CO_2。血液运输气体有两种方式，小部分气体以物理溶解的方式进行运输，大部分以化学结合的方式进行运输。这两种方法相辅相成，物理溶解的量尽管很少，但是很重要。因为进入血液中的气体要先溶解才能发生化学结合，结合的气体也需要先溶解才能从血液中逸出。

O_2 的运输主要是通过进入红细胞与血红蛋白结合进行运输，这种方式占到98.5%，仅 1.5% 溶于血浆进行运输。CO_2 从组织进入血液后，通过物理溶解进行运输的也仅占 6%，其余的依托化学结合形式进行运输。CO_2 的化学结合形式有两种：一种是形成碳酸氢盐，如 $NaHCO_3$ 和 $KHCO_3$，通过这种方式运输的占87%；另一种形式是氨基甲酸血红蛋白（HbNHCOOH），通过这种方式运输的 CO_2 占 7%。

8. 运动时的合理呼吸

运动时进行合理呼吸有利于提高训练效果，充分发挥人体的生理功能。合理的呼吸方法是提高运动能力的重要组成部分。提高呼吸效率有以下几条重要原则：①减少呼吸道阻力，在剧烈运动时，为减少呼吸道阻力，常采用以口代鼻，或者两者并用。②提高肺泡通气效率，平时训练时，可以有意识地练习适宜的呼吸频率，增加呼吸的深度。在运动过程中，碰到呼吸特别困难以及严重缺氧的情况下，采取节制呼吸频率、适当加大呼吸深度的同时注重深呼气的呼吸方法，更有助于提高肺泡的通气量。③注重呼吸形式、呼吸节奏与技术动作的匹配。④合理运用憋气动作。憋气动作一般用在大负荷的力量训练和举重运动中，但是需要讲究正确的憋气方法，否则会适得其反。

二、运动与血液系统

1. 血液的组成

血液是在心血管系统中循环流动的一种由血浆和血细胞组成的液态组织。血浆是血液的有形成分，包括红细胞、白细胞和血小板。血浆是血细胞以外的液体部分，91% ～ 92% 为水，其余为溶质成分，主要包括电解质、小分子有机物（营养物质、代谢终产物、激素等）和气体等。血细胞中的物质不断通过细胞膜与血浆进行物质代谢。

将加入抗凝剂的全血进行离心沉淀后，上层呈淡黄色的透明液体为血浆，占全血的 50% ～ 60%，下层的固体物质为血细胞，占全血的 40% ～ 50%。血细胞层中下层呈暗红色的不透明固体成分为红细胞，其在全血中所占的容积百分比（红细胞比容）为 37% ～ 50%，且存在性别差异（健康成年男性为 40% ～ 50%，女性为 37% ～ 48%）。红细胞上方的一薄层白色物质，是血小板和白细胞，约占全血的 1%。

2. 血液的功能

血液的主要功能有维持内环境的相对稳定、运输、调节、防御和保护功能。内环境是指水、电解质、酸碱度和体温的相对稳定，只有相对稳定的内环境，人体组织和细胞才有正常的兴奋性和正常的生理活动。血液的运输功能是指血液不断将从呼吸系统吸收的氧气、消化系统吸收的营养物质运送到组织细胞进行代谢和利用，又负责将全身各系统的代谢产物运送到肺、肾脏和皮肤等器官并排出体外。血液的调节功能是指血液将内分泌器官分泌的激素运输到全身的靶器官，起着体液调节的作用。血液是神经－体液调节的媒介。血液的保护功能是指血液中的白细胞对侵入人体的微生物和体内的坏死组织都有吞噬和分解作用，这种作用称为细胞防御。血浆中的多种免疫物质（如抗毒素、溶菌素等抗体成分）能消灭或对抗外源性细菌和病毒等抗原成分，从而防止感染性疾病或传染性疾病的发生。血小板有加速凝血和止血的作用，对机体有保护作用。

3. 血液的理化特性

血液的理化性质是指血液的颜色、比重、黏滞性、渗透压和酸碱度等。血液的颜色取决于红细胞内血红蛋白的含量。动脉血含氧多，呈鲜红色，静脉血含氧少，呈暗红色，皮肤毛细血管内的血液呈鲜红色。全血比重取决于红细胞的数量和血浆蛋白的含量，正常成人全血比重为 1.05 ～ 1.06。血液的黏滞性是由于血液内部各种物质的分子或颗粒之间的摩擦而产生的阻力，也主要取决于红细胞的数量及形状和血红蛋白的含量。血液黏滞度对血流速度和血压都有一定的影响。

血液的渗透压一般称为血浆渗透压，是溶液中溶质分子运动所造成的，促使膜外分子向内渗透，是一切溶液所固有的特性。正常人在体温 37℃时，血浆渗透压约为 5 800mmHg，以血浆的正常渗透压为标准，与血浆正常渗透压近似的溶液称为等渗溶液，如 0.9%NaCl（俗称生理盐水）和 5% 葡萄糖溶液。高于血浆正常渗透压的溶液称为高渗溶液，而低于血浆正常渗透压的溶液称为低渗溶液。血浆渗透压相对稳定是维持细胞正常功能活动的必要条件。高渗溶液吸水力强，红细胞失水皱缩，丧失功能。低渗溶液容易导致红细胞吸水膨胀、破裂和溶解，发生溶血。

正常人血浆的 pH 为 7.35 ～ 7.45，平均为 7.4。人体生命活动可耐受的 pH 范围为 6.9 ～ 7.8。维持血浆稳定性的是血液中的数对抗酸 – 抗碱缓冲对（又称缓冲体系）。缓冲体系中每一个缓冲对由一种弱酸与该种弱酸的盐组成，其中最为重要的缓冲对是碳酸氢钠（$NaHCO_3$）/ 碳酸（H_2CO_3）。对运动员而言，有一个比较重要的生化指标——碱储备。通常以每 100mL 血浆的碳酸氢钠含量表示碱储备量。该指标反映身体在运动时的缓冲能力，有研究测定运动员的碱储备比未受过训练的高 10%，经常锻炼的人有较高的血液缓冲能力。

4. 运动与血液

运动训练可使血液发生一系列适应性变化，如纤维蛋白溶解作用增加、血容量增加、红细胞变形能力增加、血液黏滞度下降等。

血容量是指人体循环血液的总量，包括血浆容量和血细胞容量。长期的运动训练会使血容量增加，血浆容量增加相对于红细胞容量增加更为显著，导致红细胞比容减少和单位容积中的红细胞数和血红蛋白含量减少，血液相对稀释变薄。长期耐力训练引起的血容量适应性改变是可逆的，停止训练 1 个月左右，血容量可减少 9% 左右。

红细胞及红细胞的主要成分血红蛋白是运动训练中经常监测的指标，用于评定运动员的功能状态、训练水平，并用于预测运动员的运动能力。血红蛋白的含量相对稳定，正常情况下血红蛋白的变化与红细胞的变化一致。运动对红细胞的影响与运动的种类、运动强度和持续时间有关。比如，进行短时间大强度快速运动比进行长时间耐力运动使红细胞增加得更为明显。又比如，长时间、系统的耐力性运动可降低红细胞比容，这种降低具有重要的意义。红细胞比容的降低有助于降低血液黏滞度，减少血液循环的阻力，减轻心脏负荷。

三、运动与心血管系统

心血管系统是由心脏和血管构成的血液循环系统。通过心脏的收缩，血液在循环系统中周而复始地流动。血液循环的主要目的是保证体内 O_2 和 CO_2 以及营养物质、代谢废物和各种体液调节物质的运输，维持组织细胞的新陈代谢和内环境的稳定。运动不仅可引起心血管功能的变化，还可导致心脏重塑。

1. 运动时心血管功能的变化

运动时心血管功能的变化主要体现在心率、每搏输出量和心排血量和血压的变化。

运动可导致心率明显升高。运动时心率的变化可作为评定运动强度的生理负荷指标。研究表明，当机体进行较低强度的运动时，在运动初期，心率出现迅速上升，达到一定水平后，较长时间维持在一个波动不大的范围，提示机体处于相对稳定状态。随着运动的持续，机体的平衡状态被破坏，心率再次升高直到达到最大心率，此时可认为达到了机体的运动疲劳点。但是，当进行单一大强度运动时，机体处于高代谢水平，各系统功能不能保持在相对稳定的状态，心率持续升高至最大心率而不出现平台。一般而言，训练良好的运动员，安静时心率较慢。因此，可通过测量安静心率、运动时心率增加情况、运动后心率恢复速率来反映心脏收缩功能、控制运动强度。

运动可明显提高每搏输出量和心排血量。每搏输出量是指一侧心室每次收缩射入动脉的血量。心排血量又称每分输出量，是指每分钟一侧心室将血泵入动脉的血量，是每搏输出量与心率的乘积。正常成年人安静状态下的心排血量为 3 ～ 6L/min，在剧烈运动时可较安静时提高 5 ～ 7 倍。心排血量反映机体单位时间的血液循环量，是评定心泵血功能的重要指标之一。

运动可导致动脉血压的收缩压显著升高，在剧烈运动时收缩压可高达 190mmHg 甚至更高。不同运动形式血压的变化情况不一样。动力性运动时收缩压明显升高，舒张压的变化相对较小，甚至会下降，其主要原因是动力性运动导致心脏收缩增强，血流速度加快，血压增加，但同时运动时交感神经兴奋，使得外周血管扩张。另外，肌肉收缩的推挤加快静脉回流，使动静脉压力差增大，促进动脉血外流，导致外周阻力下降。以上两种情况的共同作用导致舒张压的变化幅度较小。静力性运动由于憋气使胸腔压力增大。

2. 运动员心脏的特点

运动员心脏是指机体长期接受系统性运动刺激后逐渐形成的具有明显结构功能特征的心脏。长期系统性运动训练会导致心脏发生明显的增大，称为运动性心脏肥大。普通人的心脏体积约为本人的拳头般大小，重量为 200 ～ 300g。运动员心脏明显超过这一水平，有些甚至超过一倍，以耐力性运动员和力量性运动员尤其明显，速度性运动员心脏肥大程度较小。

运动性心脏肥大表现在心腔的扩大和心肌肥厚两方面。长期从事耐力性运动的运动员的心脏肥大表现为以心室内径的扩大为主，心室肌的肥厚为辅。长期从事力量性运动的运动员的心脏肥大则表现为以心室肌的肥厚为主，心室内径的改变相对较小，甚至无改变。

运动性心腔扩大主要是由于长期经常性的耐力运动刺激使得静脉回心血量增加，逐渐引起心肌纤维肌小节数量和长度增加，导致心腔由功能性扩大转化为器质性扩大。由于运动强度不是很大，运动后负荷增加较小，心肌收缩阻力增加也较小，心肌的肥厚程度也较小。

运动性心肌肥厚主要是机体在克服高阻力负荷时，肌肉收缩紧张性高，运动性憋气等因素使得心脏收缩时的后负荷增加、搏出量减少。机体只有通过加强心肌的收缩力才能保证心脏的供血。长期运动也会使心肌细胞收缩蛋白数量增加，肌原纤维增多，心肌细胞增粗。

运动性心脏肥厚是心肌细胞对运动刺激的一种良好适应性反应，是一种功能性代偿，与病理性心脏肥大明显不同。前者表现为心脏收缩能力增强、泵血效率显著提高、每搏量增大，且中止运动后一段时间，肥大的心脏可逐渐恢复到正常状态，这种情况称为心脏的可重塑性。而病理性心脏肥大则表现为心肌收缩功能减弱，每搏输出量减少，心脏余血量增加，肥大的心脏不可逆转。

具备运动员心脏者普遍表现为安静心率明显低于正常人，称为运动性心动迟缓，这种情况在优秀耐力性运动员中特别明显。心率一般降低到 40 ～ 50 次 /min，这种情况是在安静状态下，心脏迷走神经紧张性相对增加所致。

运动员心脏与普通心脏相比，表现为心泵功能的改善。普通人剧烈运动时的最大心排血量为 30L/min，而运动员剧烈运动时的最大心排血量可超过 40L/min。

3. 心脏重塑

正常情况下，人的心脏呈现出一种相对稳定的结构和功能，但当身体面临某些压力、挑战或疾病时，心脏需要进行适应性调整以维持正常的心脏功能和整体健康，这种情况称为心脏重塑（cardiac remodeling）。心脏重塑是指人体心脏适应外界环境变化而发生的结构和功能的调整过程，涉及心肌细胞、非心肌细胞（如成纤维细胞、平滑肌细胞及内皮细胞等）以及细胞外基质（主要是胶原纤维）的深刻变化。

心脏重塑包括结构性重塑和功能性重塑两个方面。结构性重塑涉及心脏适应外界环境变化而发生的心肌细胞数量和容积的改变。例如，长期高血压引起的心脏负荷增加，可能导致心肌细胞数量增加，形成心肌肥厚，以增加心脏的收缩力。功能性重塑指的是心脏适应需要而改变其收缩和舒张功能。心脏在接收血液时会自由扩张以容纳高血压和体积增加的负荷，然后在收缩时将血液推送到全身循环中。当心脏需要适应血压升高或心脏负荷增加时，心脏的收缩力会增加，从而增加心排血量。心脏重塑的过程最初可能是对心脏的一种保护性补偿。然而，如果心脏重塑持续时间延长，可能会进展为心力衰竭。心脏重塑是导致心力衰竭发病和死亡的重要原因，因此延缓心脏重塑进程甚至逆转该过程成为了心衰治疗领域的新目标。

运动与心脏重塑之间存在复杂的相互作用，主要体现在以下几个方面：①运动对心脏的保护作用。上海交通大学研究团队通过对骨骼肌的多组数据进行综合分析，结果表明运动训练可以对病理性心脏重塑和心力衰竭提供心脏保护。研究人员发现了 CDC80 肽，目前已被鉴定为一种运动衍生的新的心脏保护分子，这种分子可以防止血管紧张素Ⅱ（angiotensin，Ang Ⅱ）诱导的小鼠心脏肥大和纤维化，并抑制由 Ang Ⅱ驱动的一系列不良生物事件。该研究为病理性心脏重塑中的运动提供心脏保护提供了新的见解，并为心力衰竭提供了潜在的治疗靶点。②运动对心血管系统的有益影响。定期进行体力活动对心血管系统的有益影响已得到广泛认可。运动训练可以改善葡萄糖和脂质稳态，增加副交感神经张力以降低静息心率，增强流动介导的血管舒张以改善血管内皮功能，并通过内皮细胞触发血管生成。③运动调节心脏内分泌。心脏也是一个重要的内分泌器官，运动性心脏肥大的发生不仅仅是由于血流动力学超负荷所致的细胞体积增大及相应亚细胞结构改变的简单过程，而是在神经 – 内分泌调节下，尤其是心脏内分泌机制调控下的一类结构、功能及代谢诸方面的心脏重塑过程。④运动可促进内源性 ELABELA 发挥心肌梗死后对心脏的保护作用。ELABELA 是一种多肽激素，在生物体内具有多种生物活性，包括降低动脉压、对心脏产生正性肌力作用，并参与调节心血管、肺、肾脏等系统的发育和功能。ELABELA 主要与 APJ 受体（apelin 受体）结合，进而激活下游的信号通路。心肌梗死后，ELABELA 表达代偿性升高，外源性 ELABELA 干预具有靶向抑制氧化应激、细胞凋亡并促进心肌新生，抵抗心肌梗死所致心衰的作用，对改善病理心脏重塑和提升心功能等效果显著，而运动可促进内源性 ELABELA 发挥心肌梗死后对心脏的保护作用。⑤康复锻炼是心血管疾病二级预防和治疗的重要非药物干预措施，可有效改善患者的心脏重塑状态。运动训练可以减轻心肌细胞凋亡，减少细胞外基质沉积和纤维化，促进血管生成，并调节炎症反应以改善心脏重塑。⑥长期大强度运动对心脏存在风险。长期大强度耐力运动也会加速心脏“衰老”，如冠状动脉硬化、心室舒张功能障碍、大动脉血管壁变硬等，冠状动脉硬化是导致心肌梗死的主要原因。动物和人体试验研究结果表明，长时间剧烈运动后，心肌也会发生一系列结构与功能的改变，心脏比那些较少运动的同类相比明显增大，这在耐力型运动员身上表现较为明显。运动时心脏的结构与功能的改变不仅仅是因为心脏过度载荷导致的血流动力学改变，还因心脏自身神经 – 内分泌激素与循环内分泌激素的共同调节作用所导致。总之，运动对心脏重塑有着多方面的影响，既有积极的作用，如提供心脏保护、改善心血管健康、促进心肌梗死后的康复等，也可能存在风险，特别是长期大强度运动可能导致心脏结构和功能的不良改变。因此，适量和适度的运动对于心脏健康至关重要。

（楼建林　顾梦简）

第三节 运动与物质和能量

成年人每天的能量摄入主要用于满足基础代谢、体力活动和食物的特殊动力作用。运动锻炼的营养支持涉及营养物质的补充时间（锻炼前、锻炼中和锻炼后）、补充比例（三大营养素的补充比例）、补充类型（固体或液体）等，不同强度和不同类型（有氧运动和抗阻运动）的运动对营养物质的需求也不同。

营养物质的摄入时间，尤其是碳水化合物、蛋白质和脂肪三大能源物质的时间摄入安排对运动者的适应性反应影响较大。与没有对能量和宏量营养素的摄入时间进行规划的运动者相比，合理的营养物质摄入规划能促进运动训练的恢复和组织的修复，增加肌肉蛋白质的合成，使运动锻炼者能达到理想的健康和健身目标。

运动锻炼前的膳食遵循的原则：摄入足够的液体以保持水分，食用相对低脂肪和低纤维的食物，以便于胃部排空并减少胃部不适，摄入高碳水化合物的食物以维持血糖和使糖原储备最大化，蛋白质补充适量，摄入熟悉或经常食用的食物以降低对可能不熟悉食物的不耐受。运动锻炼前的食物摄入在合理的基础上尽量考虑运动者的个体化需求。运动锻炼过程中的营养支持主要集中在对耐力（有氧）运动的影响上，较少研究抗阻力运动的营养支持。大量的营养干预研究都集中在促进运动锻炼后的康复上。无论是耐力训练还是抗阻力训练，合理的运动都能提高运动能力。运动后营养补充的价值在于促进肌糖原的恢复、促进蛋白质平衡、增强抗阻力运动训练的适应性。

本节重点探讨不同的运动形式对供能系统的需求原则以及运动锻炼的不同时间对营养素的需求原则。

一、三大供能系统及营养需求

不同的运动形式需要不同的供能系统支持。机体运动的直接能源是三磷酸腺苷（adenosine triphosphate，ATP），体内有三大能源系统保障 ATP 的水平，分别是磷酸原系统、无氧酵解系统和有氧供能系统。运动强度和持续时间决定哪种系统占主要地位。磷酸原系统是最先被利用的高效供能系统，随着时间的延长，无氧酵解和有氧供能系统逐步参与进来，实际上，这 3 个系统往往是同时运行的。

1. 磷酸原系统

磷酸原系统的能源物质是 ATP 和磷酸肌酸（creatine phosphate，CP），可简写为 ATP-CP，是细胞的直接能量来源，ATP 分解时释放能量并生成二磷酸腺苷（adenosine diphosphate，ADP），而 CP 则是通过分解供能为 ADP 合成 ATP 提供能量。肌肉收缩所需要的能量直接由 ATP 提供。ATP 和 CP 供能系统的特点是供能快，不需要氧气的参与，但是 ATP 和 CP 在体内的储备极其有限，只能提供机体约 10s 运动所需要的能量。不过，ATP 在体内不断地被合成和利用，是一个高效的供能系统。从事剧烈的活动或运动，如冲刺跑、排球和网球发球，靠的是 ATP 和 CP 供能，ATP 的供能仅能维持 3s，然后是存储在肌肉中的 CP 供能，可以维持 6 ～ 8s 的供能。ATP 合成能力的下降，则意味着运动能力的下降。

2. 无氧酵解系统

无氧酵解系统指的是碳水化合物在无氧的情况下代谢生成中间产物丙酮酸和 ATP 的过程。无氧酵解过程能够快速地生成 ATP，当肌肉内 CP 消耗到一定限度时，机体必须依靠无氧酵解过程提供能量，其能源物质包括体内存储的糖原（肌肉中约 400g，肝脏中约 100g）和血糖。因此，当运动时间比 ATP-CP 允许的时间长的时候（通常是 1 ～ 3min），就需要无氧酵解供能。但是，无氧酵解系统有一个显著的缺点，即在高强度运动中，葡萄糖酵解产生 ATP、丙酮酸和氢，随着高强度活动的持续进行，丙酮酸和氢结合会导致乳酸形成。肝脏是体内清除乳酸的主要器官。超过了肝脏对乳酸的清除能力，乳酸就会在血液里堆积。乳酸堆积，肌肉中的糖原逐渐被消耗掉，运动将不能再继续进行。碳水化合物摄入是保证肌糖原储备恢复的主要物质来源（非葡萄糖来源的糖原异生是次要途径），膳食中碳水化合物摄入量不足会直接影响运动后糖原储备的恢复过程，最终影响运动能力。

3. 有氧供能系统

有氧供能系统，需要氧的参与，其能源物质有碳水化合物、脂肪和蛋白质，但是以前两者为主。该系统的能源储备量非常充足，一般运动不会出现能量耗竭的情况，是运动的主要能源物质。该系统的碳水化合物经有氧代谢生成 ATP、CO_2 和水，不存在酸性代谢产物的堆积情况。氧气供能充足，在慢跑、快走等低强度运动的情况下，机体可以分解脂肪和脂肪酸供能。随着运动水平的提高，机体可以提高对脂肪的利用能力，起到节约碳水化合物的作用。如果持续数小时的耐力运动，血糖水平降低的情况下，机体将通过分解肌肉蛋白为氨基酸，并通过肝脏转化为葡萄糖提供能量，该过程称为糖异生。但是，蛋白质供能有一个缺点，即产生含氮类代谢产物，如肌酐、尿素、尿酸等，它们的代谢只能靠肾脏来排泄，这极大地增加了肾脏的负担。因此，蛋白质不是一种高效能源，仅是机体的一个应急或者备用能源。

二、碳水化合物

1. 碳水化合物与健康

碳水化合物是由碳、氢和氧三种元素组成的有机化合物，可用通式 $Cx(H_2O)y$ 表示，由于它所含的氢与氧的比例为 2∶1，和水一样，故称为碳水化合物。碳水化合物是人类生存最基本、最重要、最经济、最清洁的能源物质，是一切生物体维持生命活动所需能量的主要来源。食物中的碳水化合物可分成两类，即可以被消化、吸收和利用的碳水化合物和人体不能消化的无效碳水化合物。糖类化合物不仅是宏量营养物质和能源物质，有些还具有特殊的生理活性。

从提供能量的角度，以肌糖原、肝糖原和血糖为主的糖类是人体主要的能量来源。一个人正常的生理活动所需全部能量约 70% 由糖类提供，当糖供应不足时，机体的能量得不到充足的补充。更为重要的是，大脑所需要或消耗的能量，85% ～ 95% 是由糖来提供的，大脑如果缺了糖，其工作能力将会大大下降，将会导致一系列异常现象的发生，如低血糖导致的大脑缺氧、眩晕。我们运动过程中感到很难受、很吃力，究其原因，也是缺糖的缘故。在中高强度的运动过程中，糖提供的能量同样占了很大的比例，中等强度的运动以及 90% ～ 95% 最大摄氧量（VO_2max）强度的运动，糖提供的能量分别占了 50% ～ 60% 和 95% 以上。快走、慢跑、马拉松、公路自行车等运动项目，其所需能量约 50% 也是由糖提供的。总之，无论是在生理条件下还是在运动中，糖供能的比例都是很大的。缺糖导致的能量不足，会导致在运动中过早出现运动性疲劳，使运动难以持续进行下去。

糖对健康而言，第二个值得关注的是对脂肪和蛋白质的调节作用。目前关于减肥有一个比较热门的推荐：不吃主食！不吃主食是否真的能够减肥？实际上，要想减肥，需要做的是将脂肪彻底氧化变为二氧化碳和水，但是脂肪要首先转变为乙酰辅酶 A，进入到三羧酸循环后才能完全氧化，在此过程中需要一个非常重要的“引路人”，即糖类来源的草酰乙酸，因此，在糖类物质缺乏的时候，脂肪就不能顺利得到氧化，不能被彻底消耗，会产生中间代谢产物酮体，导致机体酮血症的产生，从而对健康和减肥都不利。体内充足的碳水化合物具有抗生酮的作用，至少需要 50 ～ 100g 碳水化合物才能防止酮血症的发生。

糖对蛋白质也起到很重要的调节作用。一些与蛋白质代谢异常有关的疾病，比如，痛风以及蛋白质吃得过多导致的脱水现象，主要也是因为大量的蛋白质摄入而糖摄入不足，造成了能量供应以蛋白质为主。因此，以糖为主的能量代谢，可以防止因蛋白质供能导致的蛋白质摄入过多，而造成痛风、脱水等健康问题，同时也可以对蛋白质结构起到保护作用。

碳水化合物除了作为主要的能源物质以及调节脂肪和蛋白质的代谢作用外，在构成机体的成分和结构方面也起着重要作用。糖与脂类形成的糖脂是细胞膜与神经组织的结构成分之一，对维持神经系统功能起着重要作用。糖与蛋白质结合形成的糖蛋白也是细胞膜的重要成分，同时也是一些重要生理功能物质（如抗体、酶和激素）的组成成分。核糖和脱氧核糖是构成核酸的重要组成成分。广泛存在于细胞间质和结缔组织的黏多糖，是构成软骨、肌腱和韧带的重要成分。

2. 碳水化合物与运动

运动前的碳水化合物补充对运动能力的提高、降低运动疲劳和避免因为肌肉组织降解引起的免疫抑制具有重要意义。

在正常的生理条件和日常合理进食的条件下，身体的糖原能保持一定的储备，但是量也是有限的，肌糖原和肝糖原的储备共约 500g，在中等至大强度（65% ～ 85%VO_2max）运动时仅能维持 1.5 ～ 3h。当肌体糖原水平降低时，运动强度、速度和做功都会降低，甚至可能会导致肌肉组织降解引起免疫抑制。

运动前膳食的数量和时间有讲究。如果运动锻炼前时间比较充足，运动的强度为中等及以上的耐力性运动，在运动前的 3 ～ 4h 摄入 200 ～ 300g 的碳水化合物有助于运动能力的提高。在临近比赛时，如运动前的 1h 进食碳水化合物问题仍存在较多争议，如由于胰岛素的作用，可能会导致低血糖和过早产生运动性疲劳。另外，在运动前吃得太饱，很多人因为胃充盈而不太舒服，所以运动前 1h 进食碳水化合物需要慎重。

运动中的碳水化合物的摄入研究目前主要聚焦于有氧耐力运动。在运动中提供外源性碳水化合物有助于维持血糖稳定并能提高运动能力，特别是在早上空腹和肝糖原水平降低的时候，补充碳水化合物（6% ～ 8% 的运动饮料）有益，但是在空腹且完成运动所需要花费的时间较短的情况下，补充碳水化合物的益处并不明显。如果运动的持续时间比较长，可以在运动过程中以较短间隔（每隔 15 ～ 20min）频繁摄入碳水化合物，能明显延长运动的时间。另有研究显示，不同形式的碳水化合物混在一起摄入，能明显提高长时间运动时碳水化合物的氧化水平。

无论是耐力训练还是抗阻力训练，运动后的营养支持都非常重要。运动后摄入碳水化合物会在短时间内影响糖原的合成。与运动后 2h 才摄入碳水化合物相比，在运动后 30min 内补充碳水化合物，肌糖原的合成速度更快，有助于减轻肌肉的损伤。研究表明，在补充碳水化合物的时候加入必需氨基酸，特别是支链氨基酸，更有助于达到理想的蛋白质再合成以及肌糖原再合成的速度。

三、蛋白质

1. 蛋白质与健康

蛋白质是人类生命活动重要的物质条件之一。蛋白质是运动员、健身爱好者以及进行体育锻炼的人必不可少的营养素之一，具有增强肌肉质量，修复和恢复受损组织，提供支持骨骼、肌肉、皮肤等组织和细胞新陈代谢所需的氨基酸，以及提高身体的整体免疫力和抵抗力等重要作用。

一个人每日需要多少蛋白，要依据年龄、性别、体力活动标准和健康情况而定，并因食材来源而各有不同。比如，一个体重 65kg 的健康成年男子，依据其体力活动或劳动强度不一样，每日需要蛋白 75 ～ 100g。成年人一般女性稍微少些。处于生长发育和青春期发育的儿童和青少年，以及怀孕和授乳期内女性所需要的蛋白要多一些。生病状况下，如烧伤、骨折、感染、肾炎等，患者的蛋白需要量可依据病况做相应调整。

在日常生活中，如果合理饮食，蛋白质就能够达到要求。比如，一个体重65kg，轻体力劳动的成年男子，能够从他每日所吃的食物（主食400～500g，肉100g，蛋1个，豆类食品50g，蔬菜、水果500g）中得到所需要的蛋白质约75g。

在常见的每100g食材中，肉类食品含蛋白10～20g，淡水鱼含15～20g，蛋黄含13～15g，豆类食品含2～30g，谷物含8～12g，蔬菜、新鲜水果含1～2g，动物类食材比天然植物食材含蛋白质高，豆类食品含蛋白质高，属于植物性食物中的优质蛋白质。

主要可从3个方面评价食物中蛋白质的质量。其一，蛋白质被身体消化吸收的程度，消化吸收得越完全，其营养成分就越高。比如，整粒黄豆的吸收率为60%，制成水豆腐、豆浆后可提升到90%。其二，蛋白质被利用的程度，被消化吸收后的蛋白，利用的水平不一样，利用水平越高，其营养成分也越高，称为蛋白的生物学价值。比如，生鸡蛋的生物学价值为94%，牛乳85%，鱼类83%，虾77%，牛羊肉76%，稻米77%，大白菜76%，麦子67%等。动物性蛋白的生物学使用价值一般比绿色植物蛋白质高。其三，看食物蛋白质中各种必需氨基酸的构成比例，即氨基酸模式。食物蛋白的氨基酸模式与人体蛋白越接近，才能为机体充分利用，其营养价值也相对越高。

优质蛋白质食物及来源：①最好的低脂肪优质蛋白质食物是去皮鸡肉、鱼、蛋清和脱脂奶；②最好的含优质蛋白质的营养补充品是乳清蛋白、初乳、酪蛋白、牛奶蛋白和鸡蛋蛋白；③豆腐、豆子、坚果和种子等植物性食物也能提供优质植物蛋白质。

2. 蛋白质与运动

研究表明，运动前单独摄入必需氨基酸或蛋白质能增加肌肉蛋白质的合成，如果蛋白质和碳水化合物一起摄入，能进一步增加肌肉蛋白质合成。有规律地摄入不同来源的蛋白质（优质动物蛋白和植物蛋白）结合不同来源的碳水化合物比单独摄入碳水化合物更能增加力量并改善体质。

运动前蛋白质和氨基酸的补充在抗阻力运动中研究较多。在抗阻力运动前摄入氨基酸结合碳水化合物，或者单独摄入乳清蛋白能最大限度刺激运动后蛋白质合成，增加肌肉合成。运动前理想的碳水化合物和蛋白质摄入量取决于运动强度、运动类型和个体健康水平。根据指南推荐中等强度的持续较长的耐力运动或比赛前 3 ~ 4h 摄入 1 ~ 2g/kg 体重的碳水化合物和 0.15 ~ 0.25g/kg 体重的蛋白质。

运动中的营养补充研究也主要集中在耐力运动上。与单纯摄入碳水化合物相比，长时间耐力运动时补充碳水化合物和蛋白质，能明显延长运动至力竭的时间，并有助于长时间竭力运动造成的运动损伤的恢复。对抗阻力运动训练也是一样，在运动中补充适量碳水化合物和蛋白质能显著降低蛋白质的分解，增加合成反应。

一次抗阻力训练，能适度刺激蛋白质合成，但更能进一步降低蛋白质降解，运动后总体上处于蛋白质负氮平衡，随着运动的持续，蛋白质负氮平衡逐渐得到纠正。研究表明，当处于负氮平衡时，在抗阻力运动或训练后单独摄入碳水化合物对蛋白质的合成作用不大，如果按照一定的比例混合摄入蛋白质（碳水化合物：蛋白质的比例为 3：1 或 4：1），可增加氨基酸的可利用率以及蛋白质的合成。最好在运动后半小时补充蛋白质。因为运动后 1 ~ 2h 是机体合成代谢旺盛期，此时补充足量的蛋白质，为肌肉的修复合成提供充足的原料，同时再补点易吸收的碳水化合物，为肌肉的修复合成提供充足的能量，再补充足够的水分、矿物质和维生素，这样既能达到快速增肌的目的，又能使体能很快恢复，消除疲劳感。

四、脂肪

1. 脂肪与健康

关于脂肪，当今的主流理念：脂肪与疾病密切相关，膳食摄入的脂肪相当部分转变为身体脂肪，饱和脂肪意味着堵塞血管，导致动脉粥样硬化、高血压和糖尿病。在膳食指南中，脂肪和油高高耸立于金字塔的顶部，低脂饮食与瘦身、健康等同起来。食品行业也刮起了低脂食物风，如低脂牛奶、低脂酸奶、低脂沙拉酱、低脂代餐……

当我们在食物中减少了脂肪的摄入之后，我们的健康指数是不是增加了呢？全世界日益增加的超重和肥胖人数的比例狠狠地打了现实一记耳光。中国的超重和肥胖人数高居全球首位，这让我们不得不重新思考“脂肪不利于健康”的理念是否正确，是否具有科学的理论支撑。

我们之所以对脂肪感到恐惧，源于对脂肪的两大认识误区：卡路里平衡理论和脂肪致病理论。传统的健康观念认为，肥胖是卡路里不平衡的结果，吃得多，消耗得少，摄取的卡路里减去消耗的卡路里，多余的卡路里就转变成了脂肪。卡路里平衡理论认为，所有卡路里在身体中的作用方式均相同，脂肪具有比碳水化合物或蛋白质多一倍的卡路里（能量转换系数），食用的脂肪会直接转化为身体的脂肪，少吃脂肪才会减肥。脂肪致病理论，即脂肪会堵塞血管，提高血液中坏胆固醇的含量，导致心血管疾病的高发，少吃脂肪才会健康。

实际上，适量摄入脂肪，不但可以减肥，还可以逆转心脏病和 2 型糖尿病，还可以预防痴呆、癌症以及其他疾病。自 1980 年以来，美国膳食指南多次警示摄入胆固醇和脂肪的危害，但经过 30 多年的实践证明，该警示被认为缺乏充分的科学依据；2015 年，美国膳食指南作出了重大修改，考虑到脂肪对健康的重要意义，取消了对膳食胆固醇和总膳食脂肪的限制。

脂肪对健康的意义主要体现如下：①能够为身体提供足够的能量，人体每天进行各种活动，身体会消耗大量的能量，脂肪可以保持身体热量处于正常状态，也可以为身体提供足够的能量，补充能量消耗促进身体达到稳定状态；②维持体温恒定，特别是在极端条件下，脂肪较少的人将迅速进入临界状态，体温将继续下降，身体的抵抗力将继续下降，甚至濒临死亡，而体内脂肪较多的人可以恒定体温，使体温保持在更正常的状态；③保护身体器官的安全，体内堆积在器官中的脂肪也是身体器官的重要组成部分之一，体内的脂肪含量多，当器官受到压迫或冲击时，器官周围的脂肪可以发挥保护和缓冲作用；④为身体提供酸性物质，调节机体酸碱平衡。

2. 脂肪与运动

相对于碳水化合物和蛋白质，脂肪是高能量物质，而耐力运动也是高耗能运动，这是否意味着补充脂肪可以改善运动能力？答案是否定的。主要原因是人体内不缺乏脂肪的储备，而且导致疲劳的真正原因是体内糖原储备的耗竭。虽然可以通过锻炼，提高机体对脂肪的利用率，但是，补充脂肪对提高运动能力没有帮助。无论是长期还是短期高脂肪膳食，对耐力训练都有不利影响：①脂肪的消化吸收明显长于其他食物，摄入过多的脂肪可能导致运动中胃肠道不适；②消耗脂肪需要利用更多的氧气，导致疲劳过早出现；③对心血管系统产生不利影响。

耐力训练中过多摄入脂肪不利，那抗阻力运动是否需要摄入一定量的脂肪？

虽然力量训练中主要依靠磷酸盐和无氧酵解供能，不需要利用脂肪来合成 ATP，但是力量训练项目的运动员或健身爱好者需要在膳食中摄入合理比例的脂肪，主要是因为脂肪中含有必需氨基酸、脂溶性维生素，这些都是维持健康的必需营养素。

为了避免脂肪食物对运动能力的影响，合理的量和补充时间很重要。如果想要减轻体重，膳食中脂肪比例要控制在 20% ～ 25%；如果想要增加体重，可控制在 25% ～ 30%。力量训练前的膳食中可补充少量脂肪来增加饱腹感。但是要避免摄入过多高脂肪食物，导致运动中的饱腹感和胃肠不适。训练和运动后，也不需要立即补充脂肪，因为力量性运动不会导致脂肪储量耗竭。

（冯文明　朱声涛）

第四节 运动的抗炎症作用

自19世纪初以来，炎症一直是生物医学研究领域的热点。炎症是机体对于刺激的一种防御反应，也是人类免疫系统的一种重要反应。机体的炎症反应包括多种细胞过程（如吞噬、趋化、有丝分裂和细胞分化等）以及多个反应阶段。根据持续时间以及各种免疫因素的不同，炎症可分为急性过程和慢性过程两类。

急性炎症是以血管系统的反应为主所构成的炎症，以红、肿、热、痛为主要症候。急性炎症是一个很短的过程，持续时间从几分钟到几天，其主要特征是血浆蛋白或液体的渗漏和白细胞运动到血管外区。这些细胞和血管反应是由细胞或血浆产生的化学因子介导的，以血管化结缔组织的反应为主要特征。急性炎症反应有3个主要步骤，包括增强的血流到炎症区域，然后是血管舒张和增强血管通透性，血浆从微循环中渗漏，以及吞噬白细胞迁移到周围组织等。

慢性低度炎症状态是由于长期受到低剂量的特定免疫原刺激，导致免疫系统受到破坏，呈现出一种非特异性的、可持续存在的低度炎症状态。慢性低度炎症可以从局部扩散至全身多个器官，可能与肠道菌群紊乱、氧化应激过高等有关。慢性炎症状态可能在与慢性疾病和疾病风险增加相关的生物反应中产生一些次要后果。组织中的慢性炎症通常发生在没有实际刺激的情况下，比如，内源性保护机制内或宿主防御无法解决的感染、异物的持续存在、持续的化学暴露、反复的急性炎症或特定的病原体以及某种遗传易感性都是慢性炎症的关键原因。

炎症存在于多种疾病中，如感染性疾病、环境因素疾病（如职业性有害因素的接触）、免疫性疾病、慢性疾病（如糖尿病、痛风、关节炎、心脑血管性疾病、癌症）、抑郁等。与炎症有关的疾病数量众多，而且还在不断扩大。

医学研究逐渐证明绝大多数炎症相关的疾病与肥胖和体育运动或锻炼不足有关。大量的动物和人群的研究表明，无论是一般健康人群、非感染性疾病（如心脑血管疾病和代谢性疾病等）人群还是感染性疾病（如炎性风湿病和肌肉骨骼疾病等）人群，运动或锻炼都具有抗炎作用，且具有生物学上的合理性。运动锻炼对炎症的影响一般通过肌肉来源的细胞因子（肌因子）评估和脂肪组织衍生的细胞因子（脂肪因子）评估。

本节主要介绍运动与健康的关系、运动相关的炎症因子以及运动的抗炎症效应。

一、运动与健康的关系

海量的证据支持体力活动、运动或锻炼可能降低疾病风险和/或在治疗疾病方面具有治疗价值。

1. 运动与冠心病

大量流行病学证据表明，高水平的身体活动与患冠心病的风险较低有关，不爱运动的人冠心病发生或死亡的危险性将增加一倍。科学运动从多方面发挥健康的有益作用：①科学运动可以减轻体重和肥胖，降低血压，改善血脂异常，提高胰岛素敏感性，降低或减少冠心病的危险因素，预防冠心病的发生；②科学运动可以改善心脏的贮备功能，增加冠心病患者冠状动脉的侧支循环，从而减轻冠心病患者与活动有关的心肺症状；③科学运动锻炼可以延缓冠状动脉粥样硬化的发生和发展，减轻冠状动脉的狭窄程度；④科学运动可改善内脏功能，提高心血管自主神经调节功能，降低血液黏滞度，减少冠脉事件的发生，降低死亡率。

冠心病患者的运动方案重在科学。长期进行散步、慢跑、骑自行车和游泳等低至中度强度的有氧运动，有助于提高机体的携氧功能，提高心肺功能。冠心病患者运动强度不宜过大，时间不宜过长，每次运动 30 ～ 40min，包括准备运动 5 ～ 10min，每周运动 3 ～ 5 次，即可达到锻炼目的，具体运动方案最好在医师指导下制订。

2. 运动与卒中

卒中是心脑血管疾病所引发的疾病，卒中常造成全瘫、偏瘫等不良后果，导致患者运动能力下降，出现说话不清、走路不稳，生活不能自理等大问题。卒中与心脑血管疾病存在共同的危险因素，上述已经讲到运动对冠心病的预防作用，在预防卒中方面同样适用。

运动对于预防卒中具有重要作用，显著降低卒中的发生风险。根据美国心脏协会发布的指南，通过对卒中危险因素的管理，包括生活方式的调整，如饮食和运动，可以显著降低卒中复发的风险。研究表明，卒中或短暂性脑缺血发作后有规律地运动可以降低血压、胆固醇和体重，改善内皮功能，减少血小板聚集，降低纤维蛋白原水平，并减少卒中导致的严重伤害。系统回顾和数据分析显示，所有水平的闲暇时间体育锻炼都对卒中预防有益，包括目前被认为较低或不足的水平。对于有运动能力的卒中或短暂性脑缺血发作患者，建议每周至少进行 4 次、每次至少 10min 的中等强度有氧运动，或每周 2 次、每次至少 20min 的高强度有氧运动。对于卒中后运动和平衡功能出现障碍的患者，可在医护人员或保健专业人员的监督下进行运动，这有助于恢复运动功能，也有助于降低卒中复发的风险。

值得注意的是，由于运动贯穿整个卒中康复的始终，卒中之后的康复运动讲究科学合理，在这个方面，传统医学在卒中患者的康复方面具有较强的优势。卒中康复的治疗手段有针灸、按摩、超短波理疗等，中医专家们设计开发了一些辅助治疗卒中的运动项目，如“中风太极”就是专门为卒中患者量身定做的。“中风太极”动作简便易学，有些动作仅仅是翘翘脚、握握拳，就能促进气血流通，打开患者穴位。这些动作通过能活动的手，带动不能活动的一侧，帮助患者逐步恢复活动能力，以及养成运动习惯。因卒中而住院的患者，只要医生判断其生命体征稳定，肌力达 3 级以上就能在护士的带领下练习。

3. 运动与糖尿病

糖尿病是一种以高血糖为主要特征的慢性代谢性疾病。糖尿病如果控制不当，可能会导致多种并发症，包括心血管疾病、肾脏疾病、神经病变、视力问题等。因此，对于糖尿病患者来说，及时诊断和有效管理是非常重要的。观察性和试验性流行病学研究一致表明，高水平的体育活动和 / 或健身与降低 2 型糖尿病的风险之间存在关联。随机对照试验显示生活方式干预（饮食和体育活动）可以降低体重，提高葡萄糖耐量，降低高危患者发生 2 型糖尿病的风险。一些经典的糖尿病预防性干预研究项目有力证明了运动的独立和联合效应，代表性的研究主要包括中国大庆糖尿病预防研究（China Daqing diabetes prevention study，CDQDPS）、芬兰糖尿病预防研究（Finish diabetes prevention study，FIN–D2D）和美国糖尿病预防计划（American diabetes prevention program，ADPP）等。

运动对糖尿病患者具有多方面的积极影响，主要表现在以下几个方面：①降低血糖水平，运动可以通过增加肌肉组织对葡萄糖的摄取和利用帮助糖尿病患者降低血糖水平。②提高胰岛素敏感性，糖尿病患者往往存在胰岛素抵抗现象，即身体对胰岛素的反应减弱。运动可以增加身体对胰岛素的敏感性，使其更有效地将葡萄糖转运进入细胞中，从而降低血糖水平。③控制体重，与糖尿病密切相关的问题之一是超重和肥胖。过量的体重会增加糖尿病发展的风险，并加重糖尿病患者的症状。运动可以帮助控制体重，减少多余的脂肪。通过增加代谢率和消耗卡路里，运动有助于减轻体重并改善身体组成。④提高心血管健康，糖尿病患者通常面临心血管疾病发展的风险增加。运动有助于改善心血管健康，降低心脏病发作和卒中的风险。有氧运动如快走、游泳和跳舞等可以提高心脏功能，降低血压和血脂，减少动脉硬化等心血管疾病的发展。⑤预防糖尿病，规律运动不仅可以降低糖尿病的发病率，而且是糖尿病治疗中的重要环节。研究显示，中等以上强度的有氧运动，能够降低糖尿病患者心血管及整体的死亡风险。⑥合理选择运动时间更有益于血糖控制。哈佛大学的研究提出，下午运动可能比早晨或晚上更有助于预防糖尿病。选择在下午锻炼的人群在血糖控制方面要优于其他时间段，尤其是对于血糖调节功能已受损或处于糖尿病前期的人群，此时段的运动能更有效地控制血糖。糖尿病患者应在餐后运动，每周至少 5d，每次 30 ～ 45min。⑦混合式运动具有显著降血糖效果。上海交通大学的研究证实了有氧运动和抗阻训练对于降低血糖效果尤为显著。长期坚持有氧运动的糖尿病患者，其糖化血红蛋白（HbA1c）水平明显降低，说明血糖控制得到了改善。总之，运动是糖尿病患者管理血糖的重要手段，但应在医生指导下进行，以确保安全和效果。

4. 运动与阿尔茨海默病

阿尔茨海默病是神经系统的一类退行性疾病，通俗地讲，也就是大脑的一种衰老。阿尔茨海默病患者会逐渐丧失对过往事物的记忆，到了晚期，甚至连家人或者自己都会遗忘。流行病学研究总结了阿尔茨海默病的 11 个危险因素，主要包括血流量、退休 / 衰老、炎症、遗传学、头部创伤、毒素、精神健康、免疫性或感染性疾病、神经激素缺乏、糖尿病和睡眠问题。较高水平的身体活动与老年人认知能力下降和阿尔茨海默病的风险降低有关，运动几乎与导致阿尔茨海默病的这 11 个危险因素之间都存在直接或间接的关系。

运动对阿尔茨海默病的预防和干预作用主要体现在以下几个方面：①运动对认知功能的影响，有氧运动可以增加最大摄氧量、促进血液循环、增加大脑抗氧化酶活性、减少自由基产生，从而降低氧化应激水平，并促进 Aβ 蛋白降解、神经发生和血管生成，有效地改善阿尔茨海默病患者的认知功能。②运动预防阿尔茨海默病，规律运动是降低阿尔茨海默病发生的重要因素之一。有研究显示，进行有规律运动、无吸烟习惯、保持健康体重、饮食健康和少量饮酒等五大习惯，有助于降低阿尔茨海默病的发生，其中有规律运动是最重要的一项。③轻运动预防阿尔茨海默病，快步走、经常做手指动作的头脑体操、使用手指旋转钢球或核桃，或用双手伸展握拳运动，这些轻运动都有助于预防阿尔茨海默病。④运动对身体活动能力的影响，运动可以改善阿尔茨海默病患者因久坐而导致的功能衰退，改善心血管功能、肌肉力量、日常生活活动能力和生活质量。⑤运动对心理和情绪的影响，参与团体运动可以使阿尔茨海默病患者获得关心和被关注的感觉，减少焦虑、沮丧和躁动情绪，使其更快乐、热情，并获得成就感、自信和喜悦。⑥运动对社会功能的影响，团体体育运动可以创建社会网络，促进健康的社会互动，增加阿尔茨海默病患者的社交机会和社交欲望，改善其社会功能。⑦一定强度的有氧运动对预防和改善阿尔茨海默病患者的认知、日常活动能力和预防跌倒有显著作用。世界卫生组织建议每周至少进行 150min 中等强度的有氧运动，或 75min 剧烈强度的有氧运动（或两者结合），以降低 65 岁及以上健康人群认知能力下降的风险。对于阿尔茨海默病患者，1 周两次的力量和平衡运动在改善患者的日常活动能力和降低跌倒风险方面具有重要作用。⑧运动对照护者的影响，体育运动对阿尔茨海默病患者照护者也有积极的影响，可以为其照护者创造更多的自由时间，提高照护者生活质量。总之，运动在预防和干预阿尔茨海默病方面扮演着重要角色，不仅可以改善认知功能，还能提高生活质量，增强社会互动，改善心理和情绪状态，并对患者的照护者产生积极影响。

5. 运动与癌症

运动与癌症之间的关系是医学研究中的一个重要领域，多项研究已经表明运动对于预防和治疗癌症都有积极的作用。一些观察和随机对照试验证据支持体育锻炼在预防癌症和辅助治疗中的作用。高水平的体育锻炼可以降低患结肠癌和乳腺癌的风险。体育活动可能通过全身机制（如降低体脂和胰岛素水平，增强免疫功能）和局部特异性机制（如降低乳腺癌的性类固醇激素水平，减少结肠癌的肠道转运时间等）降低癌症风险。

2016 年《美国医学会杂志・内科学》上发表的一项涉及欧美 144 万人的研究，统计了运动与 26 种不同类型癌症风险的相关性，发现长期锻炼的人至少 13 种癌症发病率都显著降低。与运动最少的人（运动水平位于研究人群的下 10%）相比，运动最多的人（运动水平位于研究人群的上 10%）平均患癌概率降低 7%。运动最多的人平均每天快走超过 1h，患食道癌的概率降低 42%，患肝癌的概率降低 27%，患肾癌的概率降低 23%。患病概率降低超 20% 的还有胃癌、子宫内膜癌及骨髓性白血病等。

2022 年 2 月发表在《国际癌症杂志》的一项研究发现，当个体长时间坚持每周多次中等强度的有氧运动时，体内会释放出更多对抗癌有作用的分子，如白细胞介素 -6（interleukin，IL-6）等，这些分子能对异常细胞发挥作用，促进 DNA 修复，减缓癌细胞的生长。

运动对于防癌和抗癌具有重要作用，主要体现：①运动的防癌作用。研究表明，运动可以改善人体成分，降低性激素、代谢激素、炎症反应及改善免疫功能等，从而降低患多种癌症的风险。一项研究指出，全球大约 25% 的恶性肿瘤与超重及久坐等生活方式有关，而运动可以降低恶性肿瘤的发生风险约 10%。另有研究指出，坚持散步可以降低体内引起乳腺癌细胞增长的激素水平，降低乳腺癌风险。②运动在癌症治疗中发挥作用。运动不仅有助于提高整体健康状态，还能释放一种抑制癌细胞生长的物质，在体内创造一个“抑癌环境”。运动可以影响肿瘤细胞代谢生长，使其重编程，导致宿主与肿瘤微环境的相互作用发生变化，进而改变肿瘤细胞的代谢与生长。③运动降低癌症死亡率，具体原因尚不明确，可能与激活了体内的免疫系统有关。总之，运动可以通过多种机制（如改善代谢、增强免疫功能、调节肿瘤微环境等）对肿瘤的发生、发展或转移产生影响。因此，定期进行适量的运动是预防和辅助治疗癌症的有效手段。

6. 运动与衰老

随着医疗保健服务和医疗技术的发展和改善，全球的老龄化速度逐渐增加。老龄化与衰老和虚弱相伴而行，这通常与抵抗压力、损伤、疾病和身体功能的能力逐渐下降有关。

运动抗衰老涉及生物学、生理学和生活方式等多个领域，其对抗衰老的作用主要体现在以下几个方面：①运动逆转衰老过程中的生化变化。一项发表在《自然 - 衰老》杂志上的研究发现，衰老过程中特定复杂脂质的积累与衰老标志物相关，运动可以减少组织内的双酰基甘油磷酸酯的积累，这是一种与多种疾病状态相关的复杂脂质，而这种积累可以通过运动得到逆转。②运动提高胰岛素敏感性。澳大利亚莫纳什大学的研究指出，运动后骨骼肌中的 NADPH 氧化酶（NOX4）表达会增加，导致活性氧的增加，这会促进运动诱导的适应性反应，从而缓解与衰老和肥胖相关的胰岛素敏感性下降。这一发现为使用药物促进这种酶活性以防止衰老对代谢健康的影响提供了可能性。③运动减少久坐带来的衰老风险。中山大学等研究团队的研究显示，经常久坐和较低的身体活动水平会显著加速衰老过程，而保持中等强度的运动水平则对延长寿命和抵抗衰老具有更大的益处。④运动与维生素 D 存在协同作用。首都医科大学的研究人员发现，高水平的 25（OH）D（维生素 D 的活性形式）和积极的运动习惯与较低的生物衰老风险相关。这表明户外运动不仅促进身体锻炼，还能有效提高维生素 D 的合成，进一步延缓衰老过程。⑤运动对肌肉健康的积极影响。研究发现，短期运动可以显著降低与肌肉衰老相关的脂质标记的水平，这提示早期干预措施，如合理的运动和体育活动，可以有效抵抗或延缓肌肉衰老。总之，运动通过多种机制对抗衰老，包括改善生化标志物、提高胰岛素敏感性、减少久坐带来的风险、与维生素 D 协同作用及维护肌肉健康。因此，定期进行适量的运动是抗衰老的重要策略之一。

7. 运动与虚弱

虚弱是一种与年龄相关的生物学综合征，被定义为生物功能储备和对压力源身体状态的抵抗力下降，导致多种生理功能的累积下降，肌肉力量和平衡能力丧失，影响日常活动能力，并增加跌倒风险、住院、残疾和死亡等不良健康结局。判断虚弱的 5 个表现为体重减轻、疲惫、握力低、步态缓慢和体力活动少，存在 3 个及以上的表现即可定义为虚弱。虚弱是导致老年人群医疗卫生支出增加、降低生活质量和寿命的决定因素。虚弱与多种因素有关，炎症、营养、血管和代谢因素都可能参与其中。

研究发现，身体虚弱与老年人慢性炎症相关，高水平的 IL-6、TNF-α 和 CRP 与老年人的功能和活动能力差、肌肉力量和肌肉质量降低及身体虚弱有关。目前，有许多针对体弱多病的老年人进行的干预措施，包括营养、社会支持、认知、身体活动和锻炼。多项研究报道，包括补充剂在内的营养和 / 或运动相结合的干预可提高身体的各项表现。体育锻炼，特别是力量性、平衡性、柔韧性和耐力性素质训练，对治疗虚弱有帮助，可以延缓多种易感状况的发生，并提高易感者恢复到正常的可能性。对有多种疾病的老年住院患者进行的运动干预性研究表明，力量训练与有氧训练相结合可以改善肌肉质量、肌肉力量、肌肉功能和平衡。根据美国运动医学会（American College of Sports Medicine，ACSM）的建议，针对老年人群的运动干预应包括有氧、力量、平衡和柔韧等多项身体素质。

泰国开展的一项以社区为中心和家庭为基础，针对65岁以上虚弱老年人，旨在提高老年人力量、耐力和平衡能力的多组分运动项目（multicomponent exercise program，MCEP），试图证明包括有氧训练、阻力训练和平衡训练的MCEP对逆转老年虚弱、增强身体素质方面的有效性。该项目采用区组随机化的方式将64例研究对象分为试验组和对照组。试验组通过循序渐进增加运动强度（从中等运动强度逐渐增加到高等强度）的方式使研究对象逐渐适应运动，训练时间为60min/d，每周3d，由社区卫生服务中心训练合格的医护人员进行指导，持续12周，然后是12周的家庭训练。对照组对象采用常规护理方式，由全科医生和医学专家完成。测量的主要指标包括基本人口学资料（如年龄、性别、健康信息和体重指数等），体能表现指标，主要包括采用握力计测量力量、Berg平衡量表（Berg balance scale，BBS）测量平衡能力、计时起跑（timed up and go，TUG）测试速度以及VO_2max评估耐力、生物标志物相关指标以及虚弱程度评分等，还测量了健康相关生活质量（health-related quality of life，HRQOL）等次要结局。混合模型重复测量方差分析结果提示，分组因素和时间在BBS、TUG和虚弱评分上有显著的交互作用（$P < 0.001$）。组间的多重比较显示，在12周和24周时，MCEP组（试验组）的BBS、TUG和虚弱评分均有显著改善（$P < 0.01$）。与对照组相比，MCEP组在12周时IL-6和CRP的水平降低（$P < 0.05$）。该研究证明在老年人群中开展以社区为中心和家庭为基础的联合MCEP在逆转虚弱和改善身体表现（特别是平衡能力）方面是有效的。

二、肌因子与脂肪因子

1. 肌因子

肌因子（myokines）是肌肉收缩时由骨骼肌细胞产生并释放的细胞因子、激素或多肽类物质，它们通过自分泌、旁分泌或内分泌的方式发挥作用，参与骨骼肌自身以及多种组织器官如脂肪、肝脏、胰腺、骨骼等机体物质和能量代谢，影响这些组织器官的结构和功能，并在肌肉功能和机体生理之间提供分子间的相互作用。肌因子在维持机体生物学稳态中发挥重要作用，目前已发现的肌因子有数百种，其中一些对机体糖脂及能量代谢起到重要作用，如鸢尾素（irisin）、肌联素（myonectin）、肌肉抑制素（myostatin）、脑源性神经营养因子（BDNF）等。

（1）鸢尾素。

鸢尾素是一种在2012年被发现的肌源性因子，也被称为信使女神。它是由112个氨基酸残基组成的糖基化蛋白激素，由前体含纤连蛋白Ⅲ型结构域5（FNDC5）被蛋白酶裂解后分泌的。鸢尾素的表达是在过氧化物酶体增殖剂激活受体γ共激活剂1-α（PGC-1α）的控制下进行的。鸢尾素的主要功能包括促进肌细胞的线粒体生物生成，诱导白色脂肪组织的褐变，增加脂肪细胞和肌细胞的代谢率。

鸢尾素在运动和寒冷暴露期间的颤抖反应中由骨骼肌释放。它能够促使白色脂肪细胞转化为棕色脂肪细胞，棕色脂肪组织在成人体内的含量虽然少，但其产热效率极高，一小块棕色脂肪就能燃烧大量的卡路里。此外，鸢尾素还与改善糖、脂代谢，减轻胰岛素抵抗，并能温和地减轻体重有关。

鸢尾素的发现为肥胖治疗提供了新的思路，一些研究结果表明，运动后人体内鸢尾素水平上升，可以促进白色脂肪组织的褐色化，进而确定PGC-1α能促使肌细胞分泌特定因子以增加能量消耗。鸢尾素还可能成为肌肉减少症的预测因子，并作为评估肌肉减少症严重程度的生物标志物。它对骨骼肌的保护作用包括增加骨骼肌质量并维持肌肉功能。总的来说，鸢尾素是一种重要的肌肉因子，与代谢、肌肉健康以及可能的神经保护作用有关。

（2）肌联素。

肌联素，也称为补体C1q/肿瘤坏死因子相关蛋白15（complement C1q/tumor necrosis factor-related protein 15，CTRP15），是骨骼肌分泌的一种新型生物活性物质，属于CTRP蛋白家族的第15位成员。肌联素在骨骼肌中特异性表达，并且其表达受到肌纤维类型、营养条件及其他激素和细胞因子的影响。肌联素的主要功能包括：①脂质代谢调节，肌联素可以通过内分泌或旁分泌的形式进入血液循环，作用于脂肪组织和肝脏，参与脂肪组织和肝脏脂质代谢的调节。②脂肪酸摄入，肌联素能够促进脂肪酸摄入作用蛋白基因的表达，从而促进脂肪酸的摄取，并降低血清中自由脂肪酸的水平。③肥胖和胰岛素抵抗，肌联素参与肥胖和胰岛素抵抗的发生，与代谢性疾病有紧密的联系。④能量代谢，肌联素与骨骼肌的能量代谢有关，参与红细胞生成过程中铁代谢的调节。

研究表明，肌联素与运动之间存在一定的关系，探讨这种关系有助于为慢性疾病的治疗提供依据。然而，关于肌联素的分泌调节以及其在机体内所发挥的作用还有许多未知，需要进一步的研究来阐明。

（3）肌肉抑制素。

肌肉抑制素，也称为生长分化因子 8（GDF-8），由 376 个氨基酸构成，是转化生长因子 β（TGF-β）超家族的成员，具有 TGF-β 超家族的典型特征，包括在蛋白的 N- 末端有相同的非亲水性氨基酸序列作为分泌信号，在 C- 末端有保守的蛋白酶水解位点 RSRR，一般有 9 个半胱氨酸位于 C- 末端形成“半胱氨酸节点”，其 C 端通过形成二硫键组成具有生物学活性的二聚体发挥功能。

研究发现，肌肉抑制素在骨骼肌大小的调节中起着关键作用，主要通过激活素Ⅱ型受体（ActR Ⅱ）发挥作用。肌肉抑制素作为一种骨骼肌的负调控因子，通过与细胞膜上的 ActR Ⅱ A 或 ActR Ⅱ B 受体结合并发出信号，其中 ActR Ⅱ B 最初被确定为肌肉抑制素的主要受体。与 ActR Ⅱ结合后，配体和 ActR Ⅱ与 ActR Ⅰ形成复合物，刺激细胞质中 *Smad2* 和 *Smad3* 转录因子的磷酸化，磷酸化的 *Smad2/3* 随后转运至细胞核，并调节包括 *MyoD* 在内的靶基因的转录。肌肉抑制素的生物学功能及作用机制研究表明，肌肉抑制素基因敲除小鼠的骨骼肌重量显著增加，表现出双肌性状，并且这种突变小鼠比野生型小鼠重约 30%，体重增加主要是由于肌纤维数量的增加而不是脂肪的增加造成的。此外，肌肉抑制素不仅在骨骼肌中表达，还存在于其他组织中，如心脏、脂肪、胎盘、乳腺、子宫等。肌肉抑制素的抑制作用在多种动物中也得到了验证，比如，牛中肌肉抑制素基因的突变导致肌肉重量显著增加。这些研究结果表明，肌肉抑制素是骨骼肌生长发育的抑制因子，其基因表达的阻断可能为肌肉萎缩性疾病的治疗提供新的思路和方向。

（4）脑源性神经营养因子。

脑源性神经营养因子是在 1982 年被发现的一种重要的神经营养蛋白，属于神经营养因子家族成员之一，是体内含量最多的神经营养因子。BDNF 在海马、杏仁核、大脑皮质和小脑等脑组织中高度表达，也表达于心脏、肺、骨骼肌、睾丸、前列腺和胎盘中，属于一种分泌型蛋白。BDNF 通过与其特异性受体原肌球蛋白相关激酶受体 B（TrkB）结合后激活胞内区域，引起 TrkB 自身磷酸化作用增强，进而激活 Ras-MAPK 通路，最后在 CAMP 反应元件结合蛋白（CREB）的丝氨酸位点激活 CREB。CREB 通过增加 *BDNF* 基因及抗凋亡蛋白基因 *BCL-2* 的表达，在促进神经细胞生存、结构变化和增加突触可塑性及神经发生方面充当轴突生长和延伸因子、促生存因子和突触调节剂。它也在神经元回路的维持和可塑性方面发挥着重要作用。

BDNF 在运动中的作用主要体现在以下几个方面：①促进神经保护和再生，BDNF 能够诱导神经再生，刺激神经的存活，尤其在外周和中枢神经系统的运动和感觉神经元上体现得尤为明显。它与睫状神经营养因子（ciliary neurotrophic factor，CNTF）联合使用可以产生协同作用，改善运动障碍。②影响记忆和认知能力，BDNF 是急性运动对记忆影响的潜在机制。研究发现，急性运动后可观察到认知能力的改善，尤其是在评估记忆力的研究中，急性运动诱发的 BDNF 浓度变化与认知能力之间存在显著关联。③提高认知功能和学习能力，规律性有氧运动能够通过提高大脑 BDNF 和 IGF-1 的分泌来增加神经保护作用，减缓认知功能下降，提高学习效果。习惯性有氧运动能够提高抗抑郁治疗效果，可能通过 BDNF 水平的升高实现。④促进神经发生，BDNF 通过与 TrkB 受体结合，激活 Ras-MAPK 通路，增加 *BDNF* 基因及抗凋亡蛋白基因 *BCL-2* 的表达，促进神经细胞生存，增加突触可塑性及神经发生。⑤增强神经可塑性，BDNF 增加突触可塑性，影响长时程增强（LTP），这是学习过程和记忆形成的基础。⑥情绪调节，运动能够促进大脑中与愉悦感相关的神经递质如多巴胺和内啡肽的释放，这不仅能使我们感到快乐，还能减轻压力和焦虑。⑦对神经退行性疾病的影响，长期的有氧运动会对临床上有神经退行性病变的人群产生影响，提供抵抗受损中枢神经系统的应激相关的过程。总之，BDNF 在运动中扮演着重要的角色，它不仅能够促进神经保护和再生，提高认知功能和学习能力，还涉及情绪调节和神经退行性疾病的预防与治疗。

2. 脂肪因子

脂肪组织不仅是能量的“贮存仓库”，而且是一个重要的内分泌器官。其中的上百种白色脂肪组织（WAT）能够分泌大量的细胞因子、急性期反应物、生长因子、其他炎性介质、激素及其他化学信使等，如瘦素（leptin）、抵抗素（resistin）、脂联素（adiponectin）、内脏脂肪素（visfatin）、网膜素（omentin）和炎症细胞因子（如 CRP、IL-6 和 TNF-α）等。脂肪因子是 WAT 分泌的这些细胞因子的统称，它们通过自分泌、旁分泌、内分泌等机制发挥作用，参与脂肪细胞的分化，维持体内能量代谢平衡，影响糖脂代谢、细胞发育、血管生成，并在炎症和免疫应答中发挥重要功能。有的脂肪因子能够同时影响外周与中枢神经系统进程。

（1）瘦素。

瘦素是由脂肪细胞分泌的一种蛋白质激素，主要与机体的摄食、能量代谢和脂肪存储等调控密切相关。运动与瘦素之间的关系已经引起了众多学者的关注，因为运动能够调节系统能量流动和平衡，进而影响瘦素的分泌情况。运动对瘦素水平的影响主要体现：①运动改善肥胖症中枢瘦素抵抗。肥胖是一种慢性低度系统性炎症，运动后炎症反应会得到减轻，继而抑制脂肪细胞分泌瘦素。运动可以通过调控下丘脑神经元的活性和增殖来改善肥胖症的中枢瘦素抵抗。运动也可以激活某些神经元、抑制其他神经元的表达和活性，实现下丘脑瘦素敏感性的提高。瘦素与其受体结合，可发挥调控下丘脑相关神经元的表达和活性，促进脂肪分解、减少脂肪含量，缓解脂肪因子失衡，显著降低血清瘦素水平，维持机体能量平衡和抑制食欲。②运动改善肥胖症外周瘦素抵抗。运动可以通过增加肌肉质量和棕色脂肪含量来改善肥胖症外周瘦素抵抗。运动还能通过调节外周瘦素信号通路转导蛋白的表达来减轻肥胖个体外周瘦素抵抗的严重程度。例如，有氧运动干预显著下调了肥胖大鼠骨骼肌 *SOCS3* mRNA 水平，同时，还降低了小鼠肝脏 *SOCS3* 的表达。运动除了具有减脂的作用，还可增肌，提高肌肉的质量，最终改善外周瘦素抵抗。③运动通过自噬改善瘦素抵抗。自噬是一种调节细胞稳态的分解代谢途径，通过将胞内的损伤成分运送至溶酶体进行降解，以实现能源物质再循环。下丘脑神经元自噬缺陷是导致瘦素抵抗的重要原因。运动增加能量消耗改善脂代谢，是预防及治疗肥胖的重要手段。研究表明，运动促进自噬、改善瘦素抵抗，在维持机体内稳态和防治相关代谢性疾病中发挥重要作用。总之，运动通过多种机制影响瘦素水平和瘦素抵抗，包括减轻肥胖症高瘦素血症、改善中枢和外周瘦素抵抗，以及通过自噬途径影响瘦素敏感性。这些研究为运动防治肥胖及相关代谢性疾病提供了理论依据。

（2）抵抗素。

抵抗素是一种富含半胱氨酸的肽激素，它在人类中由 *RETN* 基因编码。在灵长类动物、猪和狗中，抵抗素是由免疫细胞和上皮细胞分泌的，而在啮齿类动物中，它是由脂肪组织分泌的。人抵抗素前肽的长度为 108 个氨基酸残基，小鼠和大鼠的长度则为 114 个氨基酸残基，分子量大约为 12.5 kDa。抵抗素在多种生理和病理过程中发挥作用。它被认为与肥胖和胰岛素抵抗之间存在重要联系。研究表明，抵抗素与肥胖、胰岛素抵抗、动脉粥样硬化等关系密切。抵抗素会加速动脉中低密度脂蛋白的积累，增加人类患心脏病的风险，并且可能会影响他汀类药物的治疗效果。这类药物主要是用来降低胆固醇，治疗和预防心血管疾病的。最新的研究还揭示了抵抗素在炎症反应中的作用，它表现出促炎性细胞因子的功能，并可能成为炎症性疾病中的关键节点。此外，研究还发现抵抗素可能参与多种肿瘤的发生及进展，包括胃癌、结直肠癌、食管癌、乳腺癌、胰腺癌、肝癌、肺癌等。总之，抵抗素是一个多功能的脂肪因子，它在代谢、炎症和自身免疫等多个方面发挥作用，与多种慢性疾病的发展有关。

关于抵抗素与运动的关系，我们可以从两个方面来理解：一是抵抗素作为一种脂肪细胞分泌的激素，与胰岛素抵抗的关系。胰岛素抵抗是指胰岛素在肝脏、肌肉和脂肪组织中的作用减弱，导致组织摄取和利用葡萄糖的效率降低。研究表明，高水平的抵抗素与胰岛素抵抗密切相关，并且是2型糖尿病（T2DM）的一个强预测因子。二是运动如何影响抵抗素的水平以及其对胰岛素抵抗产生影响。研究表明，除了通过药物手段增强抵抗素分解代谢和降低其循环水平以恢复抵抗素稳态能够有效改善胰岛素抵抗外，运动作为一种有效的预防和缓解胰岛素抵抗的非药物手段，对抵抗素的调控具有积极作用。运动可以降低抵抗素的水平，从而改善胰岛素抵抗。因此，定期进行适量的运动是预防和治疗与胰岛素抵抗相关的代谢性疾病的重要策略。

（3）脂联素。

脂联素，又称为脂肪激素，作为一种由脂肪细胞分泌的脂肪因子，在生理学和病理生理学中扮演着重要角色。脂联素单体由球状域、胶原域、种特异性域和信号肽组成。通过寡聚化形成三聚体（低分子量）、六聚体（中等分子量）和多聚体（高分子量）。脂联素与AdipoR1和AdipoR2和T-Cadherin等受体的细胞内区域结合后，会启动一系列组织依赖的信号转导事件，包括AMPK和p38 MAPK的磷酸化，以及PPARα配体活性的增加等。这些信号转导事件由含有PH、PTB和LZ结构域的适配蛋白（APPL1）调节，该蛋白直接与AdipoR1和R2结合，在改善胰岛素抵抗、调节脂质代谢、抗动脉粥样硬化、保护心脏、抗炎、抗氧化应激、抗纤维化及调节细胞凋亡等方面发挥重要的生物学作用。

鉴于脂联素在糖代谢和脂代谢方面发挥着重要作用，以及脂联素与胰岛素敏感性存在密切联系，运动对脂联素的影响已经成为研究的热点。运动可以增加能量消耗，减少体脂含量，增加肌肉质量，对机体的内分泌产生影响，对肥胖症和糖尿病的康复作用也得到了大量实验的证实。运动改善胰岛素抵抗及代谢综合征的作用可能与运动增加循环脂联素及肌肉中脂联素 mRNA 受体的表达有关。研究表明，不同形式的运动对脂联素的影响不同。一些研究发现，运动可以增加脂联素水平，不同处方的锻炼可以增加 38% 的血清脂联素水平，效应量为中低水平。也有研究报告阻力训练强度和脂联素增加的剂量反应关系密切。但是，在短期暴露于中度至高强度的有氧运动或阻力训练后，脂联素水平的增加在文献中的报道存在不一致性。

（4）内脏脂肪素。

内脏脂肪素，也称为烟酰胺磷酸核糖转移酶（NAMPT），是一种主要由内脏脂肪组织分泌的脂肪因子。它具有多种生物学功能，包括：①调节细胞增殖和NAD 生物合成。内脏脂肪素在细胞内具有烟酰胺磷酸核糖转移酶活性，能够催化烟酰胺腺嘌呤二核苷酸（NAD）的生物合成，对细胞增殖有重要作用。②血管生成作用。内脏脂肪素能够诱导血管生成因子的表达，包括基质金属蛋白酶、血管内皮生长因子、单核细胞趋化蛋白 1 和成纤维细胞生长因子 2 等，这些因子在动脉粥样硬化的发展中起作用。③信号通路的调节。内脏脂肪素通过影响失调的相关信号通路，如 ERK1/2 和 p38 信号通路，参与动脉粥样硬化的发病机制。④炎症反应。内脏脂肪素与多种炎症因子的表达有关，如 TNFα、IL-1β和 IL-6，参与炎症反应。⑤胰岛素样作用。内脏脂肪素能够与胰岛素受体结合，模拟胰岛素的作用，通过减少肝脏细胞释放葡萄糖和刺激脂肪细胞及肌细胞利用葡萄糖来降低血糖。⑥与心血管疾病的关系。高循环水平的内脏脂肪素与血管重塑、血管炎症和动脉粥样硬化有关，增加心血管事件的风险。⑦与代谢疾病的关系。内脏脂肪素与多种代谢疾病和急、慢性炎性疾病的关系日益受到重视，如糖尿病、肥胖、急性肺损伤、类风湿性关节炎、败血症、心肌梗死和炎性肠病等。总之，内脏脂肪素作为一种多功能蛋白质，其在调节代谢、炎症反应和血管健康方面的作用使其成为研究和治疗相关疾病的一个重要靶点。

运动与内脏脂肪素之间的关系主要体现在以下几个方面：①运动对内脏脂肪产生影响。研究表明，在超重和肥胖成人中，运动和热量限制都能减少内脏脂肪组织，但只有运动具有剂量依赖效应。此外，有氧运动可以减少脂肪的堆积和调整脂肪的分布，减少内脏脂肪素的分泌。这意味着，随着运动量的增加，减少的内脏脂肪量也会增加，显示出运动在减少内脏脂肪方面的潜在优势。②有氧运动可以降低血浆内脏脂肪素水平，提高内脏脂肪素 *Visfatin* mRNA 的表达，降

低肝脏 *Visfatin* mRNA 水平。这可能与运动过程中交感神经兴奋及调整生长激素、TNF-α 的分泌有关，这些激素可能抑制 *Visfatin* 的表达。③运动改善氧化应激。肥胖导致血清内脏脂肪素、肝脏及内脏脂肪 *Visfatin* mRNA 水平升高，并诱发机体更高程度的氧化应激（OS）。而有氧运动和饮食控制可下调肥胖机体体重水平及血液胆固醇（TC）、甘油三酯（TG）含量，降低血清内脏脂肪素、肝脏 *Visfatin* mRNA 水平，改善机体氧化应激状态，从而减轻肥胖对机体的损伤。④运动引起的内脏脂肪组织质量变化受 IL-6 信号的调节。IL-6 是一种信号分子，它在调节能量代谢、刺激健康人体内脂肪的分解和抗炎中起着关键作用，尤其是在运动中从骨骼肌中释放出来的 IL-6。它能够刺激脂肪分解，并在运动过程中发挥作用。一项为期 12 周的自行车运动干预实验显示，运动组的内脏脂肪量平均减少了 225g，而对照组并无改变。但是，运动减少的内脏脂肪量可被 IL-6 信号传导阻断药物（托吡单抗）所阻滞，与对照组相比，托吡单抗增加了约 278g 内脏脂肪组织。该研究结论在其他研究中也得到了证实。这表明 IL-6 是运动减少内脏脂肪组织质量所必需的。另外，研究也表明，IL-6 阻断还会增加胆固醇水平，而且这种增加在运动后也无法逆转。总之，运动对减少内脏脂肪和调节内脏脂肪素水平具有积极作用，且这种作用可能与 IL-6 信号通路有关。这些研究结果支持使用运动作为一种有效的生活方式策略，以减少超重或肥胖人群的内脏脂肪，并可能预防和治疗由内脏脂肪堆积引起的疾病。

（5）网膜素。

网膜素是一种主要由内脏脂肪组织分泌的新型脂肪因子，参与调节胰岛素功能、血管内皮功能、胎儿及新生儿发育等生理活动，在肥胖、2 型糖尿病、动脉粥样硬化等多种疾病的发生发展中扮演着重要角色。网膜素在肥胖个体的网膜脂肪组织中的表达减少，并且与肥胖标志物（如体重指数和腰围）呈负相关。网膜素具有胰岛素增敏效应，其循环水平在胰岛素抵抗状态（如肥胖和糖尿病）下会降低。网膜素能够引起血管舒张，并可能通过核因子 κB 信号通路减弱 CRP 诱导的血管生成，这是一个强效的促炎信号通路。网膜素也参与了多种神经关联疾病（如脑梗死、多发性硬化所致骨质改变等）的病理过程，并具有生物标记物作用。网膜素的减少可能与炎症性肠病和类风湿关节炎等慢性炎症性疾病的发病机制有关。

网膜素存在两种高度同源的异构体，网膜素 1（omentin-1）和网膜素 2（omentin-2），其中网膜素 1 是血液中主要存在的形式。网膜素 1 由 313 个氨基酸组成，以二硫键连接的三聚体形式存在，相对分子质量为120kD。研究发现网膜素-1对病理性心肌肥厚具有预防和减轻的作用，可能为心衰的防治提供新的思路。网膜素-1可通过促进IL-4依赖性抗炎反应和M2型巨噬细胞极化来改善骨关节炎的进展。总之，网膜素是一种具有多种生理和病理作用的脂肪因子，与多种代谢性疾病和炎症性疾病密切相关，并可能作为生物标志物和/或药物治疗剂在这些领域中发挥作用。

研究发现，运动主要通过以下方式对网膜素水平以及相关健康指标产生影响：①运动训练可以增加成人血清中的网膜素-1水平。研究表明，无论是有氧运动还是阻力训练，都能显著提高网膜素-1的水平，而联合训练的效果则没有显著增加。此外，性别亚组分析显示，无论是女性还是男性，网膜素-1的水平都有显著改善。②规律运动可能通过提高肥胖者网膜素的表达与分泌，产生抗炎症作用，改善肥胖者血管内皮功能，从而降低心血管疾病发病风险。③运动增加的网膜素-1水平通过激活Akt信号通路，改善胰岛素的敏感性，从而调节下游的葡萄糖代谢过程。④网膜素-1还能够降低肝脏组织中的炎症，从而改善胰岛素敏感性。总之，运动对提高网膜素水平、改善胰岛素敏感性、降低代谢综合征的风险因素以及提升血管健康都有积极的影响。

（6）其他炎症细胞因子。

在运动与慢性炎症的关系研究中，研究比较多的炎症细胞因子主要包括IL-6、CRP、TNF-a和IL-10等。简单地讲，慢性低度炎症就是指长期处于低度水平的全身炎症因子（IL-6、CRP、TNF-α等）升高的一种炎症状态，这种炎症状态具有非特异性、可持续、遍及全身的特征。CRP、IL-6和TNF-α通常被认为是全身性慢性低度炎症的可靠标志物。

大量的研究结果表明，炎症在动脉粥样硬化的病理生理中起着关键作用，体育活动可以通过减轻炎症来降低患冠心病的风险。美国的一项研究通过对国家健康与营养调查Ⅲ（1988—1994）数据进行分析以了解体力活动与CRP的关系。分析纳入了不同运动强度（轻度、中度和剧烈运动）的13 748名20岁以上的成年人数据，结果表明，在调整了年龄、性别、种族、教育程度、工作状况、吸烟状况、尼古丁代谢物可替宁浓度、高血压、体重指数、腰臀比、高密度脂蛋白胆固醇浓度和阿司匹林使用等因素后，轻度、中度和剧烈运动与CRP的关系强度指数优势比（odds ratio，OR）及95%置信区间（confidential interval，CI）分别为0.78（0.78～1.23）、0.59（0.7～1.02）和0.3（0.4～0.71），即随着运动强度的增加，两者之间的关联性越强。此外，该研究还发现休闲时间的体力活动与人血白蛋白浓度呈正相关，与对数转化后的血浆纤维蛋白原浓度和对数转化后的白细胞计数呈负相关。该研究结果进一步丰富了相关的证据，表明体育活动可以减少炎症，这是心血管疾病发病的一个关键过程。

运动科学研究表明，长时间耐力运动导致循环 IL-6 显著增加，起初认为是肌肉损伤以及随后的炎症反应的结果。随后对马拉松运动员的研究也表明，马拉松运动之后，肌肉活检和随后的循环 IL-6 中检测到的 *IL-6* mRNA 的显著增加。这些促使研究人员提出“长时间的耐力运动导致肌纤维损伤，引发炎症反应，循环中 IL-6 表达升高”的假设。这一假设得到了进一步研究的支持，相关的研究揭示高强度运动后肌酸激酶（一种常用的评估肌肉损伤的生物标志物）与血清 IL-6 之间存在关联。不过，“破坏性运动导致的运动损伤引起肌肉和循环中 IL-6 表达升高”的假设正逐渐受到研究者们的质疑，因为研究提示，控制良好的非破坏性运动也会出现 IL-6 表达的显著升高。而且，研究者们认为，“运动导致的肌肉和循环中 IL-6 表达升高”可能是一个正常的生理过程，可引起肌肉质量和力量的增加，这反过来可以减少功能障碍和改善疲劳症状。

一篇系统评价评估了运动训练对超重或肥胖成人的促炎性和抗炎性细胞因子标志物的影响，结果表明，CRP、IL-6 和 TNF-α 的循环浓度水平在耐力训练后降低，TNF-α 在阻力和共性训练（耐力 + 力量性训练）后也降低，IL-10 在抗阻训练后升高。在纳入系统评价的 11 项研究中有 8 项提示：中等强度的运动训练可导致循环中 CRP 降低 9% ～ 53%，CRP 的显著降低伴随着脂肪量的减少，运动训练可能是通过刺激体脂肪量的减少间接调节循环中炎症标志物的浓度水平，从而促进外周组织巨噬细胞浸润的减少。IL-10 是主要由单核细胞调节合成的一种细胞因子，有助于抑制巨噬细胞中促炎细胞因子的产生。研究表明，在健康个体中，运动可促进循环中 IL-10 浓度水平上调 80% 以上，且伴随着脂肪量的减少。需要注意的是，不常运动训练的人导致的肌肉损伤确实会引起炎症反应，运动后 48h 中性粒细胞和巨噬细胞浸润受损肌肉组织，肌肉和循环中 IL-6 水平的部分升高可能是由于损伤部位的肌肉巨噬细胞被激活所致。

以上为大家介绍了几种重要的肌细胞因子和脂肪细胞因子对健康的影响，以及运动对这些因子的调节作用。值得注意的是，肌因子通常与脂肪因子以及心脏因子（由心脏分泌的因子）之间相互联系，构成紧密的调控网络，这些介质在全身性慢性低度代谢性炎症中起着至关重要的作用。

三、不同运动形式的抗炎症效应

1. 急性 / 爆发性运动的抗炎症效应

目前的研究表明，急性 / 爆发性运动时的肌肉收缩被认为是肌肉内 IL-6 水平升高的触发剂。运动导致肌肉内的能量迅速消耗，需要提供额外的能量补充。而运动触发肌肉内 IL-6 mRNA 增加，进而引起循环中 IL-6 升高，而 IL-6 恰好可作为触发剂激活肝糖原分解和脂肪分解，为运动中的肌肉提供额外的能量途径。但是，这种 IL-6 的过量产生并不被认为会引起炎症。支持性的观点认为，在炎症性疾病中，如在风湿性关节炎中，IL-6 是由巨噬细胞诱导的，并且需要 TNF-α 的参与，进而激活核因子（nuclear factor-kappa B，NF-kB）途径。相反，在普通人群或者非感染性疾病人群，肌肉运动诱导的 IL-6 的产生不是在 TNF-α 或 NF-kB 激活的情况下发生的，而是受到活化 T 细胞核因子（nuclear factor of activated T-cells，NFAT）和糖原 p38 丝裂原活化蛋白激酶（glycogen-p38 mitogenactivated protein kinase，MAPK）途径之间的相互作用调节，该途径与机体的抗炎症反应有关。此外，健康人群在运动后，肌肉中的促炎巨噬细胞（Macrophage，M）亚型 1（M1）减少，抗炎巨噬细胞亚型 2（M2）增加，即运动可以显著促进人体内的抗炎环境。

2. 耐力运动的抗炎症效应

与急性运动刺激肌肉来源的细胞因子（肌肉因子）诱导机体的抗炎效应不同，长期或耐力运动减少机体的炎症则主要是通过脂肪组织衍生的细胞因子（脂肪因子）调节脂肪组织的大小来实现的。众所周知，肥胖是一种低度炎症状态，主要是由作为内分泌和旁分泌器官的脂肪组织介导的炎症反应引起的。支持性的观点认为，与正常体重人群相比，超重和肥胖人群中来自巨噬细胞的炎症介质 IL-6 和 TNF-α 过度表达，而该炎症过程是在脂肪组织扩张和进展的早期被激活的。其他的证据也表明，运动可以显著减少脂肪组织细胞的大小，与低热量饮食相比，在体重保持不变的情况下，运动导致的脂肪组织损失更大。这些证据都表明，长期运动通过调节脂肪组织的大小发挥抗炎症效应。

四、运动与抗衰老相关的炎症效应

衰老与慢性低度炎症之间关系密切。2000 年，Franceschi 等人创造了“炎性衰老（inflamm-aging）”一词来描述老年人中常见的慢性炎症水平升高以及伴随的并发症增加。有些学者认为“炎性老化是长期暴露于急性和慢性感染以及随之而来的终身抗原负荷的不可避免的结果”。“炎性衰老”一词的出现标志着学术上的一个重大事件，它改变了学术界对年龄相关疾病发展的看法。慢性炎症是衰老的一个标志，与心血管疾病、癌症、免疫系统疾病和肌肉骨骼疾病等多种衰老相关疾病有关。衰老与炎症之间的联系涉及多种炎症通路的激活。在分子层面上，细胞衰老后会分泌促炎因子，形成衰老相关分泌表型（senescence-associated secretory phenotype，SASP）。SASP 包括多种细胞因子和趋化因子，它们在分子级别上引起炎症反应，这进一步促进慢性炎症的发生，并推动正常细胞步入衰老进程。

Franceschi 等人的研究发现，身体的过度炎症本身可能并不足以增加与年龄有关的疾病，并提出“第二次打击（second hit）”的概念，如对疾病的遗传易感性或过度积极的炎症反应都可认为是“第二次打击”，正是身体遭受到的“第二次打击”导致了炎性衰老相关疾病的发生与进展。Franceschi 等人进一步的研究认为，运动训练能够显著减少炎症，并降低“二次打击”的可能性。尽管“二次打击”的提出遭受了很多人的质疑，也有很多分歧，但越来越多的证据表明，定期、有计划的锻炼或高水平的体育活动能够减轻炎症负担，这在对年轻人和老年人的研究中都得到了肯定性结论。

尽管体育活动具有抗炎作用，然而，到目前为止，只有运动训练在预防和治疗虚弱方面显示出有益的效果，对身体功能、整体健康和生活质量也有有益的影响。但不可否认的是，老年人对运动训练的坚持程度明显下降，老年人生活方式中占主导地位的久坐生活方式促进了促炎细胞因子和慢性低度炎症的增加。

根据美国国家衰老研究所的建议，针对衰老和衰弱人群的运动不要局限于一种运动类型，耐力运动、力量运动、平衡运动和灵活性运动等混合性和趣味性强的运动不仅增强运动的积极性，还能减少各种伤害。另外，根据个人的基因、身体状况和生活习惯来定制个性化运动方案和实施综合性抗衰老干预措施越来越重要。

（王珍　邹卓序）

第五节 运动与氧化应激

氧化应激是由抗氧化机制调控的封闭性生理通路，定义为自由基的产生和抗氧化防御系统清除自由基之间的调节失衡。氧化应激与多种病理或生理状况相关。自由基是一种非常活跃的原子或分子，其中常见的是活性氧（reactive oxygen species，ROS）和活性氮（reactive nitrogen species，RNS），两者统称为活性氧和活性氮（reactive oxygen and nitrogen species ，RONS）。RONS 具有活性高和不稳定性等特点。ROS 主要包括超氧化物、羟基、醇基、过氧化物、过氧化氢等，RNS 主要包括一氧化氮（nitric oxide，NO）、二氧化氮、过氧腈等。内源性的 RONS 包括烟酰胺腺嘌呤二核苷酸磷酸（NADPH）氧化酶、髓过氧化物酶（MPO）、脂氧合酶和血管紧张素Ⅱ，外源性 RONS 包括空气污染、烟草、酒精、药物、工业溶剂等，这些物质在体内代谢为自由基。自由基是一种非常活跃的原子或分子，其外层有一个或多个不成对的电子，可以由氧与特定分子相互作用形成，在氧化还原体系中充当氧化剂或还原剂的角色。RONS 可降解生物源性物质，如脱氧核糖核酸、脂质和蛋白质等，这反过来可能导致氧化性组织损伤。自由基与多种疾病有关，如癌症、心血管疾病、帕金森病、阿尔茨海默病等。

目前的研究表明，运动可以对氧化应激产生积极和消极的影响。从积极的层面讲，运动诱导的 ROS 生成对于线粒体的生物作用非常重要，是激活氧化还原敏感信号通路的信号分子，是肌肉力量产生的必需条件之一。多项研究证实，长期定期训练可以改善某些抗氧化防御机制，从而防止线粒体氧化损伤。从消极的层面讲，大量的研究表明，与中度和常规有氧运动相比，剧烈运动、高强度运动、特殊环境下的运动（如高原运动）或在特殊的生理和病理条件下的运动与氧化应激的增加有关。在这些极端情况下，内源性抗氧化剂不能完全阻止机体的氧化损伤，机体抗氧化平衡遭到破坏，氧化应激增加。针对运动中可能出现的运动损伤，大量的研究开始致力于氧化损伤的处理。一些研究表明，在运动的同时服用抗氧化补充剂（如维生素 E、肌酸等）可减少运动引起的氧化应激所导致的有害影响，增强与运动相关的抗氧化防御系统，增加体育活动的积极作用，但并不是所有的研究都得到了一致的结论。

本节重点探讨运动产生的氧化应激来源、运动对氧化应激的影响及机制。

一、运动产生的氧化应激来源

迄今为止的大量动物实验以及人群试验研究表明，机体许多组织在运动过程中都会产生 ROS，然而，究竟是哪些器官主要负责运动相关 ROS 的产生，由于研究组织获得性限制以及组织器官之间的复杂联系，尚未得到肯定性结论。自最初发现收缩的骨骼肌产生 ROS 以来，许多研究者认为骨骼肌是运动过程中自由基和 ROS 生成的主要来源。但不容忽视的是，其他组织，如心脏、肺或血液，也可能对运动中产生的总 ROS 有一定的贡献。例如，在运动引起的肌肉损伤后，吞噬性白细胞在改变肌肉氧化还原状态中发挥重要作用。可以肯定的是，肌肉纤维的实质性损伤中伴随着巨噬细胞和其他吞噬性细胞的侵袭和聚集，尽管这一过程对于肌肉的有效修复是必不可少的，但也伴随着吞噬细胞释放大量的 ROS。由于运动诱导产生的 ROS 来源广泛，超出了本章的范围，本章重点放在运动导致的骨骼肌收缩中产生 ROS 的主要细胞位点。

骨骼肌中的氧化剂来源于超氧化物和 NO 两种母体分子。超氧阴离子在细胞内发生反应，形成过氧化氢、羟自由基和一些低分子氧化剂。骨骼肌中的活性氮 RNS 来源于 NO，NO 反应形成包括过氧亚硝酸盐在内的多种 RNS。目前的研究表明 RNS 在肌肉疲劳中不发挥主要作用，因此在本文中主要关注 ROS 的产生及其生物学机制。

长时间或剧烈的肌肉收缩活动会改变肌纤维的生理环境，导致这些肌纤维易产生更高水平的 ROS。例如，运动过程中肌纤维耗氧量的增加可降低细胞内氧张力，从而促进与细胞内氧张力降低相关的 ROS 生成增加。此外，运动导致的肌肉温度升高伴随着肌细胞二氧化碳张力和 pH 降低也刺激肌肉中 ROS 的生成增加。

骨骼肌收缩引起的变化可以刺激多个位点或通路的超氧化物产生，主要包括线粒体、NADPH 氧化酶、磷脂酶 A2（phospholipase A2，PLA2）依赖性过程和黄嘌呤氧化酶等。

1. 线粒体来源的 ROS

线粒体通常被认为是肌肉细胞中 ROS 的主要来源。早期的研究认为，线粒体消耗的总氧的 2% ～ 5% 用于电子的还原并伴随着超氧化物的产生。最近的研究发现，线粒体电子传递链上的复合物Ⅰ（NADH 脱氢酶）和Ⅲ（白细胞色素 C 还原酶）是线粒体中产生超氧化物的主要位点。研究认为，肌肉收缩期间，肌纤维中 ROS 生成的增加与线粒体呼吸增加引起的耗氧量升高直接相关，有氧收缩期间骨骼肌产生的超氧化物增加了 50 ～ 100 倍。然而，越来越多的证据却对该结论提出了反对意见，甚至认为线粒体是运动期间骨骼肌中 ROS 产生的主要来源的说法不成立。近期的一些数据表明，线粒体产生超氧化物的速率远低于早期的估计，线粒体消耗的氧气中可能只有不到 0.15% 用于形成超氧化物。

2.NADPH 氧化酶途径产生的 ROS

烟酰胺腺嘌呤二核苷酸磷酸（nicotinamide adenine dinucleotide phosphate，NADPH）氧化酶通过将电子从 NADPH 转移到分子氧中产生超氧化物。研究认为，存在于肌纤维细胞的肌浆网、横小管和肌膜的 NADPH 氧化酶，在骨骼肌运动诱导的 ROS 产生中发挥重要作用。比如，位于心脏肌浆网和骨骼肌纤维的 NADPH 氧化酶，产生的超氧化物通过氧化兰尼碱受体（ryanodine receptor，RyR）影响肌浆网钙的释放。又比如，骨骼肌横小管含有的 NADPH 氧化酶，含有吞噬细胞 NADPH 氧化酶中的一些经典亚基，通过去极化，增加其活性，有迹象表明可以向骨骼肌细胞质释放超氧化物。

动物实验研究结果表明，骨骼肌纤维收缩产生的超氧化物能通过质膜氧化还原系统释放到细胞外空间。在大鼠骨骼肌肌膜中组成性表达 NADPH 氧化酶复合物，该酶含有 4 个亚基，分别为 $gp91^{phox}$、$p22^{phox}$、$p47^{phox}$ 和 $p67^{phox}$，这些亚基都与细胞膜超氧化物的通过相关。目前尚不清楚肌膜 NADPH 氧化酶主要是向细胞质释放超氧化物还是向肌膜外释放超氧化物。不管怎样，释放到细胞质溶胶中的超氧化物会影响肌纤维中许多氧化还原敏感靶点，释放到细胞外空间的超氧化物也会产生显著的生物学后果。

3. 磷脂酶依赖途径产生的 ROS

PLA2 是一种分解膜磷脂并释放花生四烯酸的酶，是生成 ROS 酶系统（如脂氧合酶）的一种底物。PLA2 的激活可以激活 NADPH 氧化酶，PLA2 活性的增加也可以刺激肌肉线粒体和细胞质中 ROS 的产生，并将 ROS 释放到细胞外空间。骨骼肌中存在钙依赖型和非钙依赖型 PLA2，两者都可促进肌肉 ROS 的生成。研究报道，非钙依赖 PLA2 可以调节骨骼肌细胞的细胞质氧化活性，而位于线粒体内钙依赖 PLA2 异构体在骨骼肌收缩期间可刺激线粒体 ROS 的产生。有研究假设，在静息条件下，不依赖钙的 PLA2 可能是 ROS 活性的主要决定因素，而在收缩、热应激或其他因素提高细胞内钙含量的过程中，钙依赖性 PLA2 激活可以促进 ROS 的产生。

4. 黄嘌呤氧化酶途径产生的 ROS

黄嘌呤氧化酶氧化次黄嘌呤生成黄嘌呤的过程中产生超氧自由基。一些研究表明，大鼠骨骼肌中黄嘌呤氧化酶的激活是收缩诱导 ROS 产生的重要来源。但需要注意的是，大鼠骨骼肌中含有大量黄嘌呤氧化酶，但人类骨骼肌纤维中黄嘌呤氧化酶和黄嘌呤脱氢酶的含量似乎较低，这些酶存在于与肌肉相关的内皮细胞中。由于缺乏研究数据的支持，需要进一步的研究来确定黄嘌呤氧化酶在人类运动诱导的 ROS 产生中所起的作用。

二、ROS 对骨骼肌的影响

ROS 对骨骼肌的影响是多方面的，主要涉及骨骼肌的损伤和修复过程。

1.ROS 是肌肉力量的调节剂

研究表明，低水平 ROS 对肌力的产生有积极影响，骨骼肌中存在的低水平 ROS 是肌肉正常力量产生的必要条件，骨骼肌纤维中 ROS 生成的少量增加可促进肌肉力量的生成，未疲劳骨骼肌中 ROS 的消耗会导致肌肉力量生成的减少。

许多学者在 ROS 对肌肉力量产生的影响研究中做出了贡献。特别是 Reid 等人提出了一个理论模型来解释肌肉内氧化还原平衡与等长肌力产生之间的关系。Reid 等人认为，肌肉氧化还原状态是一种生理调节变量，调节 ROS 生成速率与细胞抗氧化能力之间的平衡。该模型描述 ROS 对骨骼肌力量生成存在双向效应：当肌肉处于静息状态时，细胞氧化还原平衡偏向还原状态（极低水平 ROS），肌肉力量较弱；细胞处于最佳氧化还原状态时（低水平 ROS），是肌肉力量产生的理想条件，肌肉力量的产生达到峰值；当细胞氧化还原平衡偏向氧化状态（高水平 ROS），肌肉产生的力量逐渐降低，说明过量 ROS 对骨骼肌力量产生有害影响。

ROS 影响肌肉力量产生的机制主要与骨骼肌中一个重要的氧化还原敏感靶点是肌浆网（sarcoplasmic reticulum，SR）有关。SR 钙释放通道的关键调节蛋白对氧化还原调节敏感。ROS 的增加打开了兰尼碱敏感的钙释放通道，导致钙从 SR 中释放增加。兰尼碱受体钙释放通道是一种含有巯基的氧化剂敏感的大型同型四聚体。RyR 可受到 ROS 暴露和细胞局部氧化还原环境改变的影响。RyR 似乎与肌浆网中发现的 NADP（H）氧化酶密切相关，局部产生的超氧化物可能是影响该通道的主要 ROS。还原剂和抗氧化剂具有相反的作用，可延缓钙从 SR 中的释放。高水平的 ROS 也抑制肌浆网钙 ATP 酶（sarcoplasmic reticulum calcium ATPase，SERCA）的活性，ROS 对 SERCA 活性的影响是因为 SERCA 蛋白含有巯基残基，容易受到细胞氧化还原状态和 ROS 暴露的影响。目前的观点认为，这两种机制是 ROS 影响肌肉力量产生的主要机制。

2.ROS 引起运动导致的肌肉疲劳

根据上述 Reid 提出的平衡理论模型，细胞氧化还原状态平衡失衡可以显著减少骨骼肌的力量生产。在长时间高强度运动中，肌肉收缩诱导产生的高水平 ROS 导致肌肉疲劳。肌肉疲劳可定义为“运动引起的最大肌肉力量产生的降低”。大量的动物实验和人体实验研究探讨了氧化剂及其抗氧化剂在肌肉疲劳中所起的作用。

动物研究结果表明，ROS 是收缩引起肌肉疲劳的一个因素。早期的一项研究表明，在原位膈肌中，ROS 清除剂 N- 乙酰半胱氨酸（N-acetylcysteine，NAC）可延缓肌肉疲劳。自这篇文章发表以来，大量的原位和体外研究探讨了氧化还原失衡在肌肉疲劳发展中的作用。许多研究得出结论，通过抗氧化剂清除 ROS 可以延缓肌肉在最大收缩期间的疲劳。但是，当肌肉收缩接近最大发力能力时，抗氧化清除剂似乎不能有效延缓疲劳。

越来越多的人体研究也表明，少量抗氧化剂 NAC 也可以延缓人体在亚极限运动期间的肌肉疲劳。相关的运动试验包括电刺激人体肢体肌肉收缩、呼吸肌耐力、骑自行车运动和重复握力运动等。在这些试验中，肌肉疲劳的改善幅度为 15% ～ 50%。NAC 作为还原性硫醇供体，支持谷胱甘肽的再合成，并可能表现出其他抗氧化特性。但是，在接近最大强度的运动中，NAC 似乎并没有延缓肌肉疲劳的作用。

需要注意的是，抗氧化剂治疗似乎可以延缓健康人的疲劳，但功效取决于抗氧化剂的化学性质。例如，有研究通过在膳食中补充抗氧化剂（维生素 E 和维生素 C）并没有显示可提高耐力性运动表现的能力。但也有一些证据表明，补充类黄酮抗氧化剂槲皮素可能延缓肌肉疲劳并改善人体运动表现，但也有一些自相矛盾的结论。

3.ROS 与骨骼肌延迟性损伤有关

骨骼肌延迟性损伤（delayed skeletal muscle injury，DSMI）是运动后的常见现象，可以引起肌肉酸痛、疼痛等症状，并导致肌肉力量和运动功能范围降低。研究表明，DSMI 中 ROS 的形成是非线粒体源性 ROS 在胞质中形成或释放的主要途径，与多种酶类如 NADPH 氧化酶和黄嘌呤氧化酶等密切相关。剧烈运动时，黄嘌呤氧化酶参与活性氧的产生，导致 ATP 降解，产生 ROS。

ROS 对肌肉损伤的影响有 3 种理论学说：① ROS 促进线粒体外膜透化作用（MOMP），导致细胞凋亡或坏死。② ROS 导致线粒体基因组 mtDNA 氧化损伤，影响线粒体功能，导致肌肉细胞损伤。③ ROS 对线粒体蛋白质造成氧化损伤，影响线粒体铁稳态及三羧酸循环（tricarboxylic acid cycle，TCA）呼吸链。

4.ROS 有助于肌肉对运动的适应

肌肉运动促进骨骼肌纤维的快速信号反应，促进蛋白质合成和肌肉表型的改变。事实上，只需 5d 的跑步机运动就能使啮齿类动物活跃骨骼肌中的线粒体酶和抗氧化酶增加。ROS 是在肌肉收缩过程中产生的，许多细胞信号通路对氧化还原敏感。这一事实引出了一个问题："收缩诱导的 ROS 产生是否在骨骼肌适应有氧运动训练中起重要作用？"答案是肯定的。

Kelvin Davies 及其同事首次提出 ROS 的产生可能是骨骼肌适应运动的刺激因素。自此以后，许多研究提供了该假设的支持性证据。例如，在运动大鼠体内抑制黄嘌呤氧化酶活性会阻止有益的肌肉适应运动。体外研究表明，将培养的肌管暴露于过氧化氢中会增加多种基因的表达。具体来说，将肌管暴露在过氧化氢中会增加重要抗氧化酶的表达。重要的是，当抗氧化剂 NAC 添加到培养基中时，这些影响被阻断了。有研究报道，在原代大鼠肌肉细胞中，ROS 的产生是收缩诱导过氧化物酶体增殖物激活受体－γ 共激活因子 1α（peroxisome proliferator-activated receptor-γ coactivator 1α，PGC-1α）基因表达的必要条件。总的来说，体外实验表明 ROS 能够改变培养肌肉细胞中的基因表达。

与细胞培养研究类似，越来越多的研究也表明，运动诱导的 ROS 产生改变了肌肉基因表达，有助于运动诱导骨骼肌在体内的适应。在这些研究中，一种常见的做法是通过给动物或人类服用抗氧化剂来消除运动诱导的骨骼肌中 ROS 产生的信号效应。例如，研究表明，运动诱导的大鼠骨骼肌和心肌热休克蛋白 72（heat shock protein 72，HSP72）的表达可被抗氧化剂抑制。HSP72 是一种应激性蛋白，参与过度运动训练诱导的骨骼肌损伤的修复，而补充抗氧化剂（如口服维生素 C）会延缓人类骨骼肌的训练适应。总之，这些发现支持 ROS 的产生在运动诱导的骨骼肌适应中起重要作用的结论。

5.ROS 对骨骼肌修复的双重影响

ROS 在骨骼肌修复中扮演着复杂而关键的角色。在剧烈运动后，骨骼肌中 ROS 的形成增加，主要与线粒体、5- 脂氧合酶、环氧合酶、NADPH 氧化酶和黄嘌呤氧化酶等酶类有关。这些酶类催化化合物氧化，形成超氧阴离子自由基（O_2^-），并在还原条件下被细胞内的谷胱甘肽（GSH）和硫氧还蛋白（TRXSH2）等还原酶还原。ROS 通过多种途径造成肌肉损伤，包括通过促进线粒体外膜透化作用（MOMP）导致细胞凋亡或坏死和线粒体基因组 mtDNA 氧化损伤，影响线粒体功能。ROS 也对线粒体蛋白质造成氧化损伤，影响线粒体的铁稳态及 TCA 呼吸链。不过，适量的 ROS 可以激活抗氧化酶，如锰超氧化物歧化酶（Mn-SOD）和铜锌超氧化物歧化酶（Cu Zn-SOD），抵抗氧化应激。 ROS 也与 Ca^{2+} 信号通路发生作用，在骨骼肌延迟性损伤的修复中发挥作用。ROS 信号短暂增加并密集定位于损伤部位，激活氧化依赖性膜修复蛋白 MG53，促进质膜修复。另外，运动后产生的代谢物，如 8- 氧代 -7，8- 二氢鸟嘌呤（8-oxo-7，8-dihydroguanine，8-oxoG）作为肌肉重塑的信号实体，有助于骨骼肌运动诱导的适应，并可能用于临床治疗骨骼肌损伤相关疾病。总之，ROS 在骨骼肌修复中起着双刃剑的作用，适量的 ROS 可以促进肌肉适应和修复，而过量的 ROS 则可能导致肌肉损伤。抗氧化剂的使用需要谨慎，以免影响肌肉的自然修复过程。同时，针对 ROS 和 Ca^{2+} 信号通路的研究为治疗骨骼肌损伤提供了新的思路。

6.ROS 对骨骼肌再生的影响

ROS 在骨骼肌再生中扮演着复杂而关键的角色。研究表明，ROS 的过度生产可以干扰骨骼肌的再生，并控制小鼠卫星细胞的命运，通过减少 p38 MAPK 的磷酸化抑制成肌分化，并通过增加 NF-κB 的表达促进成脂分化。聚苯乙烯微塑料诱导的 ROS 过量生产会通过将成肌细胞转化为脂肪细胞而破坏骨骼肌再生。

但也有研究表明，在壁虎断尾再生过程中，ROS 的持续高表达对骨骼肌再生是必需的，抑制 ROS 会影响再生过程。

在肌肉组织中，线粒体 DNA 异质性或功能失调可能导致 ATP 产量减少和 ROS 产生过多，这会引发肌肉萎缩、无力和耐力丧失。因此，恢复或改善线粒体功能以促进肌肉再生是一个重要的研究方向。香港城市大学孙东教授团队提出了一种基于液滴微流控的线粒体转移技术，可以实现高效、高通量的线粒体定量转移至单细胞，对肌肉再生有较好的治疗作用。也有研究表明，外泌体通过传递 ROS 有助于神经修复再生，这一机制可能也适用于骨骼肌再生。骨骼肌再生过程中的氧化还原调节也是一个重要的研究领域，涉及 ROS/RNS 以及骨骼肌中发生的抗氧化化学和生物学。在再生医学和组织工程中，基于 ROS 的生物材料可以改造或指示以损伤微环境响应的方式释放有效载荷，调节升高的 ROS 水平，有助于下调氧化应激并促进组织再生。有研究开发了一种 ROS 清除水凝胶，装载间充质干细胞（mesenchymal stem cells，MSCs），用于修复受损骨骼肌。这种水凝胶提高了 MSCs 的存活率和增殖，抑制了局部炎症反应，并促进了骨骼肌的再生。ROS 清除生物材料被认为是一种有前途的治疗策略，因为它们能够清除缺陷处过量的 ROS 并调节氧化应激微环境，对神经再生尤为重要。总之，ROS 在骨骼肌再生中的作用是多方面的，既可以作为信号分子促进再生，也可能因为过量产生而导致损伤。因此，调节 ROS 水平和氧化还原平衡对于骨骼肌再生至关重要。

三、运动对氧化应激的影响

如前所述，耐力或高强度有氧运动因代谢增强而刺激 ROS 并过量产生 RNS，从而导致氧化应激和相关损伤，但有规律的有氧运动有助于提高细胞降低 ROS 过度积累的能力。有规律的中等强度运动已被证明可以提高内源性抗氧化酶的活性，如超氧化物歧化酶（superoxidase dismutase，SOD）、谷胱甘肽过氧化物酶（glutathione peroxidase，GPX）和过氧化氢酶（catalase，CAT）等。当机体面对慢性低至中度 ROS 暴露时，机体的保护作用是通过与氧化还原相关的基本修复系统调节完成的。中等强度的运动引起的适应还包括肌细胞抗氧化能力的增加，这有助于 ROS 水平的降低。此外，通过调节肌肉收缩来增加活跃骨骼肌中 ROS 的形成，在运动适应中也起着重要作用。例如，耐力跑被认为对人类的生存发展很重要，因为它可以通过应对代谢和氧化还原挑战来刺激运动相关的收缩反应。然而，目前的生活方式导致身体活动显著减少，抑制了人类对氧化还原代谢和稳态的适应性调节能力。基本证据表明，每天至少 30 min 中等强度的运动对于保持良好的健康和降低疾病的潜在风险至关重要。

与有氧运动相比，尽管阻力运动需要更少的氧气，但在自由基的生成中作用显著，主要是通过黄嘌呤氧化酶通路、中性粒细胞呼吸爆发、儿茶酚胺自氧化、局部肌肉缺血和乳酸等途径将弱超氧化物转化为强羟基自由基引起的氧化应激的结果。以骨骼肌为例，研究表明，ROS 的形成增加可能会损害细胞氧化还原状态，导致巨噬细胞和其他吞噬细胞的攻击，最终导致组织损伤和肌肉功能受损。但是，如果长期定期进行抗阻训练，可以增加抗氧化酶的活性。有研究表明，12 周的中等强度抗阻训练可以最大限度地减少 ROS 和氧化应激的产生，6 个月中等强度的阻力训练可以改善人体对氧化应激的反应，可以克服老年人的合成代谢阻力，最大限度地提高蛋白质合成，使抗氧化酶的活性升高，这些机制可能有助于中老年人群更好的运动表现和健康维护。

四、未来的研究方向

本章重点阐述了与氧化应激相关的概念、运动产生的氧化应激来源、骨骼肌 ROS 产生的后果以及运动对氧化应激的影响等。尽管在过去的几十年里，运动和氧化应激领域发展迅速，但仍有许多问题尚未解决。例如，无法获得肌肉细胞和细胞器氧化还原状态的定量测量是研究的主要限制，该领域需要重大的技术进步为研究人员提供必要的工具。氧化还原生物学领域的另一个限制是缺乏准确测定活细胞或细胞器原位 ROS 生成的工具，也没有技术可以测量细胞中自由基产生的具体速率，只有通过开发新的分析方法才能对特定 ROS 和氧化还原调节反应的产生进行完整的评估，这是未来工作的一个关键领域。此外，靶向高效和特异性抗氧化剂的开发可以为研究人员提供敏感的抗氧化剂探针来探索相关的机制问题。

（唐成武　陈晓慧）

第二章

运动与健康

第一节　运动与骨骼健康

运动与骨骼健康领域的研究热点主要集中在骨密质和骨质疏松症两大方面。中老年人群随着年龄的增长，生理上逐渐发生一些退行性改变，骨骼系统的这两大问题也尤为突出。

骨密度主要通过检测人体骨矿物质含量，得出骨骼部位有没有钙质的流失和强化，是测量骨骼强度的重要指标，是检测骨质疏松最主要、最直接的手段，也是预测骨折发生可能性的重要依据。骨密度偏低具有重要的临床意义。衡量骨密度的指标是T值（正常值范围 –1 ～ 1），当T值低于 –1 表示临床异常，提示出现了骨质的流失，当T值低于 –2.5 时具有较强的临床意义，提示患者出现了较为严重的骨质流失现象，可能患有骨质疏松症（osteoporosis，OP）了。

骨质疏松症是一种“隐匿进展的流行病”，已经被世界卫生组织（WHO）列为中老年三大疾病之一。1994 年 WHO 将骨质疏松症定义为“一种以骨量减少、骨微结构破坏导致骨脆性增加、骨折风险增加为特征的全身性疾病”。骨质疏松症是中老年人群的常见病和多发病，是导致 90% 中老年人骨折的主要原因。据报道，2016 年，我们国家 60 岁以上老年人骨质疏松症患病率为 30%，其中男性为 23%，女性为 49%。全世界每年约有 150 万例新的骨折报告，给受影响的家庭和国家带来了巨大的经济负担。

在骨质疏松症的治疗方面，目前的解决方案包括识别高危人群、开具长期药物治疗处方以及减少跌倒的风险。此外，其预防策略（基础治疗）包括摄入充足的钙和维生素 D，戒烟或戒酒，以及在年轻时进行体育锻炼以增加和维持骨量峰值等。近期的系列研究发现运动有助于预防和治疗骨质疏松症。

本节重点探讨中老年人群骨质疏松症的现状、分类、影响因素，骨密度和骨质疏松症的评估，以及运动对中老年人群骨骼健康的影响。

一、骨质疏松症的现状

根据中老年人群的年龄分类，一般将 40 ～ 65 岁称为中年期，65 岁以上称为老年期。随着年龄的增长，骨骼流失以及肌肉适能下降等身体功能的退化更明显，且存在性别差异，女性患骨质疏松症和骨折的风险高于男性。女性一般在 45 ～ 55 岁进入更年期，卵巢功能逐渐减退，雌激素水平下降，对钙的吸收和利用水平下降。女性在绝经后骨量以每年 2.2% ～ 3% 的速度持续下降，远远超过男性，尤其是在绝经后 5 ～ 10 年，雌激素水平下降最为明显，骨量减少，骨质疏松症的风险大大增大。中老年人群的骨质疏松性骨折又称为脆性骨折，是指在受到轻微外力或骨折中发生的骨折，多发生于锥体、髋部和前臂远端，尤其是髋部骨折具有较高的致死率和致残率。WHO 视骨质疏松症为心血管疾病之后的第二大致死的健康照顾问题。尽管年龄增长导致的中老年骨量丢失不可逆转，但是这是可监测、可预期和早预防的。

二、骨质疏松症的分类

骨质疏松症根据病因可以分为两大类：原发性骨质疏松症和继发性骨质疏松症。原发性骨质疏松症主要包括以下 3 种类型：①绝经后骨质疏松症，又称为Ⅰ型骨质疏松症，一般发生在女性绝经后的 5 ～ 10 年内，由雌激素水平降低导致。②老年骨质疏松症，又称为Ⅱ型骨质疏松症，通常指 70 岁以后发生的骨质疏松症。③特发性骨质疏松症，又称为青少年型骨质疏松症，主要发生在青少年，病因尚未明确。继发性骨质疏松症主要是由影响骨代谢的疾病或药物或其他明确病因导致的骨质疏松症。可能引起骨质疏松症的常见疾病：①内分泌疾病，如糖尿病、甲状旁腺及甲状腺疾病等；②结缔组织疾病，如系统性红斑狼疮、类风湿关节炎及混合性结缔组织病等；③慢性肾脏疾病，如多种慢性肾脏疾病导致的肾性骨营养不良；④胃肠疾病和营养性疾病；⑤其他疾病，如血液系统疾病、神经肌肉系统疾病等。

三、骨质疏松症的病理机制

骨质疏松症的病理机制是复杂且多因素的，涉及遗传、内分泌、营养、生活方式等多个方面。以下是一些关键的病理机制：①骨重建失衡。骨质疏松症的基本病理生理是骨重建失衡，即骨吸收大于骨形成，导致骨质量受损。骨重建是一个动态过程，涉及成骨细胞（负责骨形成）和破骨细胞（负责骨吸收）。正常情况下，这两个过程相对平衡，但在骨质疏松症中，这种平衡被打破，导致骨量丢失。②激素变化。特别是雌激素水平的变化对骨质疏松症的发展起着重要作用。雌激素缺乏，如在女性绝经后，会导致骨重建加速，骨吸收增加，从而加速骨质流失。③骨细胞功能调节失衡。骨细胞（包括成骨细胞和破骨细胞）的功能受到多种系统性激素、局部细胞因子、生长因子和转录因子的调节。这些调节机制的异常可能导致骨质疏松症。④骨基质和矿化。骨骼的力学功能依赖于其层级结构，包括I型胶原蛋白、非胶原蛋白和羟基磷灰石。这些成分的代谢更新有助于维持骨骼结构的完整性和正常的材料特性，而骨质疏松症可能与这些成分的代谢异常有关。⑤营养和维生素D。钙和维生素D的缺乏，以及继发性甲状旁腺功能亢进也对骨质疏松症的发展有贡献。维生素D促进食物中钙的吸收及钙和骨的结合，对维持骨密度至关重要。⑥遗传因素。许多基因多态性与骨密度和脆性的差异有关。这些遗传因素可能对骨质疏松症的发展有影响，尽管它们的贡献可能相对较小，但在临床上可能不容忽视。⑦免疫系统的作用。新兴的研究领域“骨免疫学”探讨了免疫系统与骨骼之间的相互作用。免疫系统的变化可能影响骨细胞的功能，从而影响骨质疏松症的发展。

总之，骨质疏松症是多种细胞和因子复杂的相互作用导致骨髓微环境失衡，进而发生的一类代谢性骨病，主要表现为骨矿物质密度的损失以及骨组织微结构破坏和骨脆性增加等骨质量恶化，增加了骨折的风险。引起骨质疏松症的主要原因包括与绝经和衰老有关的原发性骨质疏松症以及由多种疾病引起的继发性骨质疏松症。

四、骨密度和骨质疏松症的评估

1. 骨密度的测定

骨密度的测定主要依据世界卫生组织的标准，以及中国的相关专家共识和指南，符合以下任何一种临床指征，建议进行骨密度测定：①根据WHO标准，绝经后女性和50岁以上的男性建议进行骨密度测定。对于儿童、青少年、绝经前女性以及50岁以下的男性，其骨密度水平的判断建议采用同种族人群数据库计算出的Z值。Z值是将被检者的骨密度与同性别、同年龄正常人群的骨密度平均值相比较得出的数值。将Z值≤ -2标准差（SD）定义为“低于同年龄段预期范围”或低骨量。②有脆性骨折史的人。③各种原因引起性激素水平低下的成年人。④X线影像学提示已有骨质疏松改变者。⑤接受骨质疏松症治疗和接受疗效监督者。⑥患有影响骨代谢疾病或有使用影响骨代谢药物史者。⑦骨质疏松症1分钟测试回答结果呈阳性者。

2. 骨质疏松症的评估

老年人群常合并胃肠道功能减退、慢性疾病和肝肾功能不同程度的降低，同时伴有体力活动的减少，因此老年人群的骨质疏松症具有一定的特殊性，应对具有这些危险因素的人群定期进行骨质疏松症的评估，以期做到早发现、早预防和早治疗。老年人群骨质疏松症的评估主要从一般医学评估和骨质疏松症自测两个方向进行。

一般医学评估主要包括病史、查体、实验室检测和其他辅助检查：①病史，患者常主诉腰背部经常疼痛，疼痛常沿着脊柱向两侧放射式疼痛，走路时加重，而卧床时症状缓解；②体格检查，骨质疏松患者由于骨密度的下降，出现锥体变扁或者出现脊柱压缩性骨折，导致胸廓变形，驼背，身材变矮，平均身高下降6～10cm，严重者可以影响心肺功能，容易发生脆性骨折；③实验室检查，如血清钙和磷的检测，以及骨代谢指标的检测，如钙调节激素和活性维生素D_3等；④其他辅助检查，如骨密度检查、便携式定量超声检查、计算机断层扫描等。

临床上或者流行病学调查研究中也用一些自测量表进行筛查或初步评估，如1分钟风险测试问卷（表2-1），是由国际骨质疏松基金会（International Osteoporosis Foundation，IOF）设计，共10道题，能帮助中老年人了解自己是否属于骨质疏松症的潜在患者，该问卷仅能初步筛查疾病风险，不能用于骨质疏松症的诊断。

表2-1　1分钟风险测试问卷

问题	选项	
	是	否
1. 您的父母有没有在轻微碰撞或跌倒时就会发生髋骨骨折的情况？		

续表

问题	选项	
	是	否
2. 您是否曾经因为轻微的碰撞或跌倒就伤到自己的骨骼？		
3. 您经常连续 3 个月以上服用可的松、泼尼松等激素类药品吗？		
4. 您的身高是否降低了 3cm？		
5. 您经常饮酒过度吗？		
6. 您每天吸烟超过 20 支吗？		
7. 您经常患有痢疾、腹泻吗？		
8. 女士回答：您是否在 45 岁以前就绝经了？		
9. 女士回答：您是否有过连续 1 年以上没有月经吗？（除了怀孕期间）		
10. 男士回答：您是否有阳痿或缺乏性欲的症状？		
评价：如果上述任何一项的回答为“是”，就表明有骨质疏松症的危险；如果有相当一部分问题或全部问题的回答都为“是”，就应当去医院进行进一步的骨密度检测。		

3. 骨质疏松性骨折的风险预测

骨质疏松性骨折（osteoportic fracture，OPF）是骨质疏松症的严重后果，好发于髋部、脊柱、肱骨及腕部。据统计，全球每年发生 890 万例 OPF，不仅降低了患者的生活质量，而且增加了个人和社会的经济负担。因此，早期识别危险因素及干预高危人群对预防 OPF 具有重要意义。风险预测模型是将疾病相关的危险因素作为预测因子，预测患病的概率或未来疾病发生概率的数学方程，以期为临床医生早期识别骨折高危人群、制定个性化诊疗方案、改善预后提供借鉴。

危险因素是指增加疾病或死亡发生的可能性因素，危险因素之间相互作用，导致疾病的发生。根据《原发性骨质疏松症诊疗指南（2022）》：OPF 的危险因素分为不可控因素和可控因素。不可控因素包括种族、增龄、女性绝经及脆性骨折家族史；可控因素包括不健康的生活方式，如体力活动少、阳光照射不足、钙和 / 或维生素 D 缺乏、吸烟、过量饮酒及饮用含咖啡因的饮料和体质量指数（BMI）过低等。此外，还包括影响骨骼代谢的疾病如内分泌系统疾病和风湿类疾病、神经肌肉系统疾病等，以及影响骨代谢的药物如糖皮质激素、质子泵抑制剂等。南京中医药大学骨伤修复与重建新技术实验室研究团队近期从传统统计学方法、机器学习算法和联合多种算法 3 个角度对 OPF 相关风险预测模型的研究进行文献综述，主要的结论如下。

（1）基于传统统计学方法构建的预测模型。

基于传统统计学方法构建的预测模型主要采用的是 Logistic 回归模型和基于 COX 比例风险的回归模型。2023 年，Pluskiewicz 等基于该方法开发的一种新的骨折风险预测工具 POL-RISK 用于预测绝经后妇女 10 年的 OPF 风险，共有 640 人参与了这项为期 10 年的随访。该研究筛选出 4 个独立危险因素：年龄、40 岁后骨折次数、股骨颈骨量及前一年的跌倒史。该模型的曲线下面积（area under the curve，AUC）=0.66（95 %CI：0.604 ～ 0.71），高于使用同一数据集的传统 Garvan 和 FRAX 模型（AUC=0.64 和 AUC=0.65）。需要注意的是，POL-RISK 的研究对象仅针对女性，对于男性 OPF 的预测并不适用。在构建绝经后骨质疏松性椎体骨折的预测模型时，马季等根据是否合并椎体压缩性骨折将 331 例女性骨质疏松症患者分为骨折组（n=169）和非骨折组（n=162），采用 Logistic 回归纳入 17 项危险因素，分别是年龄、体质量指数、跌倒史、骨折史、吸烟史、饮酒史、日常活动＜ 30 min、腰椎骨矿物质密度（bone mineral density，BMD）、股骨 BMD 及实验室检查结果、I 型胶原氨基端肽（type I collagen amino terminal peptide，PINP）、I 型胶原羧基端肽（type I collagen carboxy-terminal peptide，CTX）、25-羟基维生素 D[25-hydroxyvitamin D，25（OH）D]、骨碱性磷酸酶和骨钙素 N 端片段、钙、磷和甲状旁腺激素等，构建了预测模型，并绘制了可视化诺谟图。该模型的 AUC=0.867，灵敏度和特异性分别为 0.858 和 0.728，C- 指数值为 0.867，显示了该模型拥有较好的准确性和判断能力。但该研究仅进行了内部数据验证，未进行外部验证，推广性可能受到一定的限制。章轶立等运用 Logistic 回归将中医证候因素纳入预测变量进行筛选，构建病证结合的绝经后 OPF 预测模型（AUC=0.8775）。该模型采用 Lasso 变量筛选的方式筛选出包含中医证候因素在内的 7 个危险因素：BMD、年龄、食物种类、身高、月经情况、孕产次数和肝肾阴虚。

基于 COX 比例风险回归的模型构建也是传统统计学方法的另一种普适性方法，这类模型能够关注到时间与事件之间的联系，可同时研究多个风险因素和事件结局发生情况、发生时间的关系，克服了简单生存分析中单因素限制的不足。2022 年，Tebe 等基于加泰罗尼亚初级保健研究数据库信息系统，对 176 万例 50 ～ 85 岁的人群进行随访。采用 COX 回归模型分析骨质疏松性骨折患者 1 年和 5 年的骨折风险。研究者将研究队列按照 80∶20 的比例随机分组，分别用于模型的开发和内部验证，并从西班牙初级保健药物流行病学研究数据库中提取队列进行外部验证。模型纳入了 19 个危险因素，MOF 的 1 年和 5 年 C– 指数值分别为 0.717 和 0.724，显示模型具有良好的区分度。但是 SIDIAP 纳入的人群主要是白种人，可能会限制该模型在其他人种中的推广使用，因此，基于其他人种的外部验证十分必要。

（2）基于机器学习算法构建的预测模型。

传统的统计学方法如 Logistic 回归和 COX 比例风险回归，通常能够提供明确的模型公式，使得结果容易解释，但易受到如线性假设等模型假设的限制，导致在处理复杂非线性关系时性能不佳，且容易出现过拟合或欠拟合问题。机器学习可以处理大数据、高维数据集和复杂模式识别等大规模数据集，可以自动选择重要特征，能够捕捉复杂的非线性关系，不仅可以处理结构化数据，还可以处理图像、文本和声音等非结构化数据。机器学习算法在 OPF 预测模型中的应用逐渐广泛。

决策树模型是通过树状结构的决策规则对数据进行分类或回归的机器学习模型。决策树能够将决策过程可视化展示，且有效避免 Logistic 回归分析中存在的共线性问题。章轶立等对 1 823 例 40 ～ 65 岁女性骨质疏松症高危人群的危险因素及中医症状信息进行长达 3 年的随访观察。该研究运用决策树模型筛选与骨质疏松性骨折相关的危险因素及中医症状，共筛选出 6 个解释变量：骨矿物质密度、目眩、肉类、生产次数、视物模糊和乏力（AUC=0.871），表明该模型的预测性能较好，为 OPF 风险预测提供了一定的参考价值。

Deep Hit 模型是一种用于生存分析和事件预测的深度学习模型，能够估计事件发生的概率分布，并处理不完整的时间事件数据。2023 年，Kong 等采用 Deep Hit 模型和 COX 比例风险模型构建了 MOF 的预测因素和评分系统。MOF 纳入了骨折史、年龄、腰椎 T 值、总髋关节 T 值和心血管疾病 5 个变量作为预测因子量，C– 指数为 0.789。

梯度提升机（gradient boosting machine，GBM）是一种集成学习方法，通过迭代改进模型性能，构建一系列弱学习器，通常是决策树，以逐渐减小残差并提高预测准确性。它在回归和分类问题中表现最佳。Wu 等将机器学习方法与基因组数据结合开发男性 OPF 模型，并将基因风险评分（genetic risk score，GRS）、

BMD 和其他危险因素作为预测指标，分别采用随机森林、梯度提升、神经网络和 Logistic 回归建立预测模型。结果表明，梯度提升模型的预测性能最好，优于其他 3 种模型，AUC 为 0.71，准确度为 0.88。随机森林和神经网络的性能也明显优于 Logistic 回归。该研究表明，通过结合遗传分析和先进的机器学习建模方法，可以提高骨折预测的准确性。但是，该研究也存在一些局限性，如用于机器学习模型训练的样本量较小、目标人群仅限于≥ 65 岁的男性患者等。

神经网络是一种受到人类大脑结构启发的计算模型，用于处理复杂的数据和任务，在构建预测模型方面的优势是可以处理复杂和非线性问题、自动提取关键特征和适应多种数据类型的灵活性。Ulivieri 等研究纳入了 172 名绝经后女性，平均年龄为（66.3 ± 9.8）岁，且在基线时没有发生椎体骨折。随访时间为（3.3 ± 1.9）年，根据随访时是否发生椎体骨折，将患者分为骨折组和非骨折组。该研究应用人工神经网络（artificial neural network，ANN）和预测工具（TWIST 系统），从包括 BMD 和骨应变指数（bone strain index，BSI）在内的 13 个变量中选择相关输入数据。每名患者接受了 6 次检查评估，在随访时 69 名女性患者发生了椎体骨折。ANN 在训练测试中的预测准确率为 79.56%，灵敏度为 80.93%，特异性为 78.18%。研究表明，ANN 在预测绝经后妇女椎体骨折的发生时性能较高。

（3）基于多种算法的预测模型。

随着影像组学、遗传风险评分以及代谢组学的兴起，低维度的预测方法难以满足其要求。联合使用多种算法构建风险预测模型能够充分利用每种算法的优势，以提高预测模型的性能，这在大数据时代背景下尤其如此。因此，现代的风险预测模型需要多维度、多学科、多种方式共同合作才能满足发展的需要。Li 等基于电子健康档案运用 Logistic 回归和 4 种机器学习算法（梯度提升机、随机森林、极限梯度提升和单层神经网络）构建了 10 年髋部骨折预测模型。该研究纳入了 161 051 名参与者（女性 91 926 名），按照性别分层将队列随机分成训练集和测试集（80 ： 20），并前瞻性招募了 3 046 名志愿者进行独立验证。女性和男性的内部验证 Logistic 模型 AUC 为 0.815 和 0.818，重分类显示比机器学习算法有更好的区分度和校准度。在独立队列验证中女性和男性的 Logistic 模型 AUC 为 0.841 和 0.898，取得了与机器学习相似的性能。该研究开发的特异性髋部骨折的预测模型，具有良好的区分度（AUC ＞ 0.8）。

五、运动对骨骼健康的影响

骨质疏松症的发展具有慢性和隐匿性特点，常被称为“沉默的流行病”，骨质丢失后不可能完全补回来，早期预防是延缓骨质疏松症最好和最有效的方法，但需要多管齐下、综合性防治。研究证实，运动在骨质健康中扮演着积极且关键的角色。

1. 拉伸运动增加骨密度

骨骼的密度与形态取决于施加在骨上的力。一般而言，相比于不运动或者运动较少者，运动可增加骨的受力，刺激骨的生长，使骨量增加。通常体力劳动者骨密度高于脑力劳动者，卧床的患者，腰椎骨矿物质平均每周减少 0.9%，且卧床时间越长骨质疏松越严重。

运动可增加骨骼密度，减少骨质疏松风险，但不是什么类型的运动都能达到此效果。研究表明，具有以下三大特点的肌肉拉伸运动对增加骨密度的影响较大：①肌肉拉伸幅度训练，如举重和体操，外力的冲击显著作用于肌肉；②肌肉拉伸速度训练，如类似跳跃运动和增强式训练等重复性、高冲击性拉伸训练；③肌肉拉伸频率训练，如跑步和跳绳等。肌肉拉伸的幅度、速度和频率都对维持骨密度均起到一定作用，但缺乏这 3 种形式运动的比较研究以明确哪种形式效果更显著。这 3 类负重形式的拉伸运动每周只需进行 3 次，每次 12 ～ 20min 即可。

冲击性运动（如原地踏步或跳跃运动）对髋部骨骼具有良好的刺激作用。观察性研究表明，排球与体操运动员的骨密度明显高于游泳运动员和正常人，且具有部位特异性。承重训练有利于腰椎骨密度的增加。快速行走时，腰椎的载荷比直立位增加 1 倍。慢跑时，腰椎的载荷比直立位增加 1.75 倍。直立位举重物时，腰椎的载荷则更大。中等强度的承重训练（如慢跑、爬楼梯等）能维持骨量和保持骨的弹性。

但是，需要注意的是，上述几种形式的拉伸（冲击性）运动都属于高冲击性运动，研究表明，高冲击性运动比低冲击性运动可产生更大的骨生成效应，但是也会对身体产生较大的冲击波，引发中老年人下肢关节炎等相关不适症状。因此，高冲击性的运动并不适合肌肉与骨骼等生理方面已经衰退的中老年人群。

2. 运动可降低骨质流失的速率

人到中年，多种因素可导致骨量流失：①年龄，青春期是骨量最高时期，30

岁时达到峰值，随之逐渐降低，年纪越大，丢失越多；②性别，女性下降速度高于男性；③性激素，绝经或者更年期雌激素缺乏导致骨质流失较多；④不良的生活方式，吸烟、运动过少、酗酒、光照不足、缺钙、缺维生素 D、蛋白质缺乏、肌肉减少、营养不良、长期卧床等均导致骨质流失增加；⑤运动，有研究表明，骑自行车、游泳等不属于拉伸负重类训练的项目可能会降低骨密度，尤其是在高强度的训练和比赛中骨质流失较为严重，可能的理论或机制主要包括骑自行车对骨骼带来的负重较小，钙等矿物质以惊人的速度通过出汗的形式丢失以及剧烈运动导致更多的能量消耗。

运动对骨量的影响是一把双刃剑，适量的、正确形式的运动可降低骨质流失的速率，增加骨质含量及骨质密度。但不同形式的运动对骨骼健康的影响存在年龄差异。研究表明，运动引起中老年人骨代谢变化的效果主要表现为降低骨质流失的速率，但对增加骨质含量及骨质密度似乎不起作用，这可能是因为年龄所致的老化伴随的骨组织内骨细胞数量减少所致。因此，对中老年对象而言，选择适合的运动方式更重要。

六、预防骨质疏松症的健康教育

骨质疏松症的发展较为缓慢，悄无声息，是一种“沉默的杀手”！因此，早期进行健康教育极为重要，尤其是针对患骨质疏松症的高危人群。

目前无论是何种形式的健康教育或干预研究，习惯上都是基于一定的理论或模式。常用的健康行为干预模式包括应用于个体水平的理论 / 模式（如健康信念模式、阶段改变模式、理性行为理论）、应用于人际水平的理论 / 模式（如社会认知理论、社会网络和社会认知理论）以及应用于群体和社区水平的理论 / 模式（如格林模式、组织机构改变理论、创新扩散理论、社会营销等）。

上述理论基本上都是评估对某项干预的认知、动机和支持环境。以利用健康信念模式进行骨质疏松症高危人群锻炼干预为例，要让骨质疏松症高危人群参与锻炼，有必要评估这类人群的运动认知和健康动机。宋岳涛提供了一个翻译版的骨质疏松症健康信念量表，该量表包含骨质疏松症健康信念量表锻炼分量表（表 2-2）和骨质疏松症健康信念量表钙分量表。每个分量表包括 5 个维度。该量表采用 Likert 5 点计分法，1 ～ 5 分分别代表强烈反对、反对、不同意也不反对、基本同意和非常同意。

表 2-2　骨质疏松症健康信念量表锻炼分量表

	条目	计分（分）
因子 1-运动利益	有规律的锻炼有助于骨骼的构建	
	规律的锻炼可以防止未来的病情	
	规律的锻炼可以减少骨折的危险	
	规律的锻炼可以防止将来患骨质疏松症	
	如果坚持规律的锻炼，就不必担心患骨质疏松症	
因子 2-运动困难	规律的锻炼会很痛苦、很麻烦	
	规律的锻炼会干扰你的日常活动	
	您的身体状况不适合进行有规律的锻炼	
	规律的锻炼占用时间	
	进行规律的锻炼需要改变生活习惯，这对您来说是很困难的	
因子 3-易患性	您觉得将来有患骨质疏松症的可能	
	您目前的身体状况会增加您患骨质疏松症的危险	
	家庭疾病史会增加您患骨质疏松症的危险	
因子 4-健康动机	您需要做些事情来增进您的健康	
	您会主动寻找一些关于您身体健康的信息（如看书、咨询等）	
	维持良好的健康状况对您来说极为重要	
	您饮食上均衡	
	您平时都保持常规的运动（每周 3 次以上、每次 20 ～ 40min）	
因子 5-严重性	骨质疏松症会让您感觉到害怕	
	骨质疏松症会使日常生活变得困难	
	骨质疏松症会影响一个人的家庭婚姻或很重要的人际关系	

七、有助于骨骼健康的运动方式

适合老年人锻炼的体育项目很多，可根据年龄、性别、体质状况、锻炼基础、兴趣爱好及周围环境条件等因素，选择适宜的锻炼项目。根据老年人生理特点，适合老年人锻炼的项目以动作缓慢柔和为主，能使全身得到活动，能有效地维持骨骼组织显微结构的完整性且不造成伤害，活动量以容易调节掌握、科学有效且简便易学为原则。下面介绍几种适合中老年人群的运动方式：

（1）散步或走路。对中老年人来说，散步或走路是一项随时随地都可进行的不错的运动方式，最好选择空气清新、林木幽静的环境。经常走路能够巩固脊柱，对骨骼起到负重训练，帮助促进骨骼吸收更多的钙质，预防骨质疏松症，轻松且不容易受伤。

（2）下蹲。下蹲或者深蹲可以帮助锻炼大腿肌肉，下蹲是指膝关节弯曲的角度不能小于 90°。需要注意的是在下蹲的时候会发生体位改变，所以动作不能过猛过烈，弯曲的角度要从小到大，才能够避免自己突然因体位改变而出现头晕和昏厥等现象。

（3）俯卧撑。俯卧撑可以帮助锻炼胸肌、肩部、三头肌等多组肌肉，提高肌肉耐力和力量，帮助控制体重、降低血压、改善血糖控制等，从而降低心血管疾病的风险。进行俯卧撑运动对于身体一些骨头也是有一定的帮助，能够有效预防骨质疏松症的发生，日常可以每天坚持 2 ～ 3 次的俯卧撑，并且每次坚持做 20 个左右，能提高自己的骨骼健康，但中老年人需要掌握一些适应证：①肩膀或手臂的疼痛或受伤的人不应该做俯卧撑，因为这可能会加重疼痛或损伤；②有背痛或腰痛的人不应该做俯卧撑，因为这可能会加重疼痛或损伤；③有心脏病、高血压、哮喘等疾病的人应该在医生的建议下进行俯卧撑，以免加重病情。

（4）太极拳。太极拳有“老人健身宝”之誉，很适合老年人生理特点，是一种安全有效的锻炼项目，尤其对体质弱及有慢性病的老人更为适宜。练太极拳不仅能增进心肺健康，预防高血压、动脉硬化、肺气肿等慢性病，还能促进消化吸收功能，加速代谢过程，同时还对老人骨关节及肌肉功能的保持有良好作用。

（5）手指操。每个人的 10 根手指都对应着身体的某个部分，手指对于人的健康起到了十分重要的作用。手指操能起到消除疲劳、减轻精神负担、缓解紧张情绪的神奇功能。

（6）踮脚尖。踮脚尖养生的机制主要是通过增加下肢血液循环来防止下肢静脉曲张及皮肤色素沉着，继而调适脏腑特别是老年人心脏的功能。

（7）跳舞。跳舞是一种舞蹈和音乐结合在一起，有益于老年人身心健康的文化娱乐活动，也是一种适宜的体育锻炼。老年人可以跳交际舞、老年迪斯科，在欢快、悠扬动听的音乐旋律中翩翩起舞，会使人觉得精神愉快，心旷神怡。

（张颖　陆哲宇）

第二节 运动改变大脑

20 世纪 80 年代，心理学家詹姆斯·弗林（James R. Flynn）研究发现，全球范围内，平均智商分数每 10 年上升 3 分，这种趋势被称为“弗林效应”（the Flynn effect）。但是，20 世纪 90 年代中期开始，弗林效应开始放缓，甚至到了 21 世纪初，出现了反转趋势，即平均智商分数每 10 年下降了几分。针对此现象，很多学者进行了解释，“智力的环境决定作用”和“智力的遗传决定作用”被再次提及，目前的观点倾向于环境因素占主导性或决定性作用，因为遗传因素（基因）的改变不会那么快起作用。环境因素是一个宏观概念，由多要素组成，生活方式因素是其中的要素之一。生活方式因素主要包括饮食习惯、运动习惯、作息习惯、情绪控制、人际沟通与交往等。缺乏运动是近年来生活方式改变较为突出的要素之一，久坐不起是缺乏运动的突出表现，且具有愈演愈烈的趋势，对身心健康产生了不利影响。

曾被美国《华盛顿邮报》评为“全美最受欢迎的精神科医生”丹尼尔·亚曼在其著作《拯救记忆》中写道：“一个衰老的大脑主要有两个表现：从外观上看，它的体积会萎缩，大脑表面的脑沟和脑回也会变得更深、更宽，就好像人脸布满了皱纹；从功能上看，大脑衰老最主要的表现之一，就是记忆力减退。”

从某种意义上来讲，大脑是身体里的最优先器官。之所以这样认为，有其理论和事实依据。比如，当一个人因意外发生大出血时，机体就会本能地立即启动紧急救援系统，让全身的血液重新分布，以优先保证大脑的供应。也正因为如此，大脑也被认为是人体中最娇嫩、最挑剔的器官。如果有一种方法对大脑好，那么它对身体的其他器官也一定好。这种方法是什么？非锻炼莫属！

经常锻炼的人，肌肉强健了，心肺功能增强了，大脑的工作效率提高了，思维能力提高了，焦虑减少了，心脑血管性疾病以及代谢性疾病少了。而久坐不动的生活方式导致注意力难以集中，记忆力下降，智商降低，创造性思维能力下降，精神类疾病增加。久坐的人精神敏锐度比爱运动的人差，罹患阿尔茨海默病、焦虑症、注意力下降等认知障碍的风险增加。久坐不动的生活方式逐渐破坏了我们天生运动家的本性，且对我们的长期生存造成了威胁。久坐不动的人看起来比实际年龄老很多，我们的大脑和人脸一样能看出年龄，而且很多时候，大脑的年龄和人的实际年龄不相匹配。有的人可能三十多岁，但是大脑看起来已经五六十岁了，而有的人可能五六十岁，但依旧拥有三十多岁的大脑。总之，坐得越多，你的大脑越会背叛你，运动越多，你的大脑越会感谢你。

本节重点讲讲我们的大脑、运动对大脑的有益影响及基本机制。

一、大脑结构

人类的大脑的重量约 1.5kg，仅占体重的 2%，但其耗血量和耗氧量却占人体的 25%。大脑脑叶主要由 4 个区域组成，分别为额叶、颞叶、顶叶和枕叶。

1. 额叶

额叶位于大脑的前部，就是我们所说的脑门包含的部分。额叶的外层叫作前额皮质，是大脑的执行部位，与情绪控制、判断力关系密切。前额叶皮质健康决定了我们做事情是否有条理、有思想、有同情心，是否能恰当地表达感情。但是，额叶却是大脑中最容易受伤的部位，不光是因为所处的位置，还因为包绕额叶的颅骨的结构。虽然我们的脑门从外面看起来很光滑，但是脑门里面的颅骨却像尖刀一样凸起来。凸起来的颅骨被称作骨嵴。一旦一个人的头部受到碰撞，骨嵴就会刺入额叶组织造成额叶损伤。额叶一旦损伤，很多患者会出现非常典型的情绪改变，如性格本来很温和的人变得特别暴躁和易怒，还特别爱说脏话，经常骂人，临床上将这种情况称为“污言秽语综合征”。

2. 颞叶

颞叶的大部分位于太阳穴的后下方。感觉性语言中枢位于颞叶，特别是左侧的颞叶，会对语言信号进行加工和处理。颞叶一旦出现问题，不仅会影响人的短期和长期记忆，还会导致阅读和交流困难。比如，一个高血压患者出现了脑出血，血肿如果压迫了颞叶，后期经过治疗即使恢复了正常活动，但可能无法阅读长的句子，这可能就是语言中枢受到影响的结果。

颞叶的内部有一个称作海马体的结构，其结构像对拇指，外形看起来特别像大海里的海马，所以被称为海马体。海马体对学习和记忆非常重要，我们接收的外界信息，经过编码以后，都会储存在海马体。如果一个人的海马体发生了病变，想想会出现什么样的状况？可能前一天发生的事情，经过一晚上的睡眠之后，什么都记不起来了。

与大脑的其他部分相比，海马体可能是一个特殊的存在，其内部存在干细胞。正常或者条件更优越（如营养充足，积极锻炼等）的情况下，海马体一天可以产生多达 700 个新细胞，这些新细胞为我们的记忆和学习提供基础。此外，在海马体的前面还有一个叫作杏仁核的结构，其形状像杏仁，因此得名。杏仁核是大脑边缘系统的一部分，负责协调情绪反应。

杏仁核和海马体相互协作、密切配合能产生非常奇特的效应，即情绪越强烈，记忆就越深刻，这意味着如果对记忆进行情感编码，记忆会异常深刻。如果在日常学习和生活中灵活运用这个原理，可能会起到事半功倍的效果。比如，古诗词和文言文都不太好背，一些文化学者将他们创作成了诗歌、融入了唯美的书画中，赋予了文字情感，记忆起来就轻松多了。

关于杏仁核，还有一个比较有意思的现象，即当杏仁核运行正常时，一个人对环境的反应是合乎逻辑的，如果杏仁核过度活跃，你很可能做出不太适合的举动。比如，如果有人告诉你亲人去世了，而你当场哈哈大笑，这说明你的杏仁核出现了问题。

除了控制学习、记忆和情绪之外，杏仁核和海马体的病变也与抑郁症关系密切。华盛顿大学圣路易斯分校的研究人员比较了 10 名抑郁症患者和 10 名健康者脑成像图片，发现抑郁症患者的海马体较健康者缩小了 15%，并且发现海马体萎缩的程度与患抑郁症的时间长短密切相关。这可能有助于解释抑郁症患者为什么会抱怨有学习和记忆上的困难，阿尔茨海默病患者的情绪为什么会恶化，最可能的原因是这些神经退行性疾病患者的海马体受到了损害。

3. 顶叶

顶叶位于大脑的后上方，头顶的位置，被称为大脑中的定位系统，主要负责空间意识。如果一个人的顶叶受损，会失去方向感，停车会停得歪歪斜斜，走路会走偏。顶叶也是阿尔茨海默病患者大脑中最先受到影响的区域，很多阿尔茨海默病患者的方向感都很差，经常会迷路。阿尔茨海默病患者的大脑组织里，因为 β – 淀粉样蛋白斑块的异常积累，像一块黏稠的口香糖，掉落在神经网络的高速公路上，造成大脑短路。阿尔茨海默病患者的大脑里还会出现一种叫 τ（tau）蛋白的代谢物质，脑细胞内的τ蛋白容易扭曲地纠结在一起，形成神经原纤维的缠结，像打了死结的丝线一样，也会造成大脑短路。

4. 枕叶

枕叶，主要位于大脑的后方，即后脑勺的位置，主要负责处理人的视觉信息。如果一个人的枕叶受损，他就会出现幻觉，甚至失明。比如，有一种痴呆症叫路易体痴呆，这种患者早期会经常出现视觉幻觉，如他看到的物体会产生扭曲，或者会看到一些本来没有的东西，其实这些都是枕叶受损的表现。

二、运动与大脑健康的关系

1. 运动能让大脑保持最佳状态

大脑中的每个神经细胞通过树状分支的“叶子”(树突)相互接触，运动可以促进树状分支及其侧枝的生长及增长，从根本上增强大脑的结构。运动增加了体内血清素、去甲肾上腺素和多巴胺等传递思维和情感的重要神经递质的表达，运动还能导致影响神经递质表达的其他化学物质和生长因子的释放，这些神经递质和细胞因子类似于营养大脑的肥料，有助于维持大脑的基本结构。不仅如此，运动通过强健肌肉，增加了肌肉中蛋白质的产生与释放，如胰岛素样生长因子、血管内皮生长因子等，这些蛋白质对我们的大脑思考机制发挥了关键作用。每一次运动，正如每一次学习和练习，都加强了神经细胞之间的交流与联系，使得大脑回路之间的轮廓更加清晰，就好像你一直朝着一个方向走，走的次数多了，一条路就走出来了。

运动对人的认知能力和心理健康有着极其深远的影响，如果说运动是一剂药丸的话，堪称最佳的、最畅销的健脑丸。

2. 运动提高学习能力

学习是一种复杂的现象，种类繁多、形式多样。学习是我们适应环境的生存手段。学习意味着在大脑细胞之间建立新连接以传递信息。大脑由神经细胞和神经胶质细胞构成，学习导致这些细胞之间发生联系以及联系的改变。神经细胞通过多种方式编码信息，让记忆成为大脑的一部分。大脑的这种灵活处理信息并记忆信息的能力，神经学家称之为“神经可塑性”。简单地理解，神经可塑性是指重复性的经验可以改变大脑的结构。

研究人员通常将神经可塑性描述为“与神经系统的结构和功能相关的适应性改变的能力”。相应地，两种类型的神经可塑性经常被讨论，即结构性神经可塑性和功能性神经可塑性。结构可塑性通常被理解为大脑改变其神经元连接的能力。基于这种类型的神经可塑性，在整个生命周期中不断产生新的神经元并将其整合到中枢神经系统中。功能可塑性是指大脑改变和适应神经元功能特性的能力。大脑是人体具有高度适应能力的器官，但这种适应力需要不断地向大脑输入刺激，向大脑输入的信息越多，越是频繁地使用大脑，大脑的适应力就越强，大脑的学习能力就越强。

关于学习，这里有必要提及一种重要的被称为“长时程增强效应（long-term potentiation，LTP）”的动态机制。LTP 是发生在两个神经元信号传输中的一种持久的增强现象，能够同步刺激两个神经元，这是与神经可塑性相关的几种现象之一，被普遍视为构成学习与记忆基础的主要分子机制之一。

3. 运动对大脑具有平衡作用

大脑由 1 000 亿个类型各异的神经元组成，神经元之间通过数百种不同类型的化学物质传递信息，以控制我们的思想和行为。大脑中 80% 的信号是通过两种神经递质传递出去的，一种是谷氨酸盐，另一种是 γ－氨基丁酸，这两种氨基酸相互平衡、彼此制约。谷氨酸盐是一种主要的兴奋性神经递质，与受体结合后，启动一系列的信号传导，使得两个本没有联系的神经元之间建立联系，这个过程也称为“激活启动泵”。随着神经元之间的联系越来越多，相互间的吸引力就越来越强烈，这就是神经元之间的“绑定机制”。心理学家唐纳德·赫布认为神经元之间联系的变化具有规律性，并提出了赫布定律。赫布认为同一时间被激发的两个神经元间的联系被强化后，会形成一个细胞回路，记住这两个事物之间存在着联系。γ－氨基丁酸是一种重要的中枢神经系统抑制性神经递质，拮抗谷氨酸盐的作用。

需要注意的是，谷氨酸盐与 γ－氨基丁酸之间的平衡作用依赖于其他神经递质的调节作用，如血清素、去甲肾上腺素和多巴胺等，尽管产生这些神经递质的细胞仅占大脑千亿细胞的 1%。这里重点提一下被称为“大脑警察”的神经递质血清素，其在控制情绪、冲动、愤怒、抑制攻击行为等方面发挥重要作用。

另外，在维持神经细胞之间的信息传递方面，不得不提脑源性神经营养因子

（brain-derived neurotrophic factor，BDNF），该因子在建立和保养神经回路方面发挥重要作用，就像是营养神经元的肥料一样存在于大脑中，有助于维持大脑自身结构的完整。研究表明，运动能够让这种神奇的“脑细胞肥料”变多。

4. 运动让神经再生

心理学家唐纳德·赫布曾经做过一个有趣的实验。他将实验室的老鼠带了几只回去给孩子当宠物玩，一段时间后带回实验室，发现与关在实验室的其他老鼠相比，带回去的几只老鼠非常擅长学习测试，被孩子们抚摸和玩耍的体验使得老鼠们通过某种方式提高了学习能力。赫布认为这种体验式学习改变了老鼠的大脑结构，并将这种现象称为使用－依赖可塑性（use-dependent plasticity）。这种现象后来得到了其他一些心理学家的证实，相关的实验结果表明，生活在一个有更多感官刺激和社会化刺激的环境［即“环境优化（environmental enrichment，EE）］中的模型鼠，其大脑结构和功能结构都发生了改变。相比于关在笼子中的同类，模型鼠不仅学习能力加强了，而且大脑的重量也增加了许多。

更久远的年代中，科学界坚信：大脑是一个在青春期就完全发育成熟的硬件，我们在出生时的神经元就是我们将来拥有的全部，只会逐渐减少而不会增多。但是，随着科技的发展，越来越多精密仪器用于大脑的探索性研究，研究发现了大脑“神经再生”现象。所谓“神经再生”，是指从神经干细胞、神经祖细胞中再生神经元的过程，这被称为神经科学领域的伟大发现之一。神经再生现象对大脑的健康意义深远。神经再生就像突触可塑性一样，增强了信息的传递，进而也增强了学习与记忆能力。有研究显示，运动的老鼠中新生的干细胞是不运动的两倍。

5. 运动让抑郁脑重新运行

20 世纪 90 年代，研究人员利用核磁共振成像技术发现抑郁症患者的大脑扫描图片上有几处小的亮斑，属于大脑白质的高强度信号。脑白质是大脑内部神经纤维聚集的地方，当核磁共振检查出现脑白质高信号时，可能由于年龄增长，或者表面存在脑血管病变。因为随着年龄增长，大脑的血流量分布不均较为明显，大部分供应给大脑皮质，仅有少量供应到脑白质，脑白质容易出现高信号的情况。另外，脑白质高信号，也可能与脑白质变性、脑梗死、颅内出血等因素相关，合并高血压和糖尿病等疾病的患者尤其要引起重视。核磁共振成像扫描图片还发现，抑郁症患者的大脑皮质的容量变化，灰质发生了生理性萎缩。灰质是薄而有褶皱的大脑皮质。大脑皮质由无数细胞组成，控制着我们的注意力、情绪、记忆和意识等复杂功能。总之，慢性抑郁症患者的大脑思考区域可能存在结构性破坏，或者可以认为是大脑的神经元之间的通信或连通性出现了问题。

运动尤其是有氧运动对解决大脑神经元之间的通信故障有帮助。神经科学家们发现了几种重要的神经通路递质，除了上述提到的血清素、去甲肾上腺素、多巴胺和 BDNF，研究人员还聚焦于血管内皮生长因子（vascular endothelial growth factor，VEGF）、成纤维生长因子 -2（fibroblast growth factor 2，FGF-2）、类胰岛素样生长因子 -1（insulinoid-like growth factor-1，IGF-1）以及所有与促进神经可塑性和神经新生有关的化学物质。

以 BDNF 为例，研究发现 BDNF 可以保护海马体等情绪控制区域内的神经元免受皮质醇的干扰。BDNF 是促进神经元相互连接和生长的肥料，对神经可塑性和神经新生至关重要。BDNF 就像在慢性压力和压力适应之间进行拔河比赛的绳子，而极高水平的皮质醇会降低 BDNF 的水平。研究人员将注满皮质醇的培养皿中放置一个神经元，发现该神经元上与其他细胞联系的一些关键部位就会萎缩，不但突触基本停止生长，树突也大都枯萎，导致神经元的交流被阻断。这也在一定程度上解释了为什么患抑郁症的人的大脑总是处于消极思维的状态。

研究发现，运动和抗抑郁药一样，能拮抗皮质醇的作用。实验研究发现，将 BDNF 注入到抑郁老鼠的海马体内，比没有接受治疗的老鼠产生更快的逃跑反应。BDNF 针剂对老鼠行为的作用似乎与运动及抗抑郁药物的作用相同。科研人员也让老鼠服用 *BDNF* 基因，所产生的 BDNF 量仅为 BDNF 针剂的一半，效果也不如抗抑郁药，说明 BDNF 是药物起效的关键，给予同等剂量的基因产物，在代谢过程中出现了损失或未表达的情况。抑郁鼠是通过构建“习得性无助”实验模型获得的。“习得性无助”是心理学家马丁·塞利格曼于 1967 年提出的一个概念，是指一个人长期或反复经历挫折和失败后，面临问题时会产生无能为力的心理。“习得性无助”也是描述人类抑郁症的一种通用方法。

类似的试验未在人类进行验证，不过也有一些探索性研究。一项对 30 名抑郁症患者的研究发现，每名患者血液中的 BDNF 都低于正常值。另一项研究发现，抗抑郁药能将抑郁症患者的 BDNF 恢复到正常水平，相关的抑郁症状大大降低。

三、塑造大脑的训练计划

大量的研究及生活实践证明：对于优化大脑功能而言，运动是极其有效的工具。那么问题来了，什么样的运动才能让大脑保持活力，疲劳后复原能力强？哈佛大学医学院的神经精神医学专家和运动医学专家约翰·瑞迪（John Ratey）和埃里克·哈格曼（Eric Hagerman）在其所著的 *The Revolutionary New Science of Excercise and the Brain* 中给出了一些比较好的建议，其核心要点如下。

两位专家认为，无论何种形式的运动，无论何种运动强度的运动，只要能强身健体，体能越好，大脑的适应能力就越强，在认知和心理方面的能力也就越好；体能越好，大脑的功能就越好。至于做多少运动才能对大脑有效，他们给出的建议：先健身，然后不断自我挑战。

对于运动，几个关键词需要弄明白，即运动类型、运动强度、运动时间和运动量。运动类型是我们通常说的有氧运动还是无氧运动，不同的运动类型发挥的健康益处不同。运动强度一般分为低强度（如行走）、中等强度（如慢跑）和高强度（如快速跑），如果在运动时间有限的情况下，要达到一定的运动量，运动强度是一个需要考虑的因素，即以强度换取时间。运动强度有一个相对准确的衡量方法，低强度的运动，一般是指保持最大心率 55% ～ 65% 的运动强度。中等强度的运动，一般是指保持最大心率 65% ～ 75% 的运动强度。高强度的运动，一般是指保持最大心率 75% ～ 90% 的运动强度。最大心率的一个通用计算公式是 220 －年龄（岁）。根据最大心率计算得到的各运动强度称为目标心率。至于运动量的问题，美国疾病预防控制中心和美国运动医学会推荐，每周至少 5d、每天进行 30min 中等强度的有氧运动对心血管健康有益。这实际上是一个很保守的运动量。无论是心血管方面的专家还是神经精神医学方面的专家，都一致认为：在能力和时间允许的范围内，增加运动持续时间和运动强度对增强体能的作用更大。有研究者认为，每周能坚持 6d、每天 45 ～ 60min 的某种形式的有氧运动，其中 4d 进行 1h 左右的中等强度运动，另外 2d 应该进行 45min 左右高强度的运动，身体能发挥最大效能。

（钮富荣　陈晓慧）

第三节 运动与超重和肥胖

超重和肥胖是一个重要的健康问题，也是全球性的公共卫生问题。根据世界卫生组织的估计，目前全球范围内有超过 6.5 亿人属于肥胖人群（BMI ≥ 30 kg/m^2）。根据世界肥胖联合会（World Obesity Federation）于 2024 年 3 月发布的《世界肥胖报告（2024）》，全球受超重 / 肥胖影响的成年人人数将从 2020 年的 22 亿增加到 2035 年的 33 亿，比例从 42% 上升到 54%。根据《中国居民营养与慢性病状况报告（2020）》数据显示，我国居民超重肥胖问题凸显，全国 18 岁及以上成人超重率 34.3%、肥胖率 16.4%，儿童（6 ～ 17 岁）超重率 11.1%，肥胖率 7.9%，严重影响国民健康。2022 年,《柳叶刀》子刊 *The Lancet Diabetes & Endocrinology* 上发表了英国伦敦大学 Mika Kivimäki 团队的论文，该研究通过对超过 10 万人的大型前瞻性队列数据分析，发现肥胖与包括心血管、代谢、消化、呼吸、神经、肌肉骨骼疾病和传染病等在内的 21 种疾病密切相关。在患有多种疾病的肥胖人群中，常见的肥胖相关疾病包括糖尿病（75.4%）、高血压（71.8%）、睡眠障碍（42.6%）、骨关节炎（42.1%）、心律失常（34.4%）、细菌感染（31.3%）和哮喘（22.1%）。还有其他的疾病，如心绞痛、心梗、心衰、脑梗、深静脉血栓形成、肺栓塞、胰腺炎、肝病、痛风、背痛、肾癌、皮肤感染和湿疹、贫血、肾衰等。与体重正常的人群相比，肥胖人群患有 2 种或以上肥胖相关疾病（即普通共病）及患有 4 种或以上肥胖相关疾病（即复杂共病）的风险显著增加，并且患病年龄提前。具体而言，肥胖人群患至少一种肥胖相关疾病的风险是体重正常人群的 2.83 倍，患两种肥胖相关疾病的风险是体重正常人群的 5.17 倍，而患复杂共病的风险更高，达到体重正常人群的 12.39 倍。这种现象从青壮年时期就开始显现。肥胖人群从 30 岁起普通共病患病风险开始提高，从 45 岁起复杂共病的患病风险开始增加，并在后续的人生阶段持续“领先”。另一项研究结果显示，与体重正常人群相比，肥胖人群的无病寿命缩短了 3 ～ 8 年，且过早死亡风险约高出 30%。

造成超重和肥胖的主要原因是热量不平衡，即热量摄取大于消耗。当能量摄入超过消耗，机体处于正平衡，多出能量的60%～80%都转化为脂肪，反之，能量处于负平衡，消耗能量的60%～80%出自脂肪。影响热量平衡的三大要素分别是基础代谢、体力活动消耗和食物的特殊动力作用，这三大要素也受到遗传因素、环境因素、行为因素以及社会经济文化因素等的影响，这些因素形成复杂的网络，构成超重和肥胖的生态网络。无论是遗传因素还是环境因素，都要通过热量平衡理论发挥作用。

肥胖是代谢综合征的重要组成部分，是导致和加剧糖尿病和心血管疾病的罪魁祸首。肥胖与心血管疾病可能存在共同的病理机制。目前研究较多的关于超重和肥胖相关的机制主要包括："体重调定点"理论、能量消耗理论、解偶联蛋白机制、胰岛素抵抗机制、瘦素抵抗机制、基因控制机制、代谢调控机制、代谢紊乱、交感神经系统激活、血管功能改变和肾素－血管紧张素－醛固酮系统的激活等。运动也会通过多种机制对超重和肥胖产生影响。

本节重点探讨超重和肥胖的概念、影响因素、机制、运动如何对超重和肥胖产生影响以及超重和肥胖者的运动管理。

一、超重和肥胖的概念

临床上多采用体重指数（body mass index，BMI）、腰围（WC）、腰臀比（WHR）和腰高比（WHtR）、体脂含量等对超重和肥胖程度进行评价，评估超重/肥胖的诊断指标主要包括以下几种类型：①脂肪组织量，使用体重指数表示。BMI在数值上等于体重（kg）数除以身高（m）的平方，也就是BMI=体重（kg）/身高（m）^{2}。BMI是目前WHO推荐的国际通用肥胖标准，BMI在18.5～24为正常体重，当BMI在24～27.9时为超重，当BMI大于28时为肥胖。但是，BMI不能反映局部脂肪分布，且不适用于儿童、孕妇，也不适用于不能准确测量身高的老人和肌肉很发达者，在反映与体重相关的健康结局方面存在不足。②脂肪分布或功能的整体评估（WC、WHR或WHtR），临床使用较为广泛，也是指南推荐指标，可以反映局部脂肪分布、衡量中心性肥胖（男性WC ≥ 90cm，女性WC ≥ 85cm；WHR ≥ 0.9；WHtR ≥ 0.5）。缺点是测量误差较大，且不适用于评估儿童、孕妇和有腹腔积液的患者。研究显示，WC较BMI更能反映腹型肥胖患者的预后；BMI和WC相互补充，两者共同正常化可能更有助于改善远期健康结局。③体脂含量，包括体脂率（body fat percentage，BFP）、内脏脂肪面积（VFA）等，男性 BFP > 25%、女性 BFP > 30% 可被诊断为肥胖。BFP 过高会增加心血管疾病（CVD）、癌症等发生风险，躯干部位 BFP 与代谢风险关系密切。作为扩展的评估指标，能快速准确地反映局部体脂分布，但价格昂贵，不适合人群筛查及推广。④肥胖新指标，近年来，锥度指数（C-index）和相对脂肪质量指数（relative fat mass，RFM）是评价肥胖的新指标，同时有望成为辅助识别 2 型糖尿病（T2DM）风险的有力工具。C-index 是一种衡量身体脂肪分布的指标，特别是腹部脂肪的沉积情况。RFM 是一种评估全身脂肪百分比的指标，相比 BMI 能更准确地反映体脂的分布。较高的 RFM 值可能表明个体有更高的 T2DM 风险。⑤根据肥胖对代谢的影响，肥胖表型大致可以分为四类，即代谢健康体重正常（metabolically healthy normal weight，MHNW）、代谢健康肥胖（metabolically healthy obesity，MHO）、代谢不健康体重正常（metabolically unhealthy normal weight，MUNW）和代谢不健康肥胖（metabolically unhealthy obesity，MUO），这四种肥胖表型主要表现在脂肪分布和代谢的差异，而脂肪分布和心血管事件、糖尿病等慢性疾病的发病率关系密切。随着内脏脂肪过度沉积，出现胰岛素抵抗、肥胖、糖尿病、血脂、心血管事件的风险和死亡风险逐渐增加。

二、肥胖的影响因素

1. 基因对肥胖的影响

让我们先从皮马印第安人的故事说起。大约 3 万年前，皮马印第安人从亚洲北部穿过白令海峡到美洲定居，其中的一支定居在美国的亚利桑那州，另一支定居在墨西哥的迈科瓦。3 万年前的皮马印第安人主要采用农耕和狩猎的生活方式。由于每个世纪都有几次干旱，皮马印第安人常常过着饥不饱腹的生活。从 20 世纪 30 年代开始，美国向定居在亚利桑那州的皮马印第安人提供食物援助，使得他们的生活逐渐安逸，久坐不动等生活方式导致体重大幅度增加，而居住在墨西哥的迈科瓦的皮马印第安人则依然过着以耕种为主的生活，平时以自行车代步。1963 年，美国国家糖尿病消化系统疾病和肾病研究所（NIDDK）在从事一项地区调查时发现，定居在亚利桑那州的皮马印第安人的肥胖症和糖尿病比例比较高，超重人数比率是美国平均超重人数比率的 3 倍多。随后，他们对定居在两个不同地区的皮马印第安人进行了比较研究。研究发现，定居在亚利桑那州的皮马印第安人中，男性肥胖症患者的比例是定居在墨西哥迈科瓦的皮马印第安人的10倍，而女性仅为3倍；糖尿病患者的比例是定居在墨西哥迈科瓦的皮马印第安人的5.5倍。研究者分析，最主要的原因是定居在墨西哥迈科瓦的皮马印第安人的生活方式比定居在亚利桑那州的皮马印第安人的更健康。

实际上，无论是肥胖还是糖尿病，生活方式仅是表象，其深层次的原因是遗传或基因的作用，也就是我们通常认为的遗传与肥胖之间存在交互作用。换句话说，遗传因素需要在环境因素（如生活方式因素）的暴露下起作用。

为了解释基因对定居在两个不同部落皮马印第安人的肥胖症和糖尿病比例的影响，我们引入“节俭基因”的概念。“节俭基因”由人类学家詹姆斯·尼尔（James V.Neel）在1962年首次提出。“节俭基因”是一种帮助人们保持人体脂肪，并在食物供应不足的时候，能更好存活下来的基因。当皮马印第安人靠着狩猎和农耕为生，经常过着食不果腹的生活时，产生了一种基因，该基因能让人在食物充足的时候吃得多，存储能量以对抗随时到来的饥饿。也就是说，“节俭基因”就是能让机体代谢机制处于节约状态的基因，是对恶劣环境适应的产物。当时，正是这个“节俭基因”在非常时期帮助了皮马印第安人渡过了难关，但是在现代生活中，却成了导致他们得肥胖症和糖尿病的罪魁祸首。“节俭基因”的假说也获得了众多实验数据的支持。

2. 性别与肥胖

女性比男性更容易发胖，即使女性摄入的热量比男性少，也更容易长胖，为什么？这个问题一直困扰着不少女性朋友。科学家们经过深入研究发现：这是一个自然规律。实际上，从一出生开始，两性之间的脂肪储存就存在差异。研究人员通过对4 500多名新生儿的研究发现：女婴的皮肤褶皱比男性更厚，意味着脂肪更多；婴儿脂肪含量主要的关联指标就是性别；从10岁开始，两性之间的脂肪含量之间的差别进一步拉大，随着逐步进入青春期，女孩的皮下脂肪比男孩增加得更为明显；进入青春期的女孩，脂肪年平均增长量约1 000g，而男孩仅为200g，但是男孩的体重更重，主要是因为肌肉和骨骼的重量更重。美国疾病预防控制中心开展的“美国国家健康和营养调查（NHANES）”结果表明：无论是白种人还是墨西哥裔美国人以及非裔美国人，各个种族的女性都比男性储存脂肪的能力强；男性比女性多消耗51%的热量，可能的解释是男性的去脂体重（如肌肉和骨骼等）比女性更重（男性的平均去脂体重比女性高 33%），因而需要消耗更多的热量；同样体重的男性比女性吃得多，但并不增加体重。

总结起来，女性比男性更容易发胖，有以下几个方面的原因：①受激素水平的调控。女性一旦月经来潮，激素水平就会发生波动，使得女性在月经周期的食欲和脂肪储存方式发生变化。当体内的雌激素水平下降（月经期和卵泡形成初期），对脂肪和碳水化合物的渴望增加，孕激素水平升高（卵泡成熟期和黄体期），会促使血液中的三酰甘油储存到脂肪组织中。血液中缺乏三酰甘油，会使女性更加有饥饿感，从而进食更多的脂肪。如此循环，女性逐渐变得肥胖。②女性在怀孕时需要更多的脂肪，这与妊娠期间孕妇肠道菌群的变化有极大关系。研究人员将妊娠初期孕妇的肠道菌群移植到小鼠体内，对小鼠体重的影响较小，但是将妊娠晚期孕妇的肠道菌群移植到小鼠体内，对小鼠体重的影响较大，体重增加很多。部分原因可能是肠道菌群的变化增加了对脂肪的消化能力。比较幸运的是，如果女性产后哺乳的方式是喂养婴儿，很大一部分脂肪进入了婴儿的体内，这使得哺乳期女性体内不会聚积过多的脂肪。③女性比男性储存更多脂肪可能与营养分配有关。机体将营养物质转化为热量后，一部分转化为可直接利用的能量或者糖原储存在肌肉和肝脏，另一部分则转化为脂肪。女性可以将血液中更多的脂肪转化为皮下脂肪，男性转化量则相对较少。④运动减肥，女性更难。实际上，在运动中，女性消耗更多的是脂肪，而男性消耗更多的是碳水化合物。按理说，女性更容易通过运动减肥，其实不然，其主要原因是女性在运动后比男性吃得更多，食欲更加旺盛。当在运动中消耗的热量达到一定的水平时，女性就会通过多吃以补充更多的热量。⑤女性和男性运动的有效率之间存在差异。虽然在运动中，女性消耗的脂肪比男性多，但在运动之外的剩余时间，女性消耗的脂肪比男性少很多。也意味着，男性什么都不做，消耗的脂肪比女性多。

3. 年龄与肥胖

肥胖与脂肪的含量及其分布有关。不同的脂肪细胞其功能也存在差异。人和哺乳动物主要存在两种类型的脂肪，一种叫“白色脂肪”，另一种叫“棕色脂肪”。两种脂肪组织的共同点是细胞内都含有脂肪。两者之间的不同点主要表现为其分布、形态及功能的差异：①分布部位不同，成年人白色脂肪组织主要分布在皮下和内脏周围，而棕色脂肪组织主要分布在肩胛骨和颈背部等部位；②细胞体积大小不同，白色脂肪细胞存在较大的脂滴，体积较大；棕色脂肪组织的细胞体积较小，细胞中脂肪颗粒较小，却含有大量线粒体，细胞周围有丰富的毛细血管，交感神经纤维直接到达棕色脂肪组织的细胞膜上；③在能量代谢中所起的作用截然相反，白色脂肪组织是能量仓库，作用是将多余的能量以脂肪的形式储藏起来，而棕色脂肪组织则是通过其细胞内大量的线粒体将食物中的能量转化成热能。

脂肪在不同的年龄段负有不同的责任。在婴儿期，棕色脂肪组织含量较高，主要功能是维持体温恒定，防止摔倒后受伤，保证生命安全。随着婴儿的长大，逐渐进入幼年期，棕色脂肪组织的比例减小，白色脂肪组织的比例增大。青春期之前会出现特征性的皮下脂肪增多，如果体脂水平不达标，青春期发育就会延迟。这里需要提到的一个重要问题是肥胖年轻化的问题日益明显。2017 年《中国儿童肥胖报告》显示：当前我国肥胖儿童人数近 3 500 万人，其中，主要大城市 7 岁以下的肥胖儿童人数超过 400 万人。如果不加以控制，2030 年，我国超重和肥胖儿童将突破 5 000 万。联合国粮农组织发布的《2019 年世界粮食安全和营养状况报告》中提到：每个年龄段人群都面临肥胖问题，而学龄段人群为肥胖高发群体。女性到达生育年龄时，“婴儿肥”再次出现。脂肪和雌激素是女性怀孕的两个必要条件。进入中年期后，青壮年时期正常分泌的 3 种激素，包括雌激素、睾酮和孕酮水平开始降低，脂肪存在的部位也开始发生了改变。男性脂肪更多地堆积在腹部、下背部和颈后部，逐渐形成“啤酒肚”或“将军肚”，而女性脂肪则堆积在腹部、大腿、臀部和乳房，逐渐形成了“梨形肥胖”“苹果形肥胖”以及两者的综合体。随着年龄越来越大，50 ～ 60 岁的人群，体重达到了高峰，也是减重最为困难的时期。70 岁以后，体重则会逐渐下降。体重及脂肪随着年龄的变化而变化的现象，与体内多种激素的变化有关，相关的激素主要包括甲状腺素、生长激素、雌激素、睾酮、皮质醇等。

三、超重和肥胖的发病机制

1.“体重调定点”理论

在解释什么是“体重调定点”之前，先看一个比较经典的试验研究。有研究者做过这样一个实验：研究者将实验成年鼠随机分为三组，第一组给予高热量饮食，一段时间后该组实验鼠逐渐发胖了；第二组给予正常饮食，一段时间后该组实验鼠体重一直相对稳定；第三组给予低热量饮食，一段时间后该组实验鼠体重慢慢下来了，但是恢复到正常饮食以后，过一段时间体重慢慢又回到了跟正常饮食组同样的水平线。该试验能够比较好地理解“体重调定点”。所谓“体重调定点”，指的是人的身体有一个特定的体重或想要维持的较小体重范围，即使努力减肥或增加体重，身体会不断尝试重新建立，即短期内体重增加或减少机体会自动代偿，体重倾向于恢复到调定点水平。

但是，研究也表明，“体重调定点”不是一直在一个水平，而是随着时间改变而改变，且向上的方向改变。比如，人到中年之后，随着年龄的增长，体重会随着增加，但是增加到了一定水平，体重不会一直往上增，这说明“体重调定点”在一个更高的水平达到了平衡。但是，无论是依靠生活方式、饮食结构的改变还是药物干预，都很难再回到从前，这就是“体重调定点”的作用。

2. 解偶联蛋白机制

偶联蛋白是一种存在于细胞膜上的蛋白质，其主要作用是将细胞与周围环境连接起来，使得细胞能够感知外界的信号并作出相应的反应。然而，在某些情况下，细胞需要与周围环境隔离开来，以保持自身的稳定性和完整性。这时，就需要一种特殊的蛋白质来解除偶联蛋白的作用，这种蛋白质就是解偶联蛋白（uncoupling protein，UCP）。UCP 是一种线粒体内膜蛋白，是经调节的质子通道或转运蛋白，调节能量代谢。UCP 的主要作用机制是消除线粒体内膜两侧的跨膜质子浓度差，导致利用质子浓度差，减慢氧化磷酸化过程，从而阻碍了三磷酸腺苷（ATP）的正常合成产生，进而在能量代谢的调节过程中发挥作用。研究发现，UCP 在肥胖和 2 型糖尿病患者中发挥重要的有益作用，能促进糖、脂肪、蛋白质的代谢，但不形成 ATP，主要是提高体温，增加基础代谢。反之，如果与 UCP 相关的信号传导机制异常，则可能导致肥胖、糖尿病等相关疾病的产生。

3. 瘦素抵抗机制

瘦素是身体的脂肪组织分泌的一种肽类激素，其主要功能是维持和调控全身能量平衡。脑内的下丘脑分布着大量的瘦素受体，是瘦素的主要接收部位（运动皮层也有一些）。下丘脑收到足够的瘦素后，会通过抑制 NPY/AgRP 神经元分泌神经肽 Y 抑制食欲，通过促进 POMC 神经元分泌 α－黑色素细胞刺激激素（α-MSH），从而激活黑皮素，提升能量代谢和控制食欲。激活后的瘦素通路也激发身体进行高能活动（如骨骼构建），让肌肉组织消耗掉一些脂肪，主要是通过激活肌肉细胞中的解偶联蛋白 3，产生热量并散失掉，而不是可以利用的

ATP，进而保证身体的脂肪储备在一定的范围内。另外，激活后的瘦素通路还会抑制肝脏的葡萄糖产生，从而调控血糖的稳定，在这方面，瘦素的功能可能比胰岛素起的作用更大。

在瘦素抵抗的状态下，虽然血液循环中的瘦素水平很高，但脑部接收到的瘦素信号却很少，会认为我们身体的能量储备不足，从而刺激食欲的增加，降低代谢水平（甲状腺功能被抑制，肌肉利用脂肪的效率低下），导致血糖水平的升高。因此，即使我们的眼睛明明看到自己的身体早已经胖成球了，但下丘脑并不相信图像，它只相信数据（瘦素的水平）。

4. 交感神经系统激活

交感神经系统（sympathetic nervous system，SNS）的激活与超重和肥胖之间存在密切的联系，主要体现在以下几个方面：① SNS 在肥胖引发的胰岛素抵抗中发挥关键作用。研究表明，交感神经系统活动增加，尤其是去甲肾上腺素（noradrenaline，NE）的作用，导致胰岛素抵抗的加剧，这会导致肾上腺素能（adrenergic，CA）抗性（CA 抗性）的出现。CA 抗性意味着脂肪组织对 NE 的正常生理反应逐渐减弱，影响脂肪代谢，进而导致代谢问题的加剧，这可能是导致肥胖相关胰岛素抵抗的关键机制。NE 通过肾上腺素能信号与胰岛素作用对抗，增加脂肪和肝糖生成，而肥胖个体往往也表现出 NE 抗性，导致脂肪组织对 NE 的反应减弱，这是长期交感神经过度激活的结果。实验模型研究表明通过抑制 SNS 活动和 NE 信号，可有效改善高脂饮食引发的葡萄糖不耐受，并恢复脂肪组织中的胰岛素作用。②高脂饮食诱导的肥胖与 SNS 关系密切。研究表明，SNS 活性激增导致脂肪组织的脂肪分解增加，是营养过剩导致代谢疾病的主要原因。高脂饮食会过度激活 SNS，导致去甲肾上腺素（NE）等儿茶酚胺类神经递质大量释放，触发了脂肪组织分解，并导致后续的代谢障碍。当研究者减少小鼠的 SNS 儿茶酚胺释放时，小鼠即使吃着高脂的食物、猛猛长胖，却也不会出现胰岛素抵抗和脂肪肝等代谢障碍问题。总之，SNS 的激活在肥胖和相关代谢紊乱中扮演着重要角色，其过度激活可能导致胰岛素抵抗和代谢问题，而抑制 SNS 活动可能有助于改善与肥胖相关的代谢健康问题。

5. 肾素 – 血管紧张素 – 醛固酮系统激活

超重和肥胖与肾素 – 血管紧张素 – 醛固酮系统（renin–angiotensin–aldosterone system，RAAS）的激活关系密切，主要体现在以下几个方面：①脂肪组织，特别是白色脂肪组织，表达 RAAS 的所有成分，并具有独立调节功能。脂肪 RAAS 中的活性成分，如血管紧张素Ⅱ和醛固酮，可以导致脂肪细胞异常分化、脂代谢异常、胰岛素敏感性下降和炎性反应加重，这意味着脂肪组织内的 RAAS 可以局部调节脂肪细胞的功能和代谢，这些都是肥胖及其相关疾病发生和发展的重要因素。②游离脂肪酸的增多可以导致脂肪 RAAS 过度激活，这种过度激活可能会导致一系列代谢和炎症反应，进而影响肥胖及其相关疾病的发展。③肥胖患者的血浆肾素活性显著增加，局部血管周围脂肪组织中的血管紧张素Ⅱ也增加。这表明肥胖可能通过激活 RAAS 系统来影响血压和肾脏功能。④下调过度激活的脂肪 RAAS 可能是治疗肥胖及其相关代谢性和炎性反应性疾病的新靶点。这意味着通过调节 RAAS 的活性，可能有助于控制肥胖及其并发症。总之，超重和肥胖与 RAAS 的激活有着直接的联系，这种激活可能通过多种机制促进肥胖及其相关疾病的发生和发展。因此，针对 RAAS 的治疗策略可能对肥胖及其相关疾病的管理具有重要意义。

四、运动对超重和肥胖的影响

超重和肥胖的主要原因是热量的摄取和利用不平衡。影响热量不平衡的主要因素包括代谢、饮食和运动三个方面。运动减肥是通过增加运动热量消耗的角度对超重和肥胖产生影响，是长期有效的体重控制的必要条件。

1. 运动增加能量消耗

研究表明：每天增加 10kcal 的能量净摄入，1 年下来体重可以增加 0.45kg；轻微的体力活动，可以使机体多消耗 10% ～ 20% 的能量，对经常运动的人来说，该比例最高可达 60%；剧烈运动下的能量消耗可达到静息状态下的几倍到几十倍。举个例子，一个体重 60kg 的男子，慢跑 30min 可消耗 400kcal 的热量，而要减掉 1kg 体脂，则需要消耗 7 200kcal 的热量，在饮食不变的情况下，每天 30min 的慢跑，每周 5 次，则需要 1.5 个月减掉 1kg 的体脂。

2. 运动增加基础代谢率

运动不仅可以增加能量消耗，还可以增加安静时的基础代谢率。运动后的高静息代谢率可以持续数小时甚至十几小时以上。一般而言，静息代谢的能量消耗占全部能耗的 60% ～ 70%。基础代谢的能量消耗提高 1% ～ 2% 就可以在长期的体重控制中起重要作用。研究表明，仅靠能量摄入降低体重的效果不明显，甚至可能会因基础代谢的降低而被抵消。基础代谢与瘦体重密切相关，健身运动，尤其是抗阻力运动，有助于维持节食期间的瘦体重，维持基础代谢，这是运动减肥长期有效的重要原因。

3. 运动增加脂肪利用率

运动可以增加脂肪的利用率，主要体现在以下几个方面：①增加耐力训练的适应性。耐力训练可以增加使用脂肪作为燃料的能力，从而节省体内宝贵的碳水化合物储备。在长时间非高强度运动中，随着运动时间的延长，身体更多地依赖于脂肪组织中储存的脂肪。②运动强度影响脂肪代谢。在低强度运动中，大约 90% 的能量由脂肪提供，而当运动强度增加至最大摄氧量的 85% 时，碳水化合物成为主要燃料来源。这表明在低强度运动时，身体更倾向于使用脂肪作为能量来源。③运动时间与脂肪代谢相关。在长时间运动中，随着肌糖、血糖和肌内三酰甘油的逐渐耗竭，身体会更多地依赖于脂肪组织中储存的脂肪，脂肪代谢会随着时间而缓慢增加。④运动前饮食状态影响脂肪的利用率。运动前减少碳水化合物的摄入可以提高脂肪利用率，因为碳水化合物充足时身体脂肪利用率会降低。但是，充足的碳水化合物摄入可以提高运动时的整体能量消耗水平。⑤运动增加能量消耗的经济性。随着对运动模式的熟悉，人体使用脂肪作为能量来源的能力会加强。经常运动的人，肌肉细胞内产生 ATP 的线粒体数量和活性增加，从而能够制造更多的 ATP 并使脂肪的利用率更高。⑥运动对脂肪代谢的影响受到内分泌系统的调节作用。运动中脂肪分解的加强主要是由于血液中的胰岛素浓度降低所致，肾上腺素和去甲肾上腺素浓度的增加也可促进脂肪分解。有氧耐力运动后，尽管摄入了碳水化合物，但全身脂肪酸的氧化作用仍会持续数小时。这与胰岛素浓度和脂肪组织血流量增加有关。总之，运动通过多种机制增加脂肪的利用率，包括提高耐力训练适应性、调节运动强度和时间、影响运动前饮食状态、提高运动经济性以及影响内分泌系统的调节作用。这些因素共同作用，使得运动成为增加脂肪利用率的有效方式。

4. 运动降低胰岛素抵抗

胰岛素是机体内唯一降低血糖的激素，其主要作用是降低血糖，促进葡萄糖的摄取利用，抑制肝糖原分解、促进糖原合成，促进蛋白质和脂肪合成，并有抑制酮体生成作用。胰岛素抵抗是指由于胰岛素分泌不足或者对胰岛素的作用不敏感，导致血糖升高，从而引起一系列代谢和临床症状。

在运动过程中，身体的交感神经会处于兴奋状态，可刺激胰岛素分泌，起到降低血糖的作用。研究也认为，运动可以通过改善胰岛素的敏感性以及受体后机制改善胰岛素抵抗现象。经常运动者，可增加高碳水化合物饮食者血液中的胰岛素水平，增加肌肉、肝脏和脂肪细胞对葡萄糖的摄取，维持血糖的稳定。而缺乏运动者，虽然可增加高碳水化合物饮食者血液中的胰岛素水平，但是因为胰岛素受体水平的下调，肌肉出现胰岛素抵抗，从而导致脂肪细胞的增加以及肥胖的产生。

因此，胰岛素抵抗的患者在饭后进行适当的运动，如散步、瑜伽等，有助于改善血糖水平、减轻体重、增强身体免疫力等，对身体也有一定的好处。但是，在运动的同时，要注意饮食控制，避免过量摄入高糖、高脂肪、高盐的食物。

五、不同的运动方式存在差异

一项研究比较了有氧训练、抗阻训练和有氧 / 抗阻混合训练对 249 名 18 ～ 70 岁肥胖人群腹部脂肪、肝酶和空腹胰岛素抵抗的影响，结果表明，有氧训练明显减少肝脏、腹腔和腹部皮下脂肪；抗阻训练明显减少皮下脂肪，但对其他变量没有显著改善。与抗阻训练相比，有氧训练在改善内脏脂肪和腹部脂肪方面作用更加明显；有氧 / 抗阻混合训练对腹部和内脏脂肪含量的影响与有氧训练没有差别。

另一项研究也比较了有氧训练、抗阻训练和有氧 / 抗阻混合训练对 119 名久坐、超重或者肥胖受试者的运动效果，每组运动干预的时间均为 8 周，结果表明，有氧训练以及有氧 / 抗阻混合训练，在降低体重和脂肪数量的方面，明显优于抗阻训练组，而抗阻训练组以及有氧 / 抗阻混合训练在增加瘦体重方面明显优于有氧训练组。

六、超重和肥胖者的运动建议

针对超重和肥胖者的运动建议如下。

一是超重和肥胖者的运动方式建议采取饮食和运动相结合的方式，理由如下：①运动与饮食控制结合的方法优于单独的饮食控制，在不控制饮食能量摄入的条件下，单独从事运动进行减肥，通常需要常人无法达到的运动量。饮食控制是短时间减肥有效的方法，但仅有不到 5% 的人能够在 2 年内保持其减肥效果。饮食控制与运动结合的方法可以确保 50% ～ 60% 的减肥者在 2 年内维持其已有的减肥效果。②运动能够确保减肥过程中瘦体重保持恒定或者轻度增加，运动减肥效果具有“剂量依赖性”，取决于运动持续时间和频度，但是单一性抗阻训练并不具有显著的减肥效果。

二是在实施运动减肥的计划过程中，应注意饮食调整，在满足机体营养需要的基础上，尽量减少热量的过多摄入，运动以有氧运动为主，并结合抗阻力量练习，在增加能量消耗的基础上，增加瘦体重以达到“增肌减脂”的效果。运动减肥需要长期坚持，持之以恒，养成终身锻炼的习惯，一旦停止运动，体脂肪含量会在很短的时间内反弹。

美国运动医学会针对维持健康、预防体重增加、增进减肥效果以及预防反弹提出了每周“健身运动目标”：①以维持和改善健康为目标，运动量需达到 150min/ 周；②以防止体重反弹为目标，运动量需达到 150 ～ 250min/ 周；③以促进临床治疗性减肥为目标，运动量需达到 225 ～ 420min/ 周；④以防止临床减肥后体重反弹为目标，运动量需达到 200 ～ 300min/ 周。

（沈旭慧　王诗雯）

第四节 运动与糖尿病

糖尿病是一种以高血糖为主要特征的慢性代谢性疾病，涉及多组织器官功能障碍的复杂多系统代谢紊乱。糖尿病主要由于胰岛素分泌不足或者身体对胰岛素的反应减弱（即胰岛素抵抗）导致。胰岛素是一种由胰腺产生的激素，负责帮助葡萄糖（血糖）进入细胞，是葡萄糖进入细胞的“钥匙”。当胰岛素分泌不足或细胞对胰岛素的反应减弱时，血糖无法正常进入细胞，从而导致血糖水平升高。

糖尿病已成为全球性的公共卫生危机事件，其发病率持续攀升。根据2021年全球疾病负担研究（GBD Study 2021）报道，2021年，全球糖尿病患病人数达5.29亿，年龄标准化患病率为6.1%，在中东和北非地区，这一数字更是高达12.3%。预计到2045年，全球患者人数将突破7亿，2050年将突破13.1亿。中国糖尿病患病情况也非常严重：中国拥有世界上最多的糖尿病患者，约占全球所有糖尿病患者的22%。2021年中国糖尿病发病人数超过400万，成年糖尿病患者突破1.4亿，预计到2045年，患病人数会增加至1.744亿。

糖尿病的管理主要包括健康教育、血糖监测、饮食管理、运动管理和药物治疗，俗称“五驾马车”，是预防和治疗糖尿病的基石，也是实现和维持最佳的血糖、血脂和血压水平，从而预防或延缓慢性并发症的发生和发展的根本举措。

长期以来，运动训练和体育活动被认为是预防和治疗T2D的重要非药物干预或生活方式。干预锻炼在预防疾病中的作用最有力的证据来自评估生活方式干预预防T2D有效性的随机对照试验。相关研究确凿地证明，生活方式干预，尤其是饮食和运动相结合的生活方式干预对预防糖尿病的发生是有效的。

除了控制血糖，运动还能发挥多种健康益处，如降低胰岛素抵抗，提高有氧能力、肌肉力量、身体成分和内皮功能等。大量研究证据支持，有组织地进行结构化训练或锻炼，可以治疗和控制糖尿病。最近的证据表明，有氧运动和阻力训练相结合的运动方式比单一的运动训练方式发挥更有益的预防和治疗效果。有氧运动增强胰岛素敏感性，抗阻训练可能通过增加肌肉量来改善血糖摄取。

本节重点探讨糖尿病的基础知识、运动对 T2D 的预防作用、运动对 T2D 患者的健康益处、运动调节血糖的机制以及中老年 T2D 患者的运动建议。

一、糖尿病的基础知识

糖尿病主要包括 1 型糖尿病、2 型糖尿病、妊娠糖尿病和其他特殊类型糖尿病四种类型：① 1 型糖尿病，通常在儿童和青少年中发病，主要是由于自身免疫反应导致胰岛 B 细胞被破坏，胰岛素分泌严重不足引起。1 型糖尿病是具有酮症倾向的糖尿病，患者需要终身依赖胰岛素治疗维持生命。② 2 型糖尿病，是最常见的糖尿病类型，通常与肥胖、缺乏运动和遗传因素有关。这种类型的糖尿病主要是由于胰岛素抵抗和相对胰岛素分泌不足引起。③妊娠糖尿病，在怀孕期间发生，可能与激素变化有关，分娩后一般能恢复正常，但未来患 2 型糖尿病的风险增加。④其他特殊类型糖尿病，包括由其他疾病、药物或遗传综合征引起的糖尿病。在这四大类糖尿病中，2 型糖尿病占绝大比例，几乎占全部糖尿病患病人数的 90%，是公共卫生关注的重点。其次是 1 型糖尿病，占全部糖尿病患病人数的 5%。另外，妊娠糖尿病也是值得关注的一种类型，因为这种类型的糖尿病不仅影响母亲的近期和远期健康，也影响胎儿的近期和远期健康。

糖尿病是由于遗传因素、环境因素（如饮食、不良生活方式等）、免疫功能紊乱（导致机体抵抗力差）、长期慢性低度炎症、精神因素（长期抑郁和焦虑）等作用于机体，导致胰岛素分泌缺陷（分泌减少）或其生物作用受损（部分胰岛素不发挥作用）或两者兼有，进而引发了一系列糖（碳水化合物）、蛋白质、脂肪、电解质等代谢紊乱综合征。老年糖尿病以 2 型糖尿病为主，1 型糖尿病主要发生于青少年及以下人群。糖尿病产生的主要原因包括：①饮食不均衡，碳水化合物吃得多，尤其是精制碳水化合物吃得多；②运动少，血糖没有充分被利用；③过度肥胖，身体长期处于慢性低度炎症状态；④吸烟和饮酒等不健康的生活方式；⑤长期睡眠质量差；⑥长期处于压力、抑郁和焦虑状态等。糖尿病的管理通常采用“五驾马车”为主的综合管理，即饮食管理、药物管理、运动管理、血糖监测和心理情绪管理。

二、运动对 2 型糖尿病的预防作用

1. 中国大庆糖尿病预防研究

中国大庆糖尿病预防研究的设计类型为对照临床试验，受试者按诊所随机分组，其研究目的是探讨单纯饮食干预、运动干预、饮食 + 运动干预对糖耐量异常患者进展为糖尿病的预防作用。

大庆位于中国黑龙江省，是一座以石油勘探和生产为主的工业城市。1986 年，大庆市 25 岁以上人口 281 589 人，都在本市指定诊所接受医疗服务。研究随机选取了其中 55% 的诊所开展筛查性研究，参与研究的诊所为 126 715 名 25 岁以上的成年人群提供服务。1986 年 6—12 月，所有符合条件的受试者都被安排到他们家附近的一个中心调查地点（当地医院），最终目标人群中的 87.3%（共 110 660 人，其中 55 391 名男性和 55 269 名女性）在就近医院接受了馒头餐筛查。筛查出血糖异常的患者进行 75g 口服葡萄糖耐量试验（oral glucose tolerance test，OGTT）。最终，577 名符合 WHO 糖耐量异常标准的人同意参加生活方式干预研究。其中，138 人分为对照组，饮食干预组 148 人，运动干预组 155 人，饮食 + 运动干预组为 135 人，研究采取小组随机分组法。530 名受试者接受了系统跟踪随访，直到达到观察终点或持续 6 年，其中，出现 47 个失访，失访者大多数是由于从该区域迁移出去。

主要研究结果如下：① 6 年生活方式干预（1986—1992 年）结果显示，对照组糖尿病的累积发病率为 67.7%，饮食组累积发病率为 43.8%，相比对照组减少了 31%，运动组累积发病率为 41.1%，相比对照组减少了 46%，饮食 + 运动干预组累积发生率为 46%，相比对照组减少了 42%；② 20 年（1986—2006 年）随访研究结果显示，干预组（3 组干预合计）累积糖尿病的发生率为 80%，对照组为 93%，累计的心血管疾病死亡率干预组比对照组低 28%，但差异没有统计学意义，两组全死因差异也没有统计学意义。

2. 芬兰糖尿病预防研究

芬兰糖尿病预防研究是 1993 年开始的一项多中心研究（5 个中心城市），是世界上第一个试图通过生活方式干预预防 2 型糖尿病可能性的随机对照试验研究。研究共招募了 522 名中年、超重的 2 型糖尿病高危对象。高危对象定义为连续两次 75g 口服葡萄糖耐量试验检测为糖耐量减低（impaired glucose tolerance，

IGT）者。研究对象被随机分配到“标准护理”对照组（257 人）或强化生活方式干预组（265 人）。

生活方式干预主要由参与研究的营养师通过个体咨询提供，并由参与研究的医生在年度临床随访中进行强化。干预目标是减轻体重（比基线体重减少 5% 或更多），限制膳食总脂肪的摄入（＜总能量消耗的 30%）和饱和脂肪的摄入（＜总能量消耗的 10%），增加膳食纤维摄入量（≥ 15g/1 000kcal）和体力活动消耗（≥ 30 min/d）。标准保健组在基线和随后的年度随访中获得了标准的、非个体化指导，即关于饮食的一般口头和两页的书面信息，但没有提供具体研究方案。

干预组在各干预目标上均有显著改善。在 1 年和 3 年后，干预组平均体重分别减轻了 4.5kg 和 3.5kg，对照组仅为 1.0kg 和 0.9kg。干预组心血管危险因素改善更多。平均随访时间为 3.2 年后，干预组患糖尿病的风险比对照组降低了 58%。糖尿病发病率的降低与达到生活方式目标的数量直接相关：在第一年达到 4 个或全部 5 个预定目标的人中，在整个干预期间没有诊断出糖尿病病例。增加体力活动被证明是糖尿病风险降低的独立预测因子。此外，在干预期间，那些摄入适量脂肪、高纤维饮食的人体重减轻幅度最大，即使在调整体重减轻的影响后，患糖尿病的风险也是最低的。在停止咨询后，干预组在生活方式变量方面的差异仍然显著。在干预后 3 年的随访期间，干预组参与者患糖尿病的风险仍比前对照组参与者低 36%。这种影响在男性和女性参与者中都能看到。

3. 美国糖尿病预防计划

美国糖尿病预防计划是 1996—2001 年在美国 27 个中心开展的一项迄今为止世界上规模最大的、前瞻性、多中心、随机分组的糖耐量减低干预临床试验。研究目的是评价强化生活方式改变或服用二甲双胍这两种干预措施对预防 T2D 的有效性和安全性。

该研究将 3 234 例研究对象随机分到 3 种不同的干预措施中：①生活方式干预组（1 079）例，干预目标是通过每周至少 150min 的强化运动，体重至少减轻 7%，干预措施是 17 次的课程（低脂肪和低热量饮食、锻炼和行为矫正），由研究人员进行一对一的指导，每月一次小组会议以加强行为的改变；②二甲双胍干预组（1 073 例），开始治疗剂量为 850mg，每日一次，加安慰剂片每日一次，1 个月后，二甲双胍的剂量增加到 850mg，每日两次，鼓励受试对象遵循食物指南金字塔和国家胆固醇教育计划进行饮食控制，以减轻体重，并增加身体活动；③安慰剂组（1 083 例），标准生活方式推荐，二甲双胍安慰剂每日两次。

由于该研究提前展现出明显的益处和良好的投入与产出比，研究提前中止，平均随访时间为 2.8 年。在整个随访期间，二甲双胍干预组和生活方式干预组的糖尿病累积发病率低于安慰剂组，安慰剂组、二甲双胍干预组和生活方式干预组的糖尿病发病率分别为 11 人 / 年、7.8 人 / 年和 4.8 人 / 年。生活方式干预组的糖尿病发病率比安慰剂组低 58%，二甲双胍干预组比安慰剂组低 31%，生活方式干预组比二甲双胍干预组低 39%。说明生活方式干预组预防 T2D 的效果优于二甲双胍干预组。

三、运动对 2 型糖尿病患者的健康益处

1. 运动有益健康的证据支持

大量的研究表明运动发挥重要的健康益处，可以帮助糖尿病患者实现多种目标，包括增强心肺功能、增加活力、改善血糖控制、降低胰岛素抵抗的敏感性、改善血脂状况、降低血压、维持体重和减重。支持性的证据包括：①任何类型的身体活动（physical activity，PA）和 / 或锻炼，都能增加骨骼肌对葡萄糖的摄取和利用，该过程是通过非胰岛素依赖的途径进行的；②机体血糖水平是通过葡萄糖调节的激素引起肝糖生成和游离脂肪酸动员的增加来维持的，这可能会因胰岛素抵抗或糖尿病而受损，而在任何形式的 PA 后，全身胰岛素敏感性（可能还有肝脏胰岛素敏感性）的改善可以持续 2 ～ 72h，血糖的降低与 PA 的持续时间和强度密切相关；③定期的 PA 增强 B 细胞功能、胰岛素敏感性、血管功能和肠道微生物群，改善成人 T2D 患者的血糖管理，减少每天出现高血糖的时间，降低糖化血红蛋白（glycosylated hemoglobin，HbA1c）0.5% ～ 0.7%；④在整体性血糖管理和胰岛素水平下降方面，高强度抗阻运动训练比中低强度抗阻训练能发挥更大的益处；⑤餐后更多的能量消耗能显著降低血糖水平，无论运动强度或类型如何，持续时间≥ 45min 效果最佳；⑥哪怕每天进行少量的身体活动，只要能打破久坐的状态，即可适度降低餐后血糖和胰岛素水平，尤其是那些胰岛素抵抗和体重指数较高的人能获得更大的益处；⑦通过改变饮食和锻炼的生活方式使体重减轻＞ 5% 似乎对 HbA1c、血脂和血压有益且必要；⑧为了减少 T2D 患者的内脏脂肪，每周需要进行 4 ～ 5d 的中等运动量，每次消耗的能量约 500kcal；⑨建议使

用胰岛素或胰岛素促分泌剂的 T2D 患者根据需要补充碳水化合物(或在可能的情况下减少胰岛素的用量)，以防止运动期间和运动后出现低血糖。

2. 有氧运动的益处

有氧运动涉及大肌肉群连续、有节奏的运动，通常每次运动至少持续 10min，如步行、慢跑、游泳、骑自行车等。有氧运动可增加线粒体的密度、胰岛素的敏感性、血管的顺应性和反应性，能锻炼心、肺功能，使心血管系统能更有效、快速地把氧传输到身体的每一个部位。“有氧健身运动”的首创者、曾长期担任美国总统私人医生的库珀认为：每个人生命的长短和质量完全取决于个人对疾病的预防，而不是医生和其他什么人所能左右得了的；与预防相比，任何挽救生命的医疗措施都显得为时已晚。中等及以上强度的有氧运动与 1 型糖尿病和 T2D 患者的心血管和全因死亡率显著降低有关。高强度间歇性运动训练可以促进成年 T2D 患者骨骼肌的氧化能力、增加胰岛素的敏感性和血糖的控制能力。

3. 抗阻运动的益处

抗阻运动指对抗阻力的运动，是肌肉在克服外来阻力时进行的主动运动，主要目的是训练人体肌肉、增强肌肉力量等。抗阻运动能够增加基础代谢率，增强身体对碳水化合物的代谢功能，预防和辅助治疗糖尿病，还能够使人精力充沛、改善睡眠等。糖尿病患者的肌肉能力普遍下降，抗阻运动有助于改善患者的肌肉力量。常见的抗阻运动工具有哑铃、沙袋、弹簧、握力器等，采用这些器械进行的锻炼方式均属于抗阻运动。仰卧起坐、俯卧撑、蹲跳等也属于抗阻运动。

4. 其他运动的益处

柔韧性运动和平衡性训练对中老年糖尿病患者很重要。老年糖尿病患者经常会出现关节活动受限，部分原因是糖基化产物累积的结果，并因为高血糖长期存在以及血糖的升高而恶化。拉伸运动可增加关节周围的活动范围和灵活性。平衡训练有助于防止糖尿病患者跌倒。有研究表明瑜伽可以改善 T2D 患者的血糖控制、血脂水平以及身体成分，太极有助于改善 T2D 患者的神经症状、平衡能力和协调能力。

四、运动调节血糖的机制

总体来讲，运动从改善胰岛素敏感性、改善骨骼肌的功能以及改善蛋白质和脂肪的代谢三大方面发挥调节血糖的作用。

1. 运动改善胰岛素的敏感性

多种原因导致的胰腺分泌胰岛素的减少和 / 或胰岛素抵抗是糖尿病的主要发病机制。长期能量摄入和消耗失衡引发的肥胖是导致胰岛素抵抗的主要原因，运动通过增加机体的能量消耗，动员脂肪提供能量，减少脂质在骨骼肌、胰腺细胞以及肝细胞的堆积，从而降低脂质对这些细胞的毒性作用，进而增加骨骼肌细胞摄取葡萄糖和胰腺细胞分泌胰岛素的能力。

运动增加骨骼肌细胞对葡萄糖的利用，主要是运动刺激了细胞内运动敏感型 GLUT–4（细胞内还存在一种对胰岛素敏感的 GLUT–4）从细胞内转位至细胞膜上，从而发挥转运葡萄糖的作用。基础状态下，绝大多数 GLUT–4 位于细胞内的囊泡中，仅少部分位于细胞膜上。运动之所以能增加骨骼肌细胞内 GLUT–4 的数量，是因为通过促进细胞内 GLUT–4 转运信号转导通路上的信号蛋白表达，从而增加了骨骼肌细胞内 GLUT–4 的转位，最终增强了骨骼肌细胞摄取葡萄糖的能力。

2. 运动改善骨骼肌的功能

运动可以使骨骼肌细胞体积增大，骨骼肌纤维增生，线粒体增多，肌肉力量增强，肌肉纤维对胰岛素的敏感性增强，抗氧化能力增强。运动改善了骨骼肌细胞摄取和利用葡萄糖的能力，提高了脂质的代谢能力，增加了骨骼肌内脂质动员和分解，降低了骨骼肌内脂质的堆积。长期运动可以诱导骨骼肌细胞线粒体的适应能力，修复糖尿病对肌肉线粒体构成的损伤。

3. 运动改善蛋白质和脂肪的代谢

糖尿病患者胰岛素作用障碍，不仅影响糖代谢，还影响包括蛋白质和脂质代谢在内的多种代谢紊乱。

胰岛素抵抗时脂质代谢紊乱常常是多种代谢紊乱的结果，脂肪组织中储存的三酰甘油代谢缺陷会导致肝脏的游离脂肪酸上升，进而导致肝脏中产生过量的大颗粒极低密度脂蛋白，并引起高甘油三酯血症。胰岛素也是蛋白质合成代谢的关键激素，胰岛素抵抗导致体内蛋白质合成障碍、分解增加，出现负氮平衡。由于胰岛素介导的蛋白质合成主要发生在骨骼肌和肝脏，胰岛素抵抗导致的蛋白质分解增加会引起肌肉萎缩，同时，肝脏内的血浆蛋白合成也会相应降低。

五、中老年 2 型糖尿病患者的运动建议

运动建议包括：①在有氧锻炼方面，所有成人 T2D 患者都应遵循相同的建议，即两次运动的间隔时间不应超过 2d。有合并症的成年和老年 T2D 患者，只要其健康状况允许，应该尽可能多地进行有氧运动。②在抗阻训练方面，对于老年 T2D 患者，抗阻训练可以改善力量、骨密度、血压、血脂和胰岛素敏感性，同时可使血糖降低。有氧运动和抗阻训练相结合的干预措施，可能优于单独的有氧运动或抗阻训练。③在柔韧性训练方面，对于老年 T2D 患者，增加关节柔韧性的锻炼非常有益。研究证明，柔韧性训练单独或与抗阻训练相结合，可以改善 T2D 患者的关节活动度。对于身体不太健康的老年人，柔韧性训练通常强度较低且更加容易进行。④在平衡练习方面，许多下肢和核心抗阻训练也可以起到平衡练习的作用。成年 T2D 患者进行的力量训练可以改善整体的身体平衡能力，降低跌倒的风险。对于老年 T2D 患者，即使腿部力量没有显著变化，但其跌倒风险也会增加，在家进行平衡练习也可以降低跌倒风险。⑤其他类型的运动，除了传统的静态和动态拉伸外，瑜伽和太极也具有健康和降糖益处。瑜伽可以改善成年 T2D 患者的整体血糖、血脂水平和身体成分。对于伴有神经病变的成人 T2D 患者，太极可以改善血糖、降低体重指数、减少神经系统症状、提高平衡能力和生活质量。⑥针对运动较少或久坐的成人 T2D 患者，应打破久坐的习惯，进行间隔运动，如在 8h 内，每 30 分钟进行 3min 的轻度步行或简单的抗阻练习，可降低餐后血糖、C 肽和甘油三酯的水平。久坐期间，每 30 分钟站立一会儿（每天共达到 2.5h）和进行轻强度的步行（每天共达到 2.2h），可能比结构化运动更能改善 24h 血糖水平和胰岛素敏感性。

六、糖尿病患者运动的注意事项

糖尿病患者在进行体力活动或运动训练后，可能会出现一些急性和慢性健康问题，如低血糖和不良反应等问题。

仅通过生活方式调节管理糖尿病出现低血糖的风险较小，而服用某些降血糖

药物和注射胰岛素后会增加与运动相关的低血糖发生的风险。如果运动前的血糖水平偏低可能会导致运动过程中或运动后出现低血糖，同时药物剂量并没有进行相应的调整，运动前需要补充适当的糖类或者随身携带能够快速补充糖分的点心或饮料。

如果糖尿病患者的血糖较高，在没有或者仅出现少量血酮或尿酮的情况下，以及没有任何不适症状的情况下进行低强度训练，因为高强度（即使是短时间）的运动训练可以引起血糖的升高，并持续一段时间。

血糖控制不良的糖尿病患者还可能有多尿的表现，运动过程中可能会出现脱水的现象，尤其是在炎热的情况下，发生脱水的风险更大。因此，糖尿病患者要注意运动前和运动中以及运动后的补水补液。

除了以上这些，糖尿病患者还因为存在各种并发症，加剧了不良反应的风险。糖尿病患者肌肉骨骼系统和软组织损伤的风险高于普通人群。糖尿病足因为周围神经系统病变和血管病变，运动受伤和溃疡的风险也加大。糖尿病患者视网膜并发症以及其他眼部并发症也占有一定的比例，如果糖尿病患者患有增殖性糖尿病视网膜病变、严重非增殖性糖尿病视网膜病变或者黄斑变性，运动尤其要引起注意，要避免提高眼压的活动（如剧烈的有氧运动、抗阻力运动、高冲击性跳跃性运动），因为这些运动会增加玻璃体积血和视网膜剥落的风险。

（王珍　刘乐乐）

第五节 运动与心血管健康

心血管疾病是一种涉及心脏和血管系统的疾病，是全球死亡的主要原因之一。心血管疾病具有发病率高、患病率高、复发加重率高、致死率高、经济负担重的特点，是严重危害人类健康的重大慢性病，给社会带来了严重的负担，已成为我国乃至全球一个亟待解决的公共卫生问题。据《中国心血管健康与疾病报告2019》显示：①我国心血管疾病的患病率持续上升，已达2.9亿人，心血管疾病的死亡率仍居首位；② 1990—2019年中国心血管疾病的发病率、患病率及死亡率呈逐年上升趋势，其中发病率、患病率及死亡率分别增长了93.75%、99.75%、57.39%。③ 1990—2019年，男性和女性心血管疾病的标化发病率总体呈现波动式上升趋势，男性的变化幅度较大，除2005—2006年外，女性的标化发病率均高于男性；男性和女性心血管疾病的标化患病率总体也呈现逐年上升趋势，女性的标化患病率高于男性；从标化死亡率来看，男性和女性心血管疾病标化死亡率总体呈逐年下降趋势，但男性的标化死亡率要高于女性。④与心血管疾病死亡相关的危险因素主要是吸烟、吸二手烟、饮酒、体力活动少、高空腹血糖、高收缩压、高身体质量指数、高低密度脂蛋白胆固醇以及肾功能不全。高收缩压是造成心血管疾病死亡的首要因素，高低密度脂蛋白胆固醇是造成心血管疾病死亡的第二因素。⑤预计到2050年心血管疾病的标化发病率将达到663.618/10万。这些数据和趋势显示了心血管疾病在中国的流行病学特征，以及未来防治策略制定的重要性。随着我国人口基数的持续增长、老龄化、城市化不断加速，以及心血管疾病相关危险因素如高血压、糖尿病、血脂异常、超重或肥胖等比例持续上升，我国心血管疾病的防控工作将日益严峻。

目前大量的研究结果表明：无论是在健康还是疾病状态下，经常锻炼或从事体育活动对心血管系统均有好处，这已形成了普遍的共识。

本节主要介绍心血管疾病的基本分类，运动锻炼对心血管的保护作用及机制，以及心血管患者的运动注意事项。

一、心血管疾病的基本分类

心血管疾病包括但不限于以下几种类型：①冠状动脉疾病，由于冠状动脉粥样硬化导致心脏供血不足，可能引发心绞痛或心肌梗死（心脏病发作）；②高血压，血压持续升高，长期高血压可损伤心脏、血管、肾脏等器官；③心肌病，心肌组织的结构和功能异常，可能由遗传、感染、代谢紊乱等多种因素引起；④心力衰竭，心脏泵血功能减弱，无法满足身体的需要；⑤心律失常，心脏电生理活动异常，导致心跳过快、过慢或不规则；⑥先天性心脏病，出生时存在的心脏结构异常；⑦风湿性心脏病，由风湿热引起的心脏瓣膜损害；⑧深静脉血栓，血液在深静脉内异常凝固形成血栓；⑨肺栓塞，血栓脱落后阻塞肺动脉，可能危及生命；⑩周围血管疾病，影响四肢血液循环的疾病，如动脉硬化闭塞症。

二、运动对心血管的保护作用

越来越多的证据表明，缺乏体力活动是冠心病和高血压等心血管疾病的主要危险因素，运动训练从多个角度发挥对心血管的保护作用。国内的一项调查显示：1991—2011 年间，我国 18 ～ 60 岁居民体力活动水平明显下降，其中职业活动下降最为明显。男性从 1991 年的 382 梅脱（MET）.h/w 下降到 2011 年的 264 梅脱（MET）.h/w，降幅达到 31%，女性从 1991 年的 420 梅脱（MET）.h/w 下降到 2011 年的 243 梅脱（MET）.h/w，降幅达到 42%。体育活动锻炼方面，也处于较低水平，2011 年，男性低于 7 梅脱（MET）.h/w，女性低于 3 梅脱（MET）.h/w。

运动训练对心血管的保护作用的主要体现：①运动训练不仅可以减少心血管危险因素（如糖尿病和高血压），对心血管提供保护，而且可以改善已有心血管疾病患者的状况和预后；②体力活动水平与全因死亡率和心血管疾病死亡率呈负相关，高水平的体力活动可以降低高危人群（如 2 型糖尿病、肥胖症患者和老年人等）的心血管疾病死亡率；③运动不仅对全身代谢产生直接的有益影响，促进心脏和血管内的细胞适应性改变，还对其他器官或组织（如肝脏、骨骼肌、大脑、脂肪组织等）起作用，这些组织对心血管系统产生间接影响；④运动对心血管疾病的保护作用几乎是改变传统危险因素所产生保护作用的 2 倍；⑤运动可以改善心力衰竭患者的心脏功能。

三、运动对心血管的保护机制

运动引起心脏保护的机制是一个活跃的研究领域。研究表明，运动训练可降低胰岛素抵抗、机体慢性低度炎症、自主神经功能障碍和社会心理压力，这些被认为与心血管疾病的发病和进展有关。

1. 运动改善胰岛素抵抗

胰岛素抵抗是遗传和环境因素交互作用导致的机体胰岛素敏感性下降，是多种代谢相关疾病（如代谢综合征、2 型糖尿病、高血压、高尿酸血症、血脂紊乱、心脑血管疾病、多囊卵巢综合征、阿尔茨海默病、部分肿瘤等）的共同机制。胰岛素敏感性下降是因为胰岛素对血糖的调控能力下降，主要表现在两个方面，一是促进骨骼肌、心肌及脂肪组织摄取葡萄糖的能力下降，二是抑制肝脏的糖原分解及糖异生的能力下降。总之，胰岛素抵抗是因为胰岛素不能有效促进周围组织摄取葡萄糖或者不能抑制肝脏葡萄糖输出。

2. 运动改善血管内皮功能

血管内皮对于维持血管正常收缩和舒张具有重要作用，血管内皮具有调节血管中的血流和机体的凝血、保护组织器官免受多种有害物质的侵害、维持电解质的平衡以及调节血管和组织间多种物质的转运等功能。血管内皮功能障碍是指身体小动脉的内皮层不能发挥正常的生理作用，导致相应小动脉供应的器官和组织发生功能异常。血管内皮功能障碍与很多疾病（如糖尿病、高血压、高脂血症、心力衰竭等）、不健康的生活方式（如吸烟、久站、久坐等）以及感染等有关。

胰岛素抵抗和血管内皮功能受损往往相伴而行，相互延续，使患者高血压和心血管并发症的风险增加。胰岛素作为一种血管活性激素，作用于导管大动脉改善顺应性，作用于阻力小动脉改善组织血流量，作用于毛细前小动脉增加毛细血管的灌注。相反，慢性胰岛素抵抗通常与动脉僵硬和一氧化氮（NO）诱导的血管弹性受损有关，其潜在机制可能与内皮细胞在胰岛素刺激下产生 NO 有关。

运动训练可以减轻内皮功能障碍和胰岛素抵抗，降低与肥胖和糖尿病相关的心血管疾病的发病率和死亡率。大量证据表明，运动训练能够改善血管内皮的表型和功能，起到保护血管的作用。运动通过改善血管内皮功能和抗氧化作用起到对血管的直接保护作用。运动通过增加心脑血流量、改善微循环、降压、降糖、降脂、减轻体重等起到间接的血管保护作用。经常运动还可提高人体应对突然缺氧的耐受能力。有研究报道，每天适度的运动能显著提高胰岛素敏感性，在肥胖个体中，单次低强度运动可以改善胰岛素敏感性，这种效应能持续到第 2 天。

3. 运动改善血脂异常

心血管疾病与血脂和脂蛋白水平升高之间存在明确的关系，缺乏运动是血脂异常的重要因素。有氧运动对血清脂蛋白的影响已被广泛研究。有研究表明运动训练对低密度脂蛋白胆固醇的降低作用很小，但对三酰甘油（平均降低 15%）和高密度脂蛋白胆固醇（平均升高 6%）的改善较为显著。2007 年的一项 Meta 分析纳入了 25 项运动干预的随机对照试验，结果表明：每周累计运动 120min 以上，并且累计能量消耗 900kcal 以上，能使高密度脂蛋白平均增加 2.5 mg/dL。另一项 Meta 分析提示运动训练，能使三酰甘油降低 5 ～ 38mg/dL，运动引起的血清脂质的适度变化可显著降低心血管及其相关死亡率的风险。

4. 运动具有抗炎症效应

慢性低度炎症，又称为系统性低度炎症，是指血液循环中促炎症细胞因子、抗炎症细胞因子、自然产生的细胞因子激动剂、急性相蛋白（如 C- 反应蛋白）增加 2 ～ 4 倍，中性粒细胞和自然杀伤细胞的含量增加。近 30 年来的研究结果越来越清楚地表明：系统性（慢性）炎症在一些慢性疾病（如心血管疾病、2 型糖尿病、卒中、直肠癌、老年痴呆、慢性阻塞性肺部疾病等）的病理过程中扮演关键角色。系统性低度炎症因子可由机体多个系统、器官和组织产生，主要包括免疫系统、脂肪组织、骨骼、肌肉、大脑和内皮组织等。

近年来，关于体力活动不充分或者长期不活动对健康造成的危害，出现了一个新的名词“体力不活动疾病族”。体力活动不充分或者长期不活动可增加 2 型糖尿病、心血管疾病、直肠癌、停经后乳腺癌、痴呆及抑郁等疾病的发生风险，这些疾病都是常见的慢性病，并与过早死亡的风险增加之间存在强关联，医学界将这些疾病称为“体力不活动疾病族”。

“体力不活动疾病族”与“慢性低度炎症”之间属于现象与机制的关系。“体力不活动疾病族”代表了一系列表现型差异显著的疾病，但是，从病理机制上，这些疾病存在共同的发病机制。现代观点认为，体力活动不足导致了腹部（内脏）脂肪的累积，随后导致了一系列炎症网络通路的激活，该通路的激活促进了胰岛素抵抗、动脉粥样硬化、神经系统退行性改变、肿瘤生长等，从而导致了一系列被称为“体力不活动疾病族”的发生。

令人信服的证据表明，慢性低度炎症在心血管疾病中发挥机制性作用，运动训练部分通过其抗炎作用提供心脏保护。有报道称，运动训练可使冠心病患者的高敏C反应蛋白（hs-CRP）水平降低约40%。心脏疾病伴有代谢综合征患者的hs-CRP水平比无代谢综合征的患者高出近2倍，两组患者运动训练后hs-CRP水平均显著降低。运动的抗炎作用可能是通过运动导致的内脏脂肪量的减少（脂肪因子的释放减少）和抗炎环境的诱导介导的。运动所产生的抗炎环境可归因于肾上腺皮质醇和肾上腺素的释放增加，骨骼肌因子的产生和释放增加，单核细胞和巨噬细胞上toll样受体的表达减少，从而抑制下游促炎细胞因子的产生，单核细胞和巨噬细胞浸润脂肪组织减弱，循环中促炎单核细胞数量减少，循环中TReg细胞数量增加。

5. 运动改善自主神经系统功能

自主神经系统是指支配内脏器官的植物性神经，可分为交感神经和副交感神经两部分。交感神经系统的激活会对心血管系统的结构和功能产生负面影响，包括外周血流减少、动脉血压升高、压力反射功能受损和大动脉肥大等，从而增加患心血管疾病的风险。长期增强的交感神经系统激活诱导的外周血流量和血管传导度的降低也通过增加葡萄糖耐受不良和胰岛素抵抗在代谢综合征的发病机制中发挥病因学作用。心率变异性（heart rate variability，HRV）降低是自主神经系统功能的一种无创测量，是自主神经功能障碍的标志，与心血管健康状况和预后较差以及冠心病和心肌梗死发生率增加有关。

大量证据表明运动训练对自主神经系统有益，并且运动训练与自主神经系统适应性之间似乎存在剂量-反应关系。中等强度的有氧运动3个月后，与年龄相关的压力反射功能下降有所改善。最近的一项meta分析结果显示，运动训练增加了中老年人的HRV。运动还可以通过增加副交感神经活动或减少交感神经活动来改善心脏自主神经平衡，从而降低致命性室性心律失常的发生率。

6. 运动减轻心理压力

流行病学数据表明，心理应激的临床影响可与许多重要的冠心病危险因素（如吸烟、高血压和缺乏运动等）相媲美。著名的INTERHEART研究，是一项有52个国家参加的关于心血管疾病影响因素的病例对照研究，该研究纳入11 119例患者和13 648例对照，结果表明，在冠心病的9个主要可改变的危险因素中，心理压力排在第三位，仅次于血脂和吸烟，且对急性心肌梗死事件的贡献为1/3。

运动训练对心理应激（包括抑郁、焦虑和敌意等）有显著影响。运动训练可降低冠心病患者中度焦虑和高度焦虑的发生率分别为56%和69%。运动还能明显改善冠心病患者的抑郁症状。研究发现，运动较少且抑郁程度较高的冠心病患者3年死亡率约为30%，而运动训练可使这类患者3年死亡率降低至8%左右。运动训练改善心血管疾病患者心理压力的机制可能涉及阿片类和内源性大麻素系统。例如，长期跑步会增加心血管疾病患者血清中的 β-内啡肽（一种阿片类物质）和大麻素。这两类物质具有镇静和镇痛作用，且让患者产生一种“欣快”的感觉。

7. 运动因子对心脏有保护作用

运动诱导的骨骼肌（肌因子）、脂肪组织（脂肪因子）以及其他器官释放的多肽和核酸，统称为“运动因子”。进入循环和体液中的运动因子可促进器官间的“串话”参与全身适应性调节，可能对心脏具有直接的保护作用。早在1961年，Goldstein就提出假设，运动刺激骨骼肌分泌循环“体液”因子，能控制葡萄糖的稳态。近年来，骨骼肌也已被证明是一种内分泌器官。除了骨骼肌外，脂肪组织、内皮细胞和其他组织已经被证明能够分泌循环“体液”因子作为对运动刺激的响应。尽管运动的多系统作用已被充分证明，但促进器官间相互作用的体液因子和分子机制的复杂交互作用尚未完全阐明。深入了解这些因素将有助于制定治疗策略，以改善受缺乏运动相关慢性疾病影响的人群的生活质量。

总之，定期运动训练对心血管有保护作用，对心血管疾病的防治有重要作用。随着运动对心血管有益的机制的进一步阐明，有望发现新的治疗靶点和优化体力活动量，以帮助改善患者的结局。

四、心血管疾病患者的运动注意要领

心血管疾病患者在进行运动健身时，需要特别注意在医学监督下制定运动处方，遵循专业医生的建议，坚持有氧运动并保持适度，合理安排时间，注意身体反应并保持良好的生活习惯。

1. 心血管疾病患者的运动处方

临床医生应根据患者的评估及危险分层，给予有指导的运动治疗。对于住院治疗（如做过支架手术等）的患者，医生会进行运动心肺功能测定，以评估患者的最大承受能力，并据此制定运动处方。这类患者最好按照运动处方进行锻炼。

心血管疾病患者的运动康复处方需根据患者的评估结果量身定制，应充分考虑患者的健康、体力和心血管功能状态，结合学习、工作、生活环境和运动喜好等个体化特点，遵循个体化原则。运动处方内容包括运动形式、运动时间、运动强度、运动频率及运动过程中的注意事项等。对于病情较轻的心脏病患者，可以根据自身的感受以及心率来制定自己的运动处方，并根据情况随时调整。

2. 推荐的运动方式

运动形式主要包括有氧运动和无氧运动。建议心血管疾病患者选择一些步行、跳舞、游泳、打太极等简单温和的有氧运动，运动量要从小到大、循序渐进，运动中若出现头晕、头痛、心慌、恶心等不适的症状，应该立即停止运动，必要时要立即就医。

另外，建议心血管疾病患者从下肢锻炼开始。研究发现，在心排血量同等的情况下，上肢活动时的血压比下肢活动时高一些。这是因为上肢肌肉活动时，肌肉血管会舒张，而其他活动量小的肌肉血管则会收缩，从而引起血压升高。因此，心脏病患者在锻炼时，最好从下肢锻炼开始。步行是较好的方法，如果症状较重，可以慢速行走，如果症状较轻，可以快速行走。

3. 注意运动时间

心脏病患者的运动时间通常为 10 ～ 60min，最佳运动时间为 30 ～ 60min。对于刚发生心血管事件的患者，从 10 min/d 开始，逐渐增加运动时间，最终达到 30 ～ 60 min/d 的运动时间。每周至少 3d，最好每周 5 ～ 7d。

需要强调的是，心脏病发作有明显的时间规律，每天 6 : 00 — 9 : 00 时是发作的“早高峰”，心血管疾病患者要避开这个“早高峰”。另外，上午的血压也是一天当中最高的。因此，心脏病患者锻炼时最好避开这个高峰时段，安排在下午或晚上为宜。患者心绞痛、心肌梗死发作期间以及心肌梗死病灶尚未完全控制的时期应避免运动。

4. 把握运动强度

心脏病患者的运动要适度，把握运动强度。运动强度的评估主要包括最大氧耗量、峰值心率储备法及 Borg 疲劳程度分级法。建议患者从 50% 的最大氧耗量或峰值心率储备开始进行运动，逐渐达到 80% 的最大摄氧量或峰值心率储备。最大氧耗量通过心肺运动试验测得。峰值心率储备通过计算靶心率可知，靶心率 =(峰

值心率 – 静息心率）×（50% ～ 80%）+ 静息心率。Borg 主观疲劳评分（表 2–1），也称博格评分，是一种评价呼吸困难程度的方法。可以用于患者呼吸不适的总体感觉分级，0 分代表完全没有呼吸困难感觉，而 10 分代表想象到的最严重呼吸困难感觉。一般以徒步 6min 为基础。评分≥ 4 分的朋友，建议以休息为主。建议所有患者掌握 Borg 指数判断方法，尤其对于植入起搏器、心脏移植、糖尿病等患者不能用心率来判断运动强度时。建议对上述患者每 1 ～ 3 个月评价 1 次运动强度。

表 2–1　Borg 主观疲劳评分

分值（分）	疲劳程度描述
0	一点也不觉得呼吸困难或疲劳
0.5	非常轻微的呼吸困难或疲劳，几乎难以觉察
1	非常轻微的呼吸困难或疲劳
2	轻度的呼吸困难或疲劳
3	中度的呼吸困难或疲劳
4	略严重的呼吸困难或疲劳
5	严重的呼吸困难或疲劳
6 ～ 8	非常严重的呼吸困难或疲劳
9	极其严重的呼吸困难或疲劳
10	极度的呼吸困难或疲劳，达到极限

5. 注意运动中的监测

运动过程中，要对患者进行监测，并给予必要的指导。运动时或运动后出现以下情况，要停止运动：①运动时感觉胸痛、呼吸困难、头晕；②运动时心率波动范围超过 30 次 /min；③运动时血压升高＞ 200/100mmHg（1 mmHg ≈ 0.133 kPa），收缩压升高＞ 30 mmHg 或下降 10 mmHg 以上；④运动时心电图监测 ST 段下移 ≥ 0.1 mV 或上升≥ 0.2 mV；⑤运动时或运动后出现严重心律失常等。

（白宏锋　赵子萌）

第三章

运动调节机制

第一节 运动的骨骼肌调节

人体中的肌肉组织包括骨骼肌、心肌和平滑肌三种，其中骨骼肌是人体内最多的组织，占体重的40%。骨骼肌主要分布在躯干和四肢，平滑肌主要在内脏，心肌分布在心脏。骨骼肌由肌纤维组成，是肌肉的基本结构和功能单位。每个肌纤维外面有一个外膜，外膜中有神经、血管、淋巴。骨骼肌由肌腹（具有收缩功能）和肌腱（无收缩功能）组成，肌腱直接附着在骨骼上，一般跨越关节的两端，骨骼肌收缩时通过肌腱牵引骨骼引起关节的活动。骨骼肌在人体中具有许多重要的功能，主要有以下几种：①完成人体各种活动，辅以部分器官进行正常的生理功能；②保护骨骼，免受外力打击而受到伤害；③维持人体的正常姿势，辅助人体进行正常的血液循环等。

体育运动项目主要有3种类型：①力量型为主的运动，又称为负重运动、阻力运动，以锻炼肌肉为主要目的的运动，如仰卧起坐、举重、引体向上、俯卧撑等；②速度型为主的运动，如田径中的中短程跑、短距离速度滑雪、短距离自行车赛、篮球和足球运动中的快速奔跑、短距离游泳等；③技巧性为主的运动，以翻腾、平衡、抛接等动作为主，在此基础上完成一定造型的体育运动项目，如速滑、短跑、游泳、体操、篮球、滑冰、乒乓球、排球、足球、冰球等。这些类型的运动，都与骨骼肌的类型、骨骼肌的力量等有直接关系。

本节重点讨论骨骼肌的类型、骨骼肌力量的绝对因素、运动的骨骼肌调节以及运动对骨骼肌的影响。

一、肌纤维类型与运动能力

肌纤维类型有几种划分方法，主要包括根据颜色、肌肉收缩速度、代谢特征以及球蛋白重链亚型等进行划分。不同类型的肌纤维，其形态特征、生理特征和功能各异。

1. 红肌和白肌

根据肌肉的颜色可将肌纤维划分为红肌和白肌两种类型，其主要区别是肌纤维内肌红蛋白的含量，红肌的肌红蛋白比白肌多一些，如羊肉、牛肉和猪肉就是红肉系列，而鸽子肉（也有将长途飞行的鸽子肉归为红肉系列）、鱼肉和鸡肉属于白肉系列。

2. 快肌和慢肌

研究发现，红肌收缩速度比较慢，而白肌收缩速度比较快，因此，肌纤维也可根据其收缩速度的快慢分为快肌纤维和慢肌纤维。需要注意的是，在人体的骨骼肌中不存在单纯的快肌纤维与慢肌纤维，仅存在比例上的差别，肌肉组织中，如果快肌纤维的比例较高，则肌肉收缩速度较快。

快肌纤维较粗，含有较多收缩蛋白，肌浆网比较发达，收缩速度和力量都比较大。快肌纤维由较大的神经元支配，神经纤维较粗，其传导速度较快。快肌运动单位中所包含的肌纤维数量多于慢肌运动单位，因此其收缩力量和张力都比较大。

慢肌毛细血管网比较丰富，肌红蛋白和线粒体较多。肌肉里面的毛细血管越丰富，运输氧气、营养物质及排出代谢废物的能力越强。血红蛋白是在血液中运输氧气的交通工具，而肌红蛋白是肌肉里面储存氧气的，慢肌中的肌红蛋白多，储存的氧气也多，因此，慢肌有氧代谢能力强。线粒体是有氧代谢的加工厂，是产生能源物质 ATP 的主要场所，因此，线粒体丰富的慢肌有氧代谢能力强。从肌肉抗疲劳能力方面比较，慢肌因为有氧代谢能力强，不会引起导致疲劳的乳酸大量堆积，因为比快肌的抗疲劳能力强。表 3–1 总结了快肌和慢肌运动单位的一些特征。

表 3–1　快肌和慢肌运动单位的特征比较

特征	快肌	慢肌
优势运动类型	长跑、游泳、骑行、耐力运动	举重、短跑、跳跃、力量训练
肌纤维粗细	较粗	较细
线粒体密度	低	高
毛细血管密度	低	高
肌红蛋白含量	低	高
有氧氧化能力	弱	强

续表

特征	快肌	慢肌
无氧酵解能力	强	弱
收缩速度与力量	收缩快，力量大	收缩慢，力量小
收缩持续时间	短	长

3. 糖酵解型和氧化型肌纤维

肌纤维也可以根据其代谢特征分为糖酵解型和氧化型。慢肌纤维中氧化酶活性高，有氧代谢能力强。快肌纤维无氧代谢酶活性高，无氧代谢能力强。根据肌纤维 ATP 酶的染色方法，可将骨骼肌纤维分为Ⅰ型和Ⅱ型，Ⅱ型又进一步分为 a 和 b 两种亚型。Ⅰ型纤维的收缩速度比较慢，相当于慢肌纤维，Ⅱ型纤维的收缩速度比较快，相当于快肌纤维。在Ⅱ型纤维中，Ⅱ b 亚型纤维的收缩速度快于Ⅱ a。

Ⅰ型纤维属于耐疲劳的肌纤维，尽管不像Ⅱ型纤维那样大而强壮，产生的力比Ⅱ型纤维更少，但比较容易兴奋，这意味着它们在低水平的刺激下迅速收缩，并且具有更大的毛细血管和线粒体密度，这使得它们能够持续工作很长时间。

Ⅱ b 型肌肉纤维属于比较强壮的肌纤维类型，是具有最大的力量和爆发力的肌纤维，这些纤维具有很大的神经体，需要大量的刺激才能收缩，这意味着你必须举起非常沉重的东西或非常快地举起东西才能让它们参与进来。这些纤维尽管可以产生较大的力，毛细血管密度低，但几乎完全通过无氧糖酵解获得能量，所以它们容易疲劳。

Ⅱ a 型肌肉纤维属于收缩速度比较快的肌纤维类型，具有与Ⅱ b 型相同的特性，但具有较高的毛细血管密度，并且能够使用氧气进行能量消耗，使得它们更耐疲劳。

二、不同运动类型的骨骼肌动员

一般人群中，慢肌纤维的百分比平均为 40% ～ 60%，最低仅占 24%，最高能达到 74.2%，即肌纤维的组成存在个体差异。

一般而言，不同类型的运动项目骨骼肌类型存在差异，也可以认为是骨骼肌的差异决定了不同的运动项目适合不同的人。时间短、强度大的运动项目，运动员快肌纤维的比重比从事耐力项目的运动员和一般人高。耐力性项目，运动员慢肌纤维百分比高于非耐力项目运动员和一般人。既需要耐力又需要速度的项目（如中跑、自行车等）运动员的快肌纤维和慢肌纤维百分比相当。

在运动中不同类型的肌纤维参与工作的程度依运动强度而定。有研究让受试者以 64% 最大摄氧量强度运动，观察发现：慢肌纤维中的糖原首先被消耗，继而转向快肌纤维；当慢肌纤维中的糖原完全消耗时，快肌纤维中还有糖原剩余；以 150% 最大摄氧量强度运动时，快肌纤维中的糖原首先被消耗。这说明：在以较低的强度运动时，慢肌纤维首先被动员，而在运动强度较大时，快肌纤维首先被动员。这意味着：在运动训练时，采用不同强度的练习可以锻炼不同类型的肌纤维；如果想增强快肌纤维的代谢能力，训练计划必须包括大强度的练习；如果要提高慢肌纤维的代谢能力，训练计划就要由低强度、持续时间较长的练习组成。

需要注意的是，运动量只有增强到足够大才能刺激到快肌纤维，只有快肌纤维得到足够刺激其功能才会变得强大，快肌纤维的运动能力才能提高。增强慢肌纤维运动能力的训练强度相对低一些，但是需要持续足够长的时间才能增强慢肌纤维的有氧代谢能力，成绩才能提高。

三、运动训练对肌纤维的影响

关于运动是否对骨骼肌纤维产生影响，有不同的观点。一种观点认为，运动对肌纤维的类型及分布比例没有影响。持该观点的人认为人类肌纤维的比例是先天性决定的，运动员应该根据先天优势肌纤维的类型选择适合自身的优势项目，后天的刻苦训练只能是锦上添花，绝不是雪中送炭。早期的研究似乎证实了这种观点的正确性。研究表明，运动训练改变肌肉组成的能力极其有限，如果运动员天生有 70% 的快肌纤维，运动生涯结束，甚至到老的时候，快肌纤维还是 70%。这意味着，一个人适合从事什么样的运动，绝大多数是由基因决定的。至于有的运动员通过几年的短跑训练成绩能提高很多，原因是多方面的，这里面有能量供应、战术、技术和运动性训练等多方面的因素。

另一种观点认为，长时间系统地从事某项训练，可使肌纤维的形态学和代谢发生适应性改变，即“训练适应观”。“训练适应观”也得到了实验证据的支持。“训练适应观”的主要体现：①不同类型的训练对两种肌纤维的影响不同，耐力训练可使慢肌纤维选择性肥大，速度和爆发力训练可使快肌纤维选择性肥大；②不同类型的运动可导致肌纤维活性的选择性增强，长跑运动员的肌肉中，与氧化功能密切相关的琥珀酸脱氢酶活性较高，而与糖酵解及磷酸化供能有关的乳酸脱氢酶及磷酸化酶的活性则最低，短跑运动员则相反，中长跑运动员位于其中。

尽管对运动对骨骼肌的影响持有不同的观点，但大家在某些方面还是获得了一致性结论，如运动增加了肌纤维对抗外界阻力的能力、提高了肌肉耐力、增强了爆发力等。

（唐成武　周树立）

第二节 运动的内分泌调节

内分泌系统是指能够分泌激素的所有腺体、组织和细胞，是神经系统以外的另一重要功能调节系统。根据形态结构划分，内分泌系统可分为两大类：一是内分泌器官，在形态结构上独立存在且肉眼可见，如垂体、松果体、甲状腺、甲状旁腺、胸腺及肾上腺等；二是存在于其他器官和组织中的内分泌组织和细胞，如胰腺内的胰岛细胞，睾丸内的间质细胞，卵巢内的卵泡细胞及黄体细胞，消化道黏膜、心、肾、肺、皮肤和胎盘等部位的内分泌细胞，神经系统（如下丘脑）内兼有内分泌功能的神经细胞。

激素是指由内分泌系统分泌的生物活性物质，具有维持机体内环境稳定性、调节新陈代谢、维持生长发育及调控生殖的作用。激素的种类繁多但数量极微，既不是机体的能量物质又不是机体的结构物质，而是作为一类具有高效能信息传递作用的“信使”发挥重要的生理功能。激素主要根据化学结构和生理功能进行分类。

根据化学结构划分，激素可分为含氮类激素（如肽类、蛋白质以及胺类）和类固醇激素两大类：含氮类激素不溶于水，不能通过细胞膜，只能与细胞膜上的受体作用，将信号传递给第二信使（如环磷腺苷）引发细胞特异性反应，这种类型的作用机制被称为“第二信使学说”；类固醇激素可以穿透细胞膜和细胞核，直接激活某些基因，调控基因的转录和蛋白质的翻译，这种类型的作用机制被称为“基因表达学说”。

根据生理功能划分，激素可分为三大类：一是调控机体新陈代谢和维持内环境相对稳定的激素，如胰岛素、胃肠激素、甲状旁腺激素等；二是促进细胞增殖分化，控制机体生长发育和生殖功能，并能影响机体衰老过程的激素，如生长激素、性激素等；三是与神经系统密切配合、增强机体对环境适应的激素，如肾上腺皮质激素和垂体激素等。

激素作为一类高效能“信使”发挥作用，其传递方式主要有 3 种：①远距分泌，是大多数激素的作用方式，此类激素分泌后直接进入血液，随血液循环到达一定的组织细胞（靶细胞），通过与靶细胞的受体结合，激发细胞内一系列复杂的化学反应（级联反应），从而产生特定的生理效应；②旁分泌，有些激素（如某些消化道激素）分泌出来以后通过细胞间隙扩散到邻近细胞发挥作用；③神经分泌，一些由神经细胞（如下丘脑）分泌的激素，沿轴突借轴浆流动而到达靶细胞发挥作用。

本节重点讨论运动引起的主要内分泌系统调控及其特点。

一、运动引起激素变化的类型

运动引起血液中不同激素波动的时间不同，主要分为 3 种类型：①快速应答型，是指在运动开始几分钟内激素就会变化，并在短时间内达到高峰，如儿茶酚胺、皮质醇、促肾上腺皮质激素（adrenocorticotropic hormone，ACTH）、睾酮等；②缓慢应答型，是指在运动开始后，激素缓慢变化，但持续时间长，代表性的激素有肾素－血管紧张素－醛固酮系统、甲状腺素、抗利尿激素等；③滞后应答型，是指在运动开始后，激素并不立即出现明显变化，而是在运动持续十几分钟或几十分钟后才缓慢变化，代表性的激素有生长激素、胰高血糖素、胰岛素等。

二、运动对激素调控及其代谢的影响

生理条件下，机体内环境的相对稳定依赖于内分泌轴的负反馈、内分泌细胞的自分泌和旁分泌以及激素间的相互作用等机制。当机体运动时，激素的调控会发生一系列的变化。运动影响激素的调节大多集中在下丘脑－垂体－靶腺轴。下丘脑是运动应激行为的发动者。运动是一种强刺激，可引起机体各系统和器官发生变化，机体内外感受器感受相应的变化，通过传入神经传入中枢神经系统进行信息加工、分析和整合，一方面通过躯体神经系统和自主神经系统引起器官功能的变化，另一方面作用于下丘脑引起促垂体激素的分泌和输出，进而作用于下游的靶部位。

生理条件下，胰岛素的分泌主要受血糖浓度的调节。然而，运动改变了胰岛素的分泌和调节作用。研究表明，在长时间力竭性运动后，机体内血糖和胰岛素水平同时降低，但是补充葡萄糖后，胰岛素仍然处于较低水平，说明运动改变了胰岛素的作用模式。糖皮质激素是运动时分泌改变的一种应激性激素，无论是短期剧烈运动还是长期运动，糖皮质激素受体都会下调，但是经过一段时间的适应之后，这种现象会出现逆转。运动也会导致激素代谢发生变化，如运动会导致甲状腺激素的半衰期缩短，剧烈运动后，尿液中会出现少量的19-去甲基诺龙，而正常的生理条件下几乎检测不出。

三、运动与下丘脑－垂体－甲状腺轴

甲状腺激素是维持多种与能量代谢、生长和神经内分泌相关组织和器官功能的重要激素，运动对下丘脑－垂体－甲状腺轴（hypothalamic-pituitary-thyroid axis，HPTA）影响的主要体现：①不同强度和不同时间的一次性运动可使血浆 T_3 和 T_4 浓度发生变化，如非运动员一次以最大摄氧量运动到力竭，血浆 T_3 和 T_4 浓度显著升高，优秀自行车运动员骑行 25km 后，血浆 T_3 浓度不变，而 T_4 浓度显著升高；②专业性运动员，经过长时期的训练，生理已经适应了，甲状腺浓度无显著变化。

四、运动与下丘脑－垂体－肾上腺轴

下丘脑－垂体－肾上腺轴（hypothalamus-pituitary-adrenal axis，HPAA）与机体抵抗内外刺激有关，因此又称为应激轴。运动对 HPAA 的影响体现：①不同运动强度对 HPAA 的影响不同，短时间高强度运动使血浆促肾上腺皮质激素浓度升高的程度大于较长时间次最大强度，但小于递增负荷直至疲劳的运动方式；②不同运动类型对 HPAA 的反应不同，持续性有氧运动（如竞走、女子手球、赛艇和马拉松等）后，皮质醇水平升高，但网球等不同强度的间歇性运动和比赛中，皮质醇的浓度不发生变化；③年龄和性别也对 HPAA 轴有影响，如与男选手相比，马拉松女选手的基础 ACTH 水平较低，且在马拉松运动以及递增负荷运动后，其 ACTH 浓度升高较多。老年男性与男性儿童相比，在高强度阻力训练后，血浆皮质醇水平降低，而男性儿童反应性升高。但是，耐力训练，无性别差异。

五、运动与下丘脑－垂体－性腺轴

下丘脑－垂体－性腺轴（hypothalamus-pituitary-gonadal axis，HPGA），参与控制人体性激素的分泌。HPGA 轴系统的主线是下丘脑分泌促性腺激素释放激素（GnRH），通过垂体门脉血流到达腺垂体，控制垂体促性腺激素的分泌，如促黄体生成素（LH）和促卵泡激素（FSH）等，LH 和 FSH 经血液循环到达性腺，调节性腺的活动。反过来，性腺分泌的激素也经血液循环到达下丘脑和垂体发挥调节作用，垂体促性腺激素也反作用于下丘脑，这种调节作用称为反馈调节。

运动，尤其是剧烈运动时机体要消耗大量的能源物质，而激素在调节机体代谢状态时起着非常重要的作用。例如，以皮质醇为代表的促进脂肪和蛋白质分解的激素，以睾酮为代表的促进核酸和蛋白质合成的激素在自身机体调节下保持着动态平衡状态。大量研究表明，长时间大强度训练和过度训练将使这一动态平衡被打破，引起运动性低睾酮和运动性高皮质醇血症，使机体运动后分解代谢加强，合成代谢减弱，进而影响机体运动后的恢复，而适宜的训练或锻炼则使安静状态下血睾酮有所升高或不变。

下丘脑－垂体－卵巢－子宫轴（hypothalamic-pituitary-ovarian-uterine axis，HPOUA）是 HPGA 的一个独立分支，下丘脑为性中枢，支配调节垂体、卵巢与子宫的功能。垂体、卵巢分泌的激素也反馈地调节中枢神经系统和下丘脑。HPOUA 自上而下和自下而上的调控，影响协调着整个生殖系统的功能，维持着子宫内膜周而复始的变化，维持着规则的月经周期。HPOUA 任一环节结构和功能的微小变化，均有可能引起月经失调。

运动引起的月经失调，简称运动性月经失调（athletic menstrual cycle irregularities，AMI），是女运动员特殊又常见的征象，主要表现为月经初潮推迟、月经周期过长或过短（黄体功能不全）、月经量过少甚至闭经。随着竞技体育的不断发展，越来越多的女性参加激烈的训练和比赛，AMI 的发生率也逐渐升高。

研究表明，不同运动强度会对人体造成不同的影响，中等强度运动负荷可能是对机体的一种良性适宜的刺激，大强度运动负荷才是引起 AMI 的真正因素。不同项目、不同强度的运动对激素变化的影响不同，高强度刺激可能使该项目运动员的卵巢功能受到抑制，如长跑运动员的 AMI 发生率比较高。长期运动训练，尤其是力竭性运动对 HPOUA 内分泌功能产生较大的影响，运动持续时间是 AMI 发生的重要原因。而短时间的运动虽然也可引起体内应激性激素变化，但通过自身的调节机制，一般都可恢复，并不影响正常的月经。

AMI 的首要治疗措施是进行合理有效的恢复，因为 AMI 从初始的激素水平变化到最后的综合症状出现需要一个较长的时间。针对性的措施主要包括：①合理安排训练强度和训练持续时间，减少运动训练量直至停训；②合理调配饮食结构，做到三高一低（高蛋白质、高维生素、高糖和低脂肪），以保证体内营养成分的平衡；③对于比赛中出现精神紧张的运动员要加强心理工作；④行经期注意阴部的卫生保健，防止子宫腔和盆腔感染的发生等。

六、运动与心脏的内分泌功能

研究发现负责心血管内分泌功能的激素和神经递质主要包括三类：①心源性激素，如心钠素、脑钠素、肾素 – 血管紧张素等；②血管源性激素，如内皮素、内皮舒张因子、血小板活化因子等；③心脏神经递质，主要有儿茶酚胺、乙酰胆碱、速激肽、阿片肽类。

心钠素属于快反应激素，与其他体液因子共同维持运动中水和电解质的平衡。运动早期的心率增加、血压升高、血循环加速等都可以刺激心钠素的释放。在急性运动，尤其是中等强度急性运动早期都可以观察到血浆心钠素水平的升高，训练强度越大，越能观察到血浆心钠素水平的升高。但是，常年参加运动训练的运动员处于安静状态时血浆心钠素水平低于对照组。

脑钠素是一种血管活性肽，主要由心室分泌，具有利尿、利钠、扩张血管、降压和减缓心肌重构的作用，在心血管疾病和糖尿病心肌病等的诊断、治疗、预后和预测中发挥重要作用。

肾素 – 血管紧张素系统对调节心血管功能发挥重要作用。当机体血液循环量减少或肾脏血流量减少时，可促进肾小球旁细胞分泌肾素，进入血液循环，促使肝脏生成的血管紧张素原水解为血管紧张素Ⅰ，血管紧张素Ⅰ随血液流经肺循环，被水解为血管紧张素Ⅱ。血管紧张素Ⅱ可以升高血压以及促进肾上腺分泌醛固酮，醛固酮作用于肾小管，起到保钠、保水、排钾、增加血流量的作用。研究表明，血管和心脏存在独立完整的血管紧张素系统。良好的心血管，特别是动脉和心脏的顺应性是优秀耐力运动员成功的关键。运动可导致运动性心肌肥大，使心肌细胞向“收缩表型”转变，心肌收缩性提高，导致“生理性心脏重塑”。

七、运动与胰岛的内分泌功能

胰岛属于内分泌腺，其主要功能是分泌胰岛素及胰高血糖素。其中胰岛素可以有效促进我们血糖的分解代谢，并且还能抑制蛋白质和脂肪的分解还有糖原的异生，从而起到一个降低血糖的作用。胰岛素是对血糖敏感的激素，如前所述，运动改变了胰岛素的分泌和调节作用，表现为补充葡萄糖后，胰岛素仍然处于较低水平，而并没有反应性升高，这种情况可解释为运动增加了胰岛素的敏感性，即经过运动训练后，同一血糖水平，需要的胰岛素减少。

胰高血糖素是一种由大分子蛋白分解得到的由 29 个氨基酸组成的直链多肽，其主要作用是升高血糖。短时间静力性运动不会导致胰高血糖素的浓度改变，而短时间动力性运动则会导致胰高血糖素浓度的降低，降低程度与运动负荷相关，但运动持续数分钟后不会再降低。长时间运动时血浆胰高血糖素浓度逐渐升高，可比静息值增加 30% ～ 60%，耐力训练可使静息时机体血浆胰岛素基础浓度降低。

（王霄一　王雨靖）

第三节 运动的免疫系统调节

20 世纪初的一项研究发现，参加波士顿马拉松比赛的运动员血液中中性粒细胞显著增多，超出生理极限的运动员出现了大量白细胞解体的炎症表现，据此提出了运动、免疫和炎症的关系。随后，研究人员又提出长时间耐力运动后机体会出现 3 ～ 72h 免疫抑制的“开窗期”概念。这里的“开窗期”是指，长时间或者高强度的艰苦训练导致运动者血液中压力激素的浓度改变，从而激活免疫细胞的功能，细胞的免疫功能在 3 ～ 72h 出现免疫抑制，在这段时间内，细菌和病毒等病原体会乘虚而入，增加了感染疾病的风险，在训练结束到细胞免疫功能恢复之前的这段时间称为“开窗期”。开窗现象出现后人们很容易就能察觉，因为它的出现可以说几乎每次都会伴有感冒症状。

问题：为什么运动者在大强度运动训练或者长时间耐力训练后有时会感冒，有时却不会？为什么有的运动员经常感冒，而另外一些人仅偶尔感冒？这取决于很多因素，如运动的频率、强度、时长、睡眠、热量摄入、压力等，所有这些因素都可能影响运动介导的免疫系统的调节作用，而且，也一定有相应的应对策略和措施来解决这些问题。

本节主要讨论运动的免疫系统表现及免疫系统对运动的调节作用。

一、运动与分泌型免疫分子

分泌型免疫分子是免疫分子的一种类型。免疫分子主要包括两类分子：一类是免疫细胞膜分子，如 T 细胞和 B 细胞膜抗原识别受体、白细胞分化抗原（CD 抗原）、主要组织相容性抗原以及其他受体分子；另一类是分泌型免疫分子，主要包括由免疫细胞和非免疫细胞合成和分泌的分子，如免疫球蛋白分子、补体分子及细胞因子。分泌型免疫分子在调节细胞生理功能、介导炎症反应、参与免疫应答及组织修复等生物学效应方面发挥重要作用。

正常生理条件下，机体的促炎症和抗炎症细胞因子保持平衡。但是运动中和运动后骨骼肌细胞损伤后可释放促炎症细胞因子。运动影响细胞因子释放的可能机制主要表现：①运动通过影响应激激素的释放，进而影响细胞因子的释放；②体内发热可导致一些细胞因子的释放；③病原体分解释放出的可溶性内毒素进入循环，可触发某些细胞因子的释放。

辅助性 T 细胞（Th 细胞）根据分泌因子的不同可分为两个亚型。Th1 细胞主要分泌 IL-2、IFN-γ 等细胞因子介导细胞免疫。Th2 细胞主要分泌 IL-4、IL-10 等细胞因子介导体液免疫。体液免疫是指 B 细胞介导的免疫应答。B 细胞识别抗原后活化为成熟的浆细胞，浆细胞能合成大量抗体。浆细胞产生的抗体分布在血浆、淋巴液和组织液等体液中，故将 B 细胞介导的免疫应答称为体液免疫。细胞免疫是指 T 细胞介导的免疫应答。T 细胞受到抗原刺激后，增殖、分化为致敏 T 细胞，也称为效应 T 细胞。当相同抗原再次进入机体后，效应 T 细胞对抗原具有直接杀伤作用以及效应 T 细胞自身释放的细胞因子具有协同杀伤作用。根据功能不同，T 细胞主要分为三类：细胞毒性 T 细胞、辅助性 T 细胞和抑制性 T 细胞。Th1 细胞和 Th2 细胞是一对重要的调节细胞，两者相互平衡和拮抗，直接影响机体的免疫应答。研究发现，运动导致的免疫功能下降可能是 Th2 细胞的上调和 Th1 细胞的抑制。

二、运动与免疫球蛋白

免疫球蛋白（immunoglobulin，Ig）是机体的免疫系统在抗原的刺激下，由 B 淋巴细胞或记忆细胞增殖分化成的浆细胞产生的、可与相应抗原发生特异性结合的免疫球蛋白，主要分布在血清中。根据 Ig 分子的基本结构特点，可将 Ig 分为 IgM、IgG、IgA、IgD 和 IgE。Ig 分子最显著的特点是能够特异性地与抗原结合。Ig 分子与抗原结合后，可以活化补体。Ig 分子能够通过 IgFc 段与多种具有相应 Fc 受体的细胞结合，从而产生调理作用、细胞毒作用和超敏反应等。

适当的耐力训练可使血清免疫球蛋白水平升高或不发生变化，但出现心理应激和环境应激情况下的剧烈运动可以使免疫指标发生显著改变。集训期间的游泳运动员血清 IgM、IgG、IgA 处于正常值的下限。超长马拉松运动使得血清免疫球蛋白产生持续抑制长达 2d。大量运动导致单核 - 巨噬细胞在外周血中大量聚集，分泌的前列腺素 E2 刺激 T 抑制细胞分泌抑制因子，抑制 T 细胞活性，进而也抑制B细胞的功能以及免疫球蛋白的产生，这种负向调节可引起连锁反应。这些机制可能是运动员或训练者在训练和赛后易感染的原因之一。

黏膜是多种病原微生物的入侵门户，机体80%以上的感染都发生在黏膜上（呼吸道、消化道、眼睛等），这些黏膜上分布着一种非常重要的抗体SIgA，是防止病原微生物入侵的第一道屏障，是防止局部感染的主要抗体。许多病毒引起的主要症状（如呼吸系统症状、消化系统症状、结膜炎以及味觉功能减退等）都与黏膜的屏障功能有关，而且随着病原菌的增多，对黏膜的破坏也逐渐增强，症状也进行性加重。

三、运动与免疫细胞

免疫细胞是个广义的概念，可包括造血干细胞、淋巴细胞系、单核－巨噬细胞系、粒细胞系、红细胞系、肥大细胞和血小板等。免疫细胞具有免疫防御、免疫稳定和免疫监视三大功能。免疫细胞的作用具有双重性，既维持机体的功能又可能导致免疫损伤。

1. 运动与外周血白细胞

外周血白细胞是无色有核的血细胞，包括粒细胞、淋巴细胞和单核细胞，在血液中一般呈球形。根据形态差异，白细胞又可以分为颗粒和无颗粒两大类。颗粒白细胞含有特殊染色颗粒，进一步又可以分为嗜中性粒细胞、嗜酸性粒细胞和嗜碱性粒细胞。无颗粒白细胞又可以分为单核细胞和淋巴细胞。

外周白细胞总数和比例是相对稳定的，但是机体出现炎症或疾病的时候，总数和比例都可能出现相应的变化。因此，白细胞总数和比例可以作为临床辅助诊断的一种重要方法。

运动可引起白细胞总数和比例的变化，变化程度取决于运动强度和时间。急性运动后机体免疫系统反应的一个重要特征是外周血中白细胞变化，是机体对运动应激的一种炎性反应。有研究表明，运动引起的白细胞改变呈现双峰变化，随着运动时间和运动负荷的增加，白细胞总数达到高峰，运动停止后开始逐渐下降并恢复到运动前的水平，但是几小时后，白细胞总数再次升高，一般在24h内恢复正常。另有研究报道，短时间的无氧运动出现白细胞的连续动员，表现为不同种类的白细胞升高的时间不同步现象。一次运动引起白细胞的总数和比例的改变是暂时的现象，一般在运动后的24h内可以恢复。中等强度的长期训练对白细胞总数和分类的影响不大，但长时间大强度训练可出现白细胞数量的降低。

2. 运动与淋巴细胞

淋巴细胞包括T细胞、B细胞、NK细胞、K细胞等，是构成免疫器官的基本单位，在免疫应答中起着核心作用。

$CD3^+$是成熟T细胞的表面抗原标志，反映总T淋巴细胞的水平。$CD4^+$细胞和$CD8^+$细胞是T淋巴细胞的两个亚型，$CD4^+$细胞在免疫反应中发挥辅助和诱导作用，$CD8^+$细胞发挥杀伤和抑制作用，两者相互诱导、相互制约、相互平衡。$CD4^+/CD8^+$的正常比值为1.5～2，比值的变化可反映机体的免疫状况，比值的减小意味着低免疫应答，比值的增大意味着高免疫应答。运动对$CD3^+$T细胞的总数影响不大，对比值影响较大的是训练强度而非训练量。文献报道，β–内啡肽参与调节T细胞亚型的比值，皮质醇是一类免疫抑制剂，可导致$CD4^+/CD8^+$的比值降低，防止免疫过强。骨骼肌是谷氨酰胺产生的重要部分，当出现运动损伤时，谷氨酰胺的合成降低，导致淋巴细胞缺乏能量供应，其数量和功能也会受到影响。另外，运动引起的氧化应激反应与免疫反应相互作用，力竭性运动引起$CD4^+/CD8^+$比值降低以及脂质过氧化物的含量提高。

NK细胞是一类不依赖抗原刺激以及不需要抗体参与就能杀伤靶细胞的淋巴细胞，能够自发地溶解多种肿瘤细胞和被病毒感染的细胞。NK细胞处于抗肿瘤免疫的第一道防线，其数量和活性的改变在一定程度上影响免疫系统的功能。运动强度是影响NK细胞数量和功能的关键因素，运动强度越大，NK细胞数量和功能下降得就越明显。

3. 运动与单核–巨噬细胞

单核细胞和巨噬细胞都是具有吞噬活性的单个核细胞。巨噬细胞是由血液中的单核细胞迁移至组织，并且对移居的局部起反应分化而成。单核–巨噬细胞是重要的具有吞噬、杀伤和抗肿瘤作用的效应细胞，也是一个重要的抗原呈递细胞，起着抗原加工、呈递和免疫调节作用。研究表明，急性运动可出现单核细胞增多的现象，可能与运动引起的肾上腺素水平提高有关。

巨噬细胞也是参与免疫应答的重要细胞，存在于身体的各个部位，是机体抵抗病原微生物入侵的第一道防线。除了趋化、抗原递呈、吞噬、分泌、杀菌、抗肿瘤功能外，巨噬细胞还具有参与识别和处理抗原、传递免疫信息等功能。

巨噬细胞的两种极化状态有经典激活 M1 型和选择性激活 M2 型。其中，M1 型巨噬细胞对病原微生物和肿瘤细胞有强大的杀伤能力，而 M2 型巨噬细胞则可以中止炎症反应从而维持机体的稳态。研究表明，运动可提高巨噬细胞的趋化性、黏附性、吞噬作用和抗肿瘤作用，中、小强度的运动可以使巨噬细胞的吞噬能力增强，而大强度运动则使巨噬细胞的吞噬能力下降，但运动对巨噬细胞的影响研究较为困难，目前的实验证据一般仅限于动物实验研究。

四、运动与红细胞免疫功能

早在 1953 年，科学家研究发现红细胞具有免疫黏附功能，能够黏附免疫复合物，促进吞噬细胞的吞噬及清除功能。1981 年，美国生殖免疫学家 Siegel 提出了“红细胞免疫系统”的概念。红细胞表面有一种叫补体受体的蛋白质，能黏附免疫复合物，将其带到肝、脾等巨噬细胞分布较为聚集的地方，被巨噬细胞所吞噬，是体内携带、运输及清除循环免疫复合物的主要承担者。红细胞免疫作为机体的一种防御机制，与其他免疫活性细胞如 T 淋巴细胞、B 淋巴细胞、NK 自然杀伤细胞及吞噬细胞等有着密切的联系。

运动对红细胞免疫功能产生影响，短时间中等强度运动可提高红细胞的免疫黏附能力，而力竭性运动可引起继发性红细胞免疫功能下降。红细胞有自身的免疫促进因子和免疫抑制因子，正常生理情况下，血清中的免疫促进因子和免疫抑制因子处于动态平衡，适量运动，可促进免疫促进因子的增加，而免疫抑制因子则明显减少。实验研究也表明，β－内啡肽对红细胞免疫黏附有正负调节作用，低浓度时具有促进作用，而高浓度时具有抑制作用。适度运动可引起 β－内啡肽的轻度升高，对红细胞黏附具有促进作用。运动时红细胞浓度还与血乳酸浓度有关，血乳酸会影响红细胞的免疫功能，但目前尚不清楚其影响机制。运动可影响红细胞膜的完整性，导致红细胞损伤，破坏甚至溶血。

五、运动与免疫调节

免疫系统是机体的主要防御和自稳系统，在免疫应答过程中，各种免疫细胞、免疫分子相互促进和制约，构成正负作用的调节网络，并在遗传基因控制下实现免疫系统对抗原的识别与应答。同时，免疫系统在行使其功能时，必然也会受到其他系统的调节，其中影响最大的是神经和内分泌系统。运动对免疫系统、神经和内分泌系统均产生影响，也受这些系统的复杂调控。

运动对免疫系统有广泛的影响，主要体现在以下几个方面：①运动可以增加人体内免疫细胞的数量和活性，适度运动可以提高 T 细胞、B 细胞和 NK 细胞的产生和活性，从而加强免疫系统的反应能力，有效防御入侵病原体和异常细胞；②运动可以刺激免疫系统的反应，增强免疫细胞对感染的敏感性，并通过增加白细胞数量，提高炎症反应的效能；③运动减少慢性炎症，慢性炎症是包括心脏病和糖尿病在内的许多疾病的共同特征，适度运动可以调节免疫系统的功能，抑制慢性炎症的发展，使机体保持正常的免疫状态；④运动增强免疫系统记忆功能，使机体对于同一病原体的再次感染能够更快速、更有效地做出反应；⑤运动调节应激响应，长期的应激会导致免疫系统功能紊乱，降低人体免疫能力，而适度运动被证明可以调节应激响应，减轻应激对免疫系统的负面影响，有效应对压力，使免疫系统维持在一个平衡稳定的状态。

不过，需要注意的是，运动对免疫系统的影响是把双刃剑，运动既可增强免疫功能，也可抑制免疫功能，这与运动频率、持续时间和运动强度等有一定的关系。一般来说，规律性的身体活动可以提高免疫功能、减少感染概率，而高强度或力竭运动则会增加感染风险。

（王霄一　王珍）

第四节 运动的抗炎症作用机制

肥胖已成为世界范围内的流行病，其发病率和患病率呈持续上升的趋势，与之伴随的是免疫和代谢紊乱导致的其他代谢和免疫性疾病呈比例的增加，如 2 型糖尿病、心血管疾病、慢性阻塞性肺病、神经退行性疾病、神经疾病以及癌症等。慢性低度炎症似乎在病因学上与所有这些疾病有关。慢性低度炎症是机体在特定免疫原的长期、低剂量刺激下呈现的非特异性、可持续存在的低度炎症状态。慢性低度炎症已被确定为多种炎症性疾病的风险预测因子，循环系统中的几种炎症标志物水平的升高是机体炎症状态的重要指示剂，如白细胞介素 -6、肿瘤坏死因子和 C 反应蛋白等。多种因素及其交互作用导致机体呈现慢性低度炎症状态，其中正能量平衡、缺乏运动和久坐行为等不健康的生活方式在其中发挥关键作用。

大量的研究表明，健康的饮食和体育活动有助于维持脂肪组织的抗炎表型，其特征是脂肪细胞体积小，存在抗炎免疫细胞，如 M2 型巨噬细胞和 $CD4^+$ 调节性 T（TReg）细胞。正能量平衡、缺乏运动和久坐行为导致内脏脂肪的数量增多和体积增大，积累的脂肪组织被促炎巨噬细胞和 T 细胞浸润，促炎 M1 巨噬细胞表型占主导地位。炎症脂肪组织释放促炎脂肪因子，导致肿瘤坏死因子和 IL-6 等脂肪因子的表达增加。缺乏体育活动还导致血脂谱系的变化，如三酰甘油和低密度脂蛋白（low density lipoprotein，LDL）升高，以及游离脂肪酸（free fatty acid，FFA）浓度升高，FFA 的增加导致 toll 样受体（toll-like receptor，TLR）的表达增加。所有这些异常改变导致全身持续性低度炎症状态。这种全身性低度炎症反过来又促进胰岛素抵抗、动脉粥样硬化、神经变性和肿瘤生长。

缺乏运动和久坐行为促进了机体炎症的发生，那么，改变不健康的生活方式是否可以逆转或改善机体的炎症状态？回答是肯定的。大量的研究表明，运动增加了能量消耗，燃烧掉了一些身体脂肪，从这个意义上说，运动可以降低患肥胖症和过度肥胖的风险。有规律的运动还能促进心血管健康，因为它可以通过降低血浆 TG 和 LDL 颗粒的浓度以及增加具有保护作用的高密度脂蛋白胆固醇（high density lipoprotein cholesterol，HDL-C）的浓度来改善血脂，血脂谱系的变化阻止了动脉粥样硬化的发展。实际上，无论是运动导致的肥胖程度的降低，还是血脂谱系的变化，都是运动调节了炎症谱系的改变所导致的。因此，从长远来看，运动有消炎的作用，运动可以作为一种治疗方法改善许多炎症性疾病的症状，有规律的体育活动可以防止慢性病的发展。“运动就是药物”的观点也逐渐得到认可，但是，要让这种观点深入普通民众的内心，让普通民众参加更多的体育活动还有很长的路要走。

本节欲通过探讨运动发挥其抗炎作用的可能机制，以促进运动作为预防和治疗慢性疾病的药物的理念得到认识和推广。

一、运动减少内脏脂肪量

身体脂肪的累积，尤其是腹部、肝脏和肌肉组织脂肪的积累，与全因死亡率的增加以及 T2D、冠心病、痴呆和多种癌症有关。脂肪组织的扩张导致多种促炎脂肪因子的产生增加，如 TNF、瘦素、视黄醇结合蛋白 4（retinol binding protein 4，RBP4）、脂钙蛋白（lipocalin）2、IL-6、IL-18、CC 趋化因子配体 2（CC- chemokine ligand 2，CCL2）、CCL5 和血管生成素样蛋白 2（angiopoietin-like protein 2，AP2）等，而抗炎细胞因子，如脂联素和分泌的卷曲相关蛋白（secreted frizzled-related protein 5，SFP5）的数量减少，这导致持续性低度全身性炎症的发生。

研究表明，有规律的运动可以减少腰围，并显著减少腹部和内脏脂肪，即使在体重没有任何减少的情况下，无论性别，无论年龄。此外，经常运动可以提高循环中的脂联素水平，降低循环中的几种促炎脂肪因子水平，包括 IL-6、TNF、RBP4 和瘦素等。脂联素是一种由脂肪细胞释放的细胞因子，具有抗炎作用和胰岛素增敏剂的作用。瘦素是由脂肪细胞产生的一种调节激素，当被释放到血液循环中时，可影响下丘脑控制食欲，其产生与脂肪组织的数量相关。据此推测，增加体力活动可以通过减少促炎脂肪因子的分泌来减少全身炎症，而促炎脂肪因子的分泌是降低脂肪存量的直接结果。

二、运动增加肌肉中 IL–6 的释放

IL–6 是一种典型的与炎症相关的细胞因子，通过调节免疫和炎症反应，在宿主防御中发挥着重要作用。IL–6 可由淋巴样细胞和某些非淋巴样细胞产生，如 T 淋巴细胞、B 淋巴细胞等淋巴样细胞，巨噬细胞、单核细胞、树突状细胞、肥大细胞等非淋巴样细胞。此外，成纤维细胞、内皮细胞、角质形成细胞、肾小球系膜细胞及肿瘤细胞等也可以分泌 IL–6。静息状态下，循环中约 30% 的 IL–6 来自脂肪组织，但其中只有约 10% 可归因于脂肪细胞，其余大部分来自脂肪组织内的巨噬细胞。循环 IL–6 的其他来源包括血液白细胞（主要是单核细胞）、大脑和肝脏。IL–6 是一种具有多种活性的细胞因子，如促进多种细胞的增殖和分化，加速肝细胞急性期蛋白的合成，抑制 M1 髓性白血病细胞系的生长、促进其成熟和分化，抑制黑素瘤、乳腺癌细胞的生长等。

研究表明，在足够负荷的运动期间和之后，活跃的骨骼肌会显著增加细胞和循环的 IL–6 水平。长时间的锻炼（超过 2.5h），IL–6 水平可增加 100 倍以上，而较短时间的运动增加幅度较小。持续时间相对较短的间歇性运动也会增加 IL–6 的水平。血浆 IL–6 浓度随运动时间呈指数增长，其合成和释放的主要刺激似乎是肌糖原含量的下降所致，另外，细胞内钙水平的升高和活性氧形成的增加也可以调节 IL–6 合成的转录因子。运动过程中 IL–6 的增多是短暂的，通常会在运动后 1h 恢复到静息水平。运动过程中循环 IL–6 的短暂上升似乎是随后循环中抗炎细胞因子 IL–10 和 IL–1 受体拮抗剂（IL–1 receptor antagonist，IL–1RA）水平上升的原因。IL–6 也能刺激肾上腺分泌皮质醇。通过静脉输注 IL–6 模拟运动的急性抗炎作用，观察到运动既可以提高血浆 IL–10、IL–1RA 和皮质醇的水平，又可以抑制内毒素刺激的 TNF 水平升高。IL–10 主要由 TReg 细胞产生，但也可由辅助性 T 细胞 2（T helper 2，TH2）细胞、TH1 细胞、TH17 细胞、单核细胞、巨噬细胞、树突状细胞（dendritic cells，DCs）、B 细胞和 $CD8^+$ T 细胞产生。IL–10 的主要功能是下调适应性免疫反应和减少炎症诱导的组织损伤。此外，IL–10 下调或完全抑制几种促炎细胞因子和其他可溶性介质的表达，从而进一步损害效应 T 细胞维持炎症反应的能力。因此，IL–10 是抗炎状态的有效促进剂。IL–1RA 主要由单核细胞和巨噬细胞分泌，可抑制 IL–1β 的促炎作用。

三、运动增加皮质醇和肾上腺素水平

研究表明，运动可激活下丘脑–垂体–肾上腺轴和交感神经系统（sympathetic nervous system，SNS），导致肾上腺激素皮质醇和肾上腺素的分泌增加。HPAA 是由下丘脑室旁核（paraventricular nucleus，PVN）、垂体前叶和肾上腺皮质组成的压力系统的主要组成部分。PVN 神经元向垂体门静脉系统分泌促肾上腺皮质激素释放激素和升压素，刺激垂体细胞产生促肾上腺皮质激素进入循环，进而刺激肾上腺分泌皮质醇。SNS 是中枢神经系统的一部分，用于加速心率、收缩血管、升高血压和调动代谢燃料。它负责对压力和体力活动的“战斗或逃跑反应”。

皮质醇是肾上腺皮质在应激反应中分泌的一种类固醇激素，具有抗炎和分解代谢作用。肾上腺素是肾上腺髓质在应激反应中分泌的一种儿茶酚胺，对心血管系统（如心率加快和外周血管收缩）和代谢（如糖原分解和脂肪分解加快）有影响。它还具有一定的免疫抑制作用（如减少单核细胞和淋巴细胞的促炎细胞因子的产生）。来自大脑运动中心的冲动以及来自工作肌肉的传入冲动会引起交感肾上腺活动的强度依赖性增加。这些神经信号还诱导一些下丘脑释放因子的释放，从而增加某些垂体激素（如 ACTH）的分泌。SNS 活动增加刺激儿茶酚胺肾上腺素和去甲肾上腺素在运动开始后的几秒钟内从肾上腺髓质释放，ACTH 刺激肾上腺皮质在几分钟内分泌皮质醇。这些激素反应通常先于循环细胞因子浓度的升高，血浆皮质醇和肾上腺素水平升高的幅度与运动的强度和持续时间有关。皮质醇具有强大的抗炎作用，皮质醇的分泌也会因循环中 IL–6 的增加而增加。

四、运动抑制巨噬细胞向脂肪组织浸润

外周血单核细胞（peripheral blood mononuclear cells，PBMCs）向炎症部位（包括脂肪组织和受损血管内皮）的迁移是一个受到严格调控的过程，是组织炎症发展的关键。有研究表明，引起巨噬细胞浸润的是脂肪细胞大小的增加，而不是脂肪组织质量的总体增加，并且推测巨噬细胞的募集可能是由趋化因子 CCL2 和 CCL3 刺激所引起。

实验动物的研究表明，运动可能会限制 PBMCs 进入脂肪组织，其主要原因是导致血浆趋化因子水平的反复短期升高，随着时间的推移，趋化因子会下调 PBMCs 上受体的表达，并限制这些细胞向脂肪组织的迁移。然而，这种潜在的

机制需要在人类中进一步探索和证实。

据报道，在小鼠模型中，运动训练可以降低细胞间黏附分子 1（intercellular adhesion molecule 1，ICAM1）的组织表达，阻止肥胖小鼠的 ICAM1 可阻止巨噬细胞向脂肪组织浸润。ICAM 是介导细胞间或细胞与细胞外基质间相互结合和作用的分子，参与细胞的附着和移动，细胞的发育和分化，细胞的识别、活化和信号转导，是免疫应答、炎症发生、凝血、肿瘤转移及创伤愈合等一系列重要生理和病理过程的分子基础。ICAM1 在炎症细胞与血管内皮、细胞外基质和上皮的黏附中起作用，并介导 T 细胞与靶细胞之间的相互作用，导致 T 细胞活化、增殖、细胞毒性和细胞因子的产生。

ICAM1 在人类肥胖患者和 T2D 患者中的表达增加。研究表明，在渐进式有氧运动训练 6 个月后，T2D 患者的循环 ICAM1 水平降低，尽管体重或腰围没有变化。推测 ICAM1 可能在运动诱导的巨噬细胞向脂肪组织浸润的减少中发挥作用，但运动训练对脂肪组织中 ICAM1 表达的影响还需要进一步的人体研究来确定。

激活的巨噬细胞呈现 M1 和 M2 两种不同的极化状态。M1 型巨噬细胞产生 TNF、IL-6 和一氧化氮，而 M2 型巨噬细胞产生抗炎细胞因子和精氨酸酶。因此，在脂肪组织中，M1 型巨噬细胞诱导炎症状态，M2 型巨噬细胞抑制炎症。炎症脂肪组织似乎与 M1 型巨噬细胞的优先募集和 / 或脂肪组织巨噬细胞向 M1 型表型转换有关。据此推测，与长期耐力运动训练相关的脂肪组织炎症状态的减弱可能是通过抑制巨噬细胞浸润和加速 M1 型巨噬细胞向 M2 型巨噬细胞的表型转换来实现的。一项对喂食高脂肪饮食诱导肥胖的小鼠的研究证明运动训练可以诱导脂肪组织中巨噬细胞从 M1 型到 M2 型的表型转换，并抑制这种表型转换的 M1 型巨噬细胞浸润脂肪组织，但是需要人类研究的证据支持。

五、运动下调 toll 样受体的表达

toll 样受体是 I 型跨膜蛋白质，是参与非特异性免疫（天然免疫）的一类关键蛋白质分子，也是连接非特异性免疫和特异性免疫的桥梁。TLR 是模式识别受体（pattern recognition receptor，PRR）的一类，参与识别与宿主不同的异己分子，这些分子被统称为病原体相关分子模式（pathogen-associated molecular pattern，PAMP）。TLR 信号的激活导致促炎细胞因子的表达和分泌增加，因此在介导全

身性炎症中起重要作用。

目前的证据表明，TLR 在久坐不动的生活方式与炎症和疾病的联系中起作用。横断面研究表明，身体活跃（运动较多）个体的血液单核细胞对体外内毒素刺激的炎症反应降低，推测可能是因为这些细胞 TLR4 表达减少，炎症细胞因子产生减少。有研究观察到急性长时间剧烈运动后，个体单核细胞中 TLR1、TLR2 和 TLR4 的表达会降低至少数小时。长时间的运动还会导致 TLR 配体刺激后共刺激分子和细胞因子的诱导减少。细胞表面 TLR 表达的减少是否由于 *TLR* 基因表达下调，还是 TLR 从细胞表面脱落或被细胞重新内化仍有待确定。介导运动诱导的细胞表面 TLR 表达减少的确切生理刺激尚不清楚，推测可能与抗炎细胞因子、应激激素和热休克蛋白有关。

六、运动降低促炎单核细胞的数量

单核细胞是血液中最大的血细胞，也是体积最大的白细胞，是机体防御系统的一个重要组成部分。单核细胞来源于骨髓中的造血干细胞，并在骨髓中发育，当它们从骨髓进入血液时仍然是尚未成熟的细胞。单核细胞群有经典（CD14hiCD16–）和非经典（$CD14lowCD16^+$ 或 $CD14hiCD16^+$）两种亚型，这些亚群差异化地表达细胞表面 TLR4，炎性 $CD14lowCD16^+$ 单核细胞表面表达的 TLR4 是其他亚群的 2.5 倍。尽管炎性单核细胞仅占总单核细胞群的 10%，但它对整个单核细胞池的炎症潜能有显著贡献。研究表明，在类风湿关节炎、冠心病（CVD）和 T2D 患者中，循环炎性单核细胞的百分比升高，炎性单核细胞在与炎症相关的几种疾病的发病机制中起着重要作用。

研究表明，有规律的运动似乎可以减少静息状态下循环中炎症单核细胞的比例。一项横断面研究发现，不运动的健康老年男性和女性组循环炎性单核细胞比例是年龄匹配的热爱运动组的 3 倍。另一项研究表明，12 周的定期运动训练显著降低了不运动组炎症单核细胞的比例，与运动组的水平相当，内毒素刺激的 TNF 生成在训练干预后显著减少。推测运动诱导的血浆皮质醇水平的短暂升高可能在降低炎性 $CD14lowCD16^+$ 单核细胞的数量中起作用。

不过，血液中炎症单核细胞数量的减少也可能是单核细胞向组织的浸润增加或促炎单核细胞向淋巴器官迁移的结果，这些结论需要进一步基于人体研究的证据支持，证明运动减少了促炎单核细胞的数量，从而发挥其抗炎的作用特性。

七、运动增加调节性 T 细胞的数量

调节性 T 细胞（regulatory T cells，Tregs）是 T 细胞的一种特殊亚群，其作用是抑制免疫系统的激活，从而维持免疫系统的稳态和对自身抗原的耐受性。Tregs 可分为天然产生的自然调节性 T 细胞（natural regulatory T cells，nTregs）和诱导产生的适应性调节性 T 细胞（adaptive regulatory T cells，aTregs），又称为诱导型调节性 T 细胞（inducible regulatory T cells，iTregs）。这些细胞与自身免疫性疾病的发生关系密切，在成功对付入侵的微生物后，参与关闭免疫的反应。

nTregs 主要为 $CD4^+$ $CD25^+$ Tregs 细胞，$CD4^+$ $CD25^+$ Tregs 细胞特异性表达叉头盒 P3 85（FOXP385）转录因子，抑制免疫应答。研究表明，这些细胞的缺失可导致自身免疫并增强对外来抗原的免疫反应。一个为期 12 周的太极运动项目可诱导循环 TRegs 细胞数量显著增加。在体外抗原刺激下，TRegs 细胞衍生的细胞因子转化生长因子 -β（TReg cellderived cytokines transforming growth factor β，TGFβ）和 IL-10 的产生也显著增加。另一项针对 T2D 患者进行的定期太极拳运动研究显示，运动可通过增加 *FOXP3* 的表达（对 TGFβ 无影响）改变 TH1、TH2 和 TRegs 细胞亚群之间的平衡。

动物实验和人群试验研究结果表明高强度训练可增强循环 TRegs 细胞的表达。在一项使用跑步小鼠模型的研究中，研究人员检测了循环 TRegs 细胞对中等或高强度运动训练的反应，发现只有高强度训练才导致 TRegs 细胞数量增加、促炎细胞因子表达减少和抗炎细胞因子表达增加。研究推测，高强度的运动训练可能比中等强度的训练更有利于降低患慢性心血管疾病和代谢性疾病的风险，主要与其抗炎作用有关。一项基于人群的研究支持了该观点，研究发现，在日常体育活动之外，高强度有氧运动加抗阻运动训练的组合，在 T2D 患者中达到显著的抗炎效果。

（楼建林　梁叶）

第五节 运动的抗衰老机制

从生物学上讲，衰老是生物随着时间的推移自发的必然过程，它是复杂的自然现象，表现为结构的退行性变和功能的衰退，适应性和抵抗力减退。从病理学上，衰老是应激和劳损、损伤和感染、免疫反应衰退、营养失调、代谢障碍以及疏忽和滥用药物积累的结果。从社会学上看，衰老是个人对新鲜事物失去兴趣，超脱现实，喜欢怀旧。关于衰老，以前的定义主要是从生物学和病理学上考虑，生物学意义上的衰老属于原发性衰老，是人类组织固有的过程，细胞的完整性和功能会随着时间而衰退，最后通向死亡，不受疾病和环境因素支配，而是被时间因素支配和定义的必然过程，没有人知道原发性衰老过程要经历多久。病理意义上的衰老属于继发性衰老，是受到外界因素影响的结果，类似衰老和细胞功能丢失的过程，例如，心肌细胞功能受到冠状动脉疾病引起的慢性缺氧而功能衰退，钙质摄取不足导致骨质疏松进而引起骨折，吸烟引起肺癌等。衰老的社会学定义是一个较新的概念，不过也不难理解。很多人上了年纪后，脾气变坏，适应力、勇气和生活动力都大不如前，情绪衰退了，生活热情和生命热情凋谢了。

衰老是从受精卵开始一直进行到老年的个体发育史，是伴随生命发生、发展过程中的一种活动，是机体从构成物质、组织结构到生理功能的丧失和退化过程。衰老过程是从受精卵到死亡之间持续发生的，只是到了一定的阶段衰老的特征才比较明显地显现出来。衰老具有六大特征：①普遍性，即一切生物体都会发生衰老；②内在性，衰老是生物体内自发的必然过程；③进行性，衰老是随着时间的推移而不断发展的过程；④有害性，衰老降低了生物体的生理功能，增加了生病和死亡的机会；⑤个体差异性，在同一类生物中的不同个体间衰老的进程是不同的；⑥可干扰性，衰老是内外环境综合作用的结果。尽管衰老不可避免，但延缓衰老却是可能的，健康生活方式是延缓衰老、延长寿命的重要措施之一。

本节重点介绍衰老的影响因素、机制以及运动的抗衰老作用机制。

一、衰老的影响因素

普遍的观点认为，从事体力劳动的人，比长期伏案工作的人平均寿命要长。研究证据证明习惯性的能量消耗（如长期的体力活动和劳动消耗）可以延缓继发性衰老，规律的运动可以减少危害健康的因素（如血脂异常、高血压、肥胖和骨密度下降），并且在对抗动脉粥样硬化的过程中产生直接积极的影响。那些在整个成人期都保持高水平运动者，其继发性衰老可能被延缓。但目前尚未有证据支持身体活动或运动能延缓原发性的自然衰老的过程，而且就人类而言，很难通过实验研究来回答这个问题。也许动物研究能回答这个问题，因为动物的生存周期短，且作为受试对象参加长期的研究具有现实的可行性，也更容易控制各种试验条件保证试验研究结果的准确性。

1. 卡路里限制延缓原发性衰老

目前有证据表明限制卡路里（能量）的饮食和基因改造技术可以延缓原发性衰老，这在动物实验研究中已经得到了证实，但在人类还未得到广泛的研究。

多项动物实验反复验证了包含必需营养素（不会导致营养不良）的低卡路里饮食能够延长动物的寿命，早在 1917 年就有了这样的记录。低卡路里饮食在不同种动物身上都得到了广泛的验证，实验对象从跳蚤到猴子。研究表明，将卡路里摄入量减少到日常的 60% 可以延长动物寿命 25% ～ 40%，但其机制尚未清楚。推测限制卡路里的摄入量能够保护线粒体的功能，保护电子传递链的活力，或者抑制自由基的破坏作用。在人类的研究中发现了与动物类似的卡路里限制相关的生物化学反应，推测人类也可能是通过这种方式延长寿命。

2. 基因改造延缓原发性衰老

基因抗衰是全世界最先进的一种抗衰老疗法，通过解决因基因受损导致细胞四大生理功能下降而造成一切衰老现象的疗法，从而达到整体抗衰的效果。人体的衰老实际上就是人体细胞的衰老，生物学家海菲力克通过细胞培养试验研究发现一条规律，细胞在 40 ～ 60 次分裂后，即老化死亡，不能再继续培养了。细胞活性和分裂能力的降低是身体衰老的真正原因，因此，要想延缓衰老就必须提高身体细胞的活力和生命力。

美国加州大学的史密斯教授发现，通过在细胞培养液中添加适量的维生素 E，可以使海菲力克提出的细胞死亡期限延长两倍以上。人体成纤维细胞在体外培养时，最多只能分裂50次。在1961年，科学家采用生物技术，将已经分裂10次的成纤维细胞核移入已经分裂30次的成纤维细胞，并移走原来的细胞核。结果这一“幼核老质”的细胞又分裂了40次，超过普通成纤维细胞分裂次数达30次之多，这一试验说明，细胞的衰老主要是由细胞核中的基因物质决定的，改变基因就可以改变细胞衰老的时间，从而为使用活体细胞治疗疾病和延缓衰老提供了科学的依据。

3. 继发性衰老的影响因素

过去的一个世纪以来，平均寿命的提高得益于传染病的减少和健康风险因素（如高卡路里饮食、吸烟、低运动量以及高血压等）的降低。曾经在美国麻省综合医院工作的亚历山大·里夫（Alexander Leaf）博士到一些被称为“长寿之乡”的地方进行调研发现其居民生活有一些共同的特点：①贫穷的农耕文化和每日繁重的体力劳动是常态；②每日剧烈的身体活动开始于童年时代、然后持续一生；③素食为主或素食主义者；④对上了年纪的人的帮助和尊重；⑤没有人退休，上了年纪的人继续做一些耗费较少体力的工作，继续维持着对一个集体有用的角色，并维持自尊；⑥老人受到充分的尊重，通过他们的智慧体现他们的价值，从来不会感觉自己是多余的或者无用的人。

二、衰老相关的理论

自19世纪末应用实验方法研究衰老以来，大约有300多个理论用于解释衰老，大概在科学领域里没有任何一个专业像衰老一样有如此多的科学理论和构想。下面主要介绍几种目前研究较多且具有一定的证据支持的关于衰老的理论或机制。

1. 自由基学说

衰老的自由基学说是Denham Harman在1956年提出的，认为衰老过程是机体的组织细胞不断产生的自由基积累的结果。自由基是正常代谢的中间产物，其反应能力很强，但是如果反应过度，或者超出了机体抗氧化系统的清除能力，可发生对机体的有害作用，如使细胞中的多种物质发生氧化，损害生物膜，使蛋白质、核酸等大分子交联，影响其正常功能，还可以引起DNA损伤导致细胞突变，诱发肿瘤形成等。自由基学说得到了一些体外实验证据的支持。体外实验主要包括对体外二倍体成纤维细胞氧压力与代谢作用的观察、氧压力与倍增能力及抗氧化剂对细胞寿命的影响等，体内试验观察到自由基防御能力随年龄的增长而减弱的现象，给予自由基抑制剂及抗氧化剂可以延长细胞和动物的寿命。但是，自由基学说尚未给出自由基氧化反应及其产物是引发衰老直接原因的实验证据，也没有说明什么因子导致老年人自由基清除能力下降。另外，自由基作为新陈代谢的次级产物，不大可能是导致原发性衰老的主要原因。

2. 自然交联学说

生物分子自然交联学说的基本论点可归纳如下 3 个方面：①各种生物分子不是一成不变的，而是随着时间推移发生进行性自然交联，这种交联反应可发生于细胞核 DNA 上，也可以发生在细胞外的蛋白胶原纤维中；②进行性自然交联使生物分子缓慢联结，分子间键能不断增加，逐渐高分子化，溶解度和膨润能力逐渐降低和丧失；③进行性自然交联导致基因的有序失活，促使细胞、组织发生进行性和规律性的表型变化乃至衰老死亡。目前有一些证据支持交联学说，但该学说与自由基学说一样，亦不能说明衰老发生的根本机制。

3. 免疫学说

衰老的免疫学说目前存在两种观点：一种观点认为免疫功能的衰老是造成机体衰老的原因；另一种观点与自身免疫学有关，认为与自身抗体有关的自身免疫在导致衰老的过程中起着决定性的作用。免疫学说认为衰老并非细胞死亡和脱落的被动过程，而是最为积极的自身破坏过程。迄今的研究表明机体在衰老的过程中确实伴有免疫功能的重要改变：①从个体水平上，伴随衰老的免疫功能改变表现为对外源性抗原的免疫应答降低，而对自身抗原免疫应答增强，随着衰老自身抗体的检出率升高，细胞免疫也随增龄而降低。②从器官和组织水平上，人类的胸腺出生后随着年龄的增长逐渐变大，13 ～ 14 岁时达到顶峰，之后开始萎缩，功能退化，25 岁以后明显缩小。新生动物切除胸腺后即丧失免疫功能。③细胞和分子水平上，随着年龄的增长，T 细胞功能下降，数量也减少，与 T 细胞的增殖相关的细胞因子 IL–2 和 IL–2 受体的产生减少。机体对有丝分裂原刀豆蛋白 A（con A）、植物血凝素（PHA）及抗 CD3 抗体的增殖反应能力下降，这些都是衰老的重要免疫学特征。免疫学说将免疫系统说成是衰老的根本或关键原因所在，然而至今尚无充分的理由解释免疫系统随龄退化的原因。

4. 端粒学说

端粒学说由 Olovnikov 提出，认为细胞在每次分裂过程中都会由于 DNA 聚合酶功能障碍而不能完全复制它们的染色体，导致复制 DNA 序列可能会丢失，最终造成细胞衰老死亡。端粒是真核生物染色体末端由许多简单重复序列和相关蛋白组成的复合结构，具有维持染色体结构完整性和解决其末端复制难题的作用。端粒酶是一种逆转录酶，由 RNA 和蛋白质组成，是以自身 RNA 为模板，合成端粒重复序列，加到新合成 DNA 链末端，因此，细胞每有丝分裂一次，就有一段端粒序列丢失，当端粒长度缩短到一定程度，会使细胞停止分裂，导致衰老与死亡。大量实验说明端粒、端粒酶活性与细胞衰老及生存有着一定的联系。但是目前仍有许多问题用端粒学说还不能解释，如端粒的长度缩短是衰老的原因还是结果尚需进一步研究。

5. 神经内分泌学说

早在 19 世纪就有一种理论强调衰老是因为性激素的缺乏，性腺移植手术也因此风靡一时。随后的研究认为，其实衰老可能并不是激素的缺乏，而是因为各种激素的平衡失调所致。激素的平衡依赖于神经内分泌的反馈机制，衰老个体对反馈的敏感性下降。有人认为反馈的中心在下丘脑，认为在下丘脑有所谓“衰老钟”。实验研究证明给老年性周期停止的雌鼠注射刺激下丘脑神经分泌的化学物质左旋多巴可恢复生殖周期，说明老年人下丘脑神经递质儿茶酚胺的分泌存在缺陷。不过，也有人认为不是激素本身，而是靶细胞上的受体缺陷导致衰老，如有些调控细胞对营养物质的吸收与代谢的激素，其受体在衰老时显著减少，以致老年人对营养的利用能力下降。

另外，还有一种观点认为：一种激素对另一种激素的功能可以通过某种未知的方式进行阻断。例如，有研究中通过切除垂体的方式能使老年大鼠部分地复壮，推测垂体有某种激素可干扰体细胞对甲状腺素的利用，复壮是源于这种干扰的解除，但迄今还不知垂体是否存在这类“死亡激素”。

三、运动的抗衰老作用机制

无论是运动员、经常运动的人还是平时很少运动的人，在进入老年期后，都将经历动作以及各种功能表现的渐进性衰退。规律性体力活动和运动参与对于抵抗功能衰退、推迟继发性衰老和提高老年人的幸福感具有重要意义。运动是保持健康、延缓衰老的有效措施之一，从古至今的养生学上都积极主张运动。有人认为，人到老年才开始运动为时已晚，其实不然。国外运动生理学家研究证实："老年人从事体育运动的效果虽然要比年轻人小得多，但只要投入，并通过适量负荷的体育运动，机体的生理功能和组织状态都能得到明显的改善。"

1. 运动可以预防大脑退化

身体和大脑之间存在广泛的生物学关联，当与衰老联系起来，这个话题更具有重要意义。根据美国疾病预防控制中心的统计，75 岁的老人中，平均每人患有 3 种慢性疾病，服用 5 种处方药物。65 岁以上的老年人群，绝大部分有高血压，2/3 的老人超重或肥胖，20% 的老年人有糖尿病，这使得心脏病的患病风险增加了 2 倍多。2023 年中国慢性病防控大会报告：60 岁及以上老年人慢性病的患病率超过 78%，其中不少患者同时患有两种以上的慢性疾病；当前以癌症、心脑血管、呼吸和代谢性疾病为代表的慢性病，已经成为我国居民的主要死因和最重要的疾病负担；预计到 2035 年，60 岁及以上老年人口将增加到 4.2 亿左右，老龄化程度进一步加深。吸烟、不活动、不健康的饮食以及睡眠和情绪问题是导致这些疾病的根本原因。新的研究已经清楚地表明，生活方式是如何影响老化进而引发心理危害。因为对躯体有害的因素同样会对大脑健康产生危害。美国国家老化研究所的神经科学家马克·卖特森认为："许多减少心血管疾病风险的因素，同样也减少与老化有关的神经退行性疾病的风险。"我们采取预防糖尿病的措施可以用来平衡大脑内的胰岛素水平，减少神经元的代谢压力。跑步在降低血压、强健心脏的同时，也预防了脑内毛细血管的塌陷和破裂。举重等抗阻运动在预防骨质疏松的同时还能增加营养树突的生长因子的释放。

步入老年之后，面临着生理疾病和心理疾病的相互关联，共同影响心脑血管和代谢系统。"护士健康研究"是一项开始于 20 世纪 70 年代的计划项目，每两年都会对 122 000 名护士的健康习惯进行一次调查，1995 年，研究人员开始对其中部分护士进行认知测试。哈佛大学流行病学家珍妮弗·沃伊弗分析了其中 18 766 名 70 ～ 81 岁女性的运动强度与认知能力之间的关系，结果显示：成年后一直保持有规律的运动，能有效地让老年时的思维更敏锐；在记忆力和普通智力测试中，消耗能量最高（平均每周走 12h 或跑步总时长近 4h）的女性认知力受损度降低了 20%；即使是中等强度的活动（如每周行走 1.5h）或者相当低的活动强度，收到的效果也高于平素基本上不活动的女性。

2. 运动增加了大脑的容量

运动通过激活脑内各神经细胞网络间的联系，可增加大脑血容量、调节能量、促进神经活动和神经新生。老化的大脑细胞在对抗自由基、过度能量需求及过度兴奋的分子压力上的阈值降低，因此更容易受到损害。所以，任何能强健大脑的事情，对老年人大脑产生的作用都要比年轻人更为显著。年轻时的锻炼固然重要，如果错过了锻炼的最佳时期，任何时间开始锻炼都不会晚。如果年老时能拥有一个更健康、更强壮、更多神经网络的大脑，肯定有更强的适应力，抵御神经损害的时间更长。运动不仅是预防大脑衰老的良药，更是大脑毒性损伤的解毒剂。

生活方式、生物因素和环境毒性导致的大脑损伤大多发生在额叶和颞叶。额叶包括前额叶皮质灰质和轴突白质，颞叶通过与海马体的紧密联系，帮助形成长期记忆，是大脑的“词典仓库”。这两个部位受损将会引起认知功能受损，日常生活逐渐变得艰难。阿尔茨海默病导致大脑萎缩的区域之一就是颞叶。神经科学家阿瑟·克雷默领导的科研团队将 59 名年龄在 60 ～ 79 岁、平时基本不运动的老年人分成两组，在 6 个月的时间里，让他们每周进行 3 次、每次 1h 的健身。安排运动组的受试者在跑步机上行走，强度从最大心率的 40% 增加到 60% ～ 70%，对照组的受试者做一套伸展操。6 个月后，走路组的最大氧耗量平均提高了 16%。通过比较运动前后两组的核磁共振成像扫描图片，研究人员有了突破性的发现：那些通过锻炼体能得到提高的人大脑额叶和颞叶的容量有了增加；运动者的大脑似乎比实际年龄要小 2 ～ 3 岁，大脑又能多出 2 ～ 3 年的时间做更有意义的事情；大脑容量的增加可能是新的血管结构、新的神经元和神经连接的增多所致；运动不仅能预防大脑的损害，还能逆转与老化有关的细胞衰退；即使运动不能改善已经受损的大脑额叶的功能，但它可能重新开发大脑皮质的其他区域，以另一种方式发挥其功能。

3. 运动延缓身体功能的下降

增加身体活动和运动量，可以从多个方面延缓老年人身体功能和运动能力的下降，现总结如下。

对于普通人群，衰老几乎与所有形式的运动表现的渐进性下降有关。在生命的最初 20 年，几乎所有类型的运动表现都呈现渐进性升高的趋势。如 15 岁男孩跑相同的距离所用的时间是他们 5 岁时的一半，这得益于身体形态指标的改变，如肌肉体积的增大、腿长和步频的增加。与年龄相关的 VO_2max 的增加与心室的增大以及更大的心排血量增加有关。另外，该年龄段运动能力随着时间的提高，也反映了激素作用的增强。20 ～ 30 岁之间，没有经过运动训练的普通人群，其运动能力达到了顶峰。30 岁是一个转折点，这之后，各种运动能力都呈渐进性下降的趋势，直到生命的终结。这些运动能力主要包括握力、动态屈肌和伸肌能力、运动中的步长和频率、反应时间、重复运动速度、肌肉协调性、瞄准运动、有氧耐力运动、立定跳远、单脚站立平衡时间等。在 40 岁以后，这些运动表现大约每年以 1% 的速度下降。

研究表明，随衰老导致的运动能力的下降是由于解剖结构和生理功能上的关键因素退化而引起的，而运动训练导致的解剖结构和生理功能的改变可直接延缓衰老的进程。有规律的体育锻炼和身体训练可对抗衰老带来的功能上的退化。规律的有氧运动可增加 VO_2max、提高心脏的泵血能力、促进心脏毛细血管的生长以及刺激线粒体的新陈代谢机制。抗阻训练可以增加力量、肌肉纤维的尺寸以及活化骨骼肌神经元。这些都是在衰老过程中看到的一些现象。曾经在塔夫茨大学人类衰老研究实验室工作过的比尔·埃文斯（Bill.Evans）与同事们在老年人群中开展了一些运动训练项目，以观察负重训练和有氧耐力训练的效果。他们首先找到一些年龄在 87 ～ 96 岁的老年女性，都愿意离开电视机，去参加一项为期 8 周的规律性抗阻训练，结果表明：平均肌肉力量增加了 3 倍，肌肉重量增加了 10%。接下来是一项为期 12 周的运动训练项目，运动训练项目是针对 60 ～ 70 岁的老年男性，结果表明：举重能力从 20kg 增长到了 38.6kg，随后的研究证实了该研究结论的正确性。在有氧运动训练中也获得了同样的结果，在一项 60 岁老年人参加的规律性散步或跑步训练中，观察到他们的 VO_2max 增加了 20% ～ 30%，肌肉的氧化能力上也观察到相同的增长幅度。

其他研究还观察到经过长期专业训练的运动员，与非运动员相比，在老年阶段身体功能更好，但是两组对象生理功能下降的速度是相似的。

总之，基于目前的研究，能得出结论：只要坚持运动，身体功能就会继续优秀，但衰老过程导致的负面影响在所有人群都是一样的。

（冯文明　徐寒冰）

第四章 运动管理

第一节 运动处方的制定原则

运动处方(exercise prescription)是指根据患者年龄、性别、一般医学检查、运动试验、身体素质/体适能测试、心血管/运动器官功能状况，结合主观和客观条件，用处方的形式制定对患者适合的运动内容、运动强度、运动时间及频率，并指出运动中的注意事项，以达到科学、有计划地进行康复治疗或健身的目的。运动处方是针对个人的身体状况而制定的一种科学的、定量化的、周期性的锻炼方案。运动处方的制定需要根据运动的目的(如健身、康复、减肥、健美等)、锻炼者的健康状况、体力情况等，制定出适当种类、运动强度、运动时间及运动频率的有计划的指导性方案。尽管运动处方的种类不尽相同，但基本要素相同，主要包括运动目的、运动类型、运动强度、运动时间、运动时间带、能量消耗目标、运动频度和注意事项等。

由于运动或体力活动者可能存在心血管疾病的危险因素，平时活动越少的人可能存在的危险因素越多，但是很多人并不知道自己身上有多少健康风险因素或隐患，因此在制定运动处方之前，需要按照一定的程序进行身体检查与功能评价，全面了解运动者的健康状态、生活方式特点以及目前的运动现状等，并对运动者的心血管危险因素进行分层。

另外，不同性别、不同年龄、不同健康状态的人群，运动处方的制定也存在一定的差异。本节重点讨论运动处方的基本要素、运动处方的制定步骤以及老年常见慢性病运动处方的制定原则。

一、运动处方的基本要素

运动的基本要素包括运动目的、运动类型、运动强度、运动时间、运动时间带、运动频度、能量消耗目标和注意事项等。

1. 运动目的

不同个体因为身体状况和意愿的不同，运动目的各异，有的人运动是为了增强体质、防治疾病和促进健康，有的人是为了保持健康、延缓衰老，有的人是为了疾病之后能快速康复，有的人是为了缓解压力、调节心理状态、提高工作效率等。

2. 运动类型

运动类型主要是指采用何种形式的运动项目，需要根据运动目的选择：①按项目类型，运动可分为田径、体操和球类等；②按身体运动功能，运动可分为力量型、速度型、耐力型和柔韧型；③按照动作特点，运动可分为有氧耐力性运动（有氧代谢为主）和抗阻力性力量运动（无氧或乳酸能代谢为主）。下面介绍与运动类型有关的一些基本概念。

有氧运动也称为耐力运动，是指身体大肌群有节奏的、较长时间的持续运动，这类运动所需的能量是通过有氧氧化产生的。有氧运动可改善心肺耐力，优化人体代谢功能（如血糖、血脂等）。有氧运动的常见运动方式包括快走、跑步、跳广场舞、打太极拳、骑自行车和游泳等。

无氧运动是指在高强度运动状态下，骨骼肌在没有足够氧气的情况下进行能量代谢的一种运动形式。无氧运动主要依靠肌肉中的糖原通过无氧代谢产生能量，主要由三磷酸腺苷－磷酸肌酸（ATP－PC）系统和糖酵解系统提供。这类运动通常持续时间较短（10～30 s），强度较高（全力运动），如举重、短跑、短道速滑、跳跃等。

抗阻运动，又称力量练习，包括增加骨骼肌力量、耐力、爆发力和体积的体力活动或运动，是指人体调动身体的骨骼肌收缩来对抗外部阻力的运动方式。抗阻运动可以利用自身重量或者训练器械（如弹力带、杠铃、哑铃或固定器械）实施。肌肉爆发力是指完成动作的速度。随着年龄的增长，肌肉爆发力的下降速度比肌肉力量或肌肉耐力的下降速度更快，爆发力训练在保持平衡和预防摔倒方面的作用愈加重要。

柔韧性运动，也常被称为伸展运动或拉伸运动，是一种旨在增加肌肉的伸展性和关节活动范围的运动形式。柔韧性是身体健康和运动表现的重要组成部分，有助于提高运动效率，减少受伤风险，并可以改善身体的整体运动能力。关节活动幅度与韧带、肌腱、肌肉、皮肤和其他组织的弹性和伸展能力有密切关系。

间歇性运动，广义是指剧烈运动之间有间歇时间进行休息，是目前运动处方的研究热点。间歇性运动总运动量较低，仍会产生与传统耐力运动相似的生理适应性，当两者总运动量相同时，间歇性运动产生的生理适应性会更好。间歇性运动通常是短时间（20 ～ 240 s）较大至次最大强度运动与等量或更长时间（60 ～ 360 s）的低至中等强度运动交替进行，间歇性 ExRx 主要考虑运动和间歇的强度、时间以及间歇的次数。对于体力活动水平较低或患有慢性疾病的个体来说，应慎重采用高强度间歇性运动（high intensity interval exercise，HIIE），可以简单地将步行纳入间歇方式，即快走和慢走交替进行。

间歇性较大强度生活方式体力活动（vigorous intermittent lifestyle physical activity，VILPA），是指在日常生活中进行的短暂剧烈运动（最长 1min 或 2min），例如在上下班途中或从一个地方到另一个地方时进行快速步行或爬楼梯。

结构化运动，指的是一种有计划、有组织和针对性的运动模式。它根据个人的健康状况、体能水平、运动目的以及时间安排等因素，制订出一套科学合理的运动计划，以便运动者能够在规定的时间内，按一定的流程和强度形成一系列运动动作，以达到预期的运动效果。

规律运动，是指至少连续 3 个月、每周 3 次、每次 30 min 以上中等强度的运动。

整理运动，也称为放松阶段，是运动后的一部分，旨在逐渐降低运动强度和心率，帮助身体平稳地从较高强度的运动状态过渡到静息状态。整理运动对于恢复非常重要，它可以带来多种健康益处，包括减少肌肉疼痛和损伤风险、促进肌肉的恢复和重建、提高柔韧性、降低心血管系统的压力等。

如果需要达到全面健身的效果，应包括有氧耐力性运动（如步行、慢跑、自行车、舞蹈等）、抗阻力性力量运动（如哑铃、杠铃、弹簧等）和伸展柔韧性运动（如慢节奏舞蹈和体操等）三种主要运动类型。根据运动日的和身体情况，这三种类型的比例不同，主要原则包括：①以有氧供能为主的耐力性运动，应兼顾个人运动习惯和爱好；②参与运动的主要大肌群应讲究动力性运动与静力性运动相结合，全身运动与局部运动相结合，全身动力性运动为主，局部静力性运动为辅；③不经常运动的人，动作要简单，强度要适宜，以周期性运动为主。

3. 运动强度

运动强度（负荷）是指单位时间移动的距离或速度，或肌肉单位时间做的功。运动强度是运动处方中决定运动量最主要的因素。一般用主观体力感觉等级（rate of perceived exertion，PRE）对人体的功能状态和所承受的运动负荷进行主观描述。最常用的是 Borg 主观用力感觉量表，有 6 ～ 20 分和 0 ～ 10 分两种形式，6 分和 0 分分别在两个量表中表示“毫不费力”，20 分和 10 分分别在两个量表中表示“最大用力”。近年来多采用 0 ～ 10 分主观用力感觉分类量表，5 ～ 6 分表示中等强度，7 ～ 8 分表示较大强度。对于健身性运动，主观感觉等级在 12 ～ 15 分（20 分制）之间比较合理，中老年人达到 11 ～ 13 分（20 分制）为宜。确定合理负荷强度的最好方法是将靶心率和主观运动强度结合起来。比如，以有氧代谢供能为主的运动，中老年人只适合中等以下强度的有氧运动，相当于本人有氧运动最大心率的 60% ～ 75%，即心率在 120 ～ 160 次 /min 为宜。

4. 运动时间

运动时间是指每次运动持续的时间，运动时间乘以负荷强度等于运动量。在制定运动处方时，有的采取低负荷和长时间的运动，有的采取短时间高强度的重复运动。但是需要注意的是，运动时间过短，对机体产生的作用有限，运动时间过长，又可能导致机体的负担过重。比如，锻炼心血管功能的健身运动处方，运动时间在 15min 以上才起作用，主要原因：①运动时，人体各器官的效率在运动一段时间后才达到必要的水平；②人体通过一段时间的运动，才能克服生理惰性，逐渐进入适宜强度的运动状态；③正式运动结束后，需要一段时间的过渡期，人体才能从紧张的肌肉活动状态逐步过渡到相对放松状态。因此，每次运动持续 20 ～ 60min 对于提高心血管系统功能和有氧工作能力较为适宜。

5. 运动时间带

运动时间带是指一天中进行运动的时机，即在什么时间运动合适，因此，需要考虑个体的生物节律合理安排运动时间带。如高血压患者的运动时间，白天比清晨好，因为人体血液流变学各项指标从晚 8 点到早 6 点呈不同程度的上升趋势，血液黏滞度、红细胞比容和红细胞聚集性指标也呈线性上升趋势，尤其是 0 点到 6 点这段时间升高显著，脑溢血也是在这段时间高发。因此，心血管疾病患者的运动时间带应避免在清晨 8 点之前。

6. 运动频度

运动频度通常指每周运动的次数。运动健身的效果，在于每次运动对人体产生的良性作用的逐渐累积。运动处方中的周期，一般也是以周为单位计算。如果以健身或者康复为目的，运动频率每周 3 次以上为宜，同时要结合运动强度、持续时间和个人的身体恢复情况。需要注意的是，运动不能三天打鱼两天晒网，也不能急于求成，一天完成一周的运动量。运动的频度也不能过高，如果一次运动后，运动产生的机体良性作用还没有出现，即前一次运动的疲劳尚未消除，就紧接着进行第二次运动，则会导致疲劳的累积。但是，如果两次运动的时间间隔太长，即一次运动后，运动对机体产生的良性作用完全消退后再进行第二次运动，则无法形成运动的累积效应，运动的效果同样也不明显。

7. 能量消耗目标

根据美国运动医学会（ACSM）早在1978年推荐的维持心血管功能和理想的身体成分的运动标准，主要内容包括：①成年人应该每周运动3～5次，每次15～60min；②达到60%～90%最大心率的运动强度；③大肌群参与的有氧运动，需要达到一定的强度（如跑步、游泳、滑冰等耐力性运动）。1995年美国疾病预防控制中心（ADC）和ACSM建议：成人每周（最好每天）或每周3～5d进行中高等强度的运动达到150min，每次至少30min或每次10min以上，累计每天至少30min的有规律中等强度体力活动。2011年WHO针对18岁以上健康人群制定了详细的全球体力活动指南（表4-1）。

表4-1 WHO为促进健康推荐的体力活动量

年龄	体力活动量
18～64岁	每周至少150 min中等强度体力活动（MPA），或75min高强度体力活动（VPA），或是MPA和VPA的组合运动； 为了获得更多的健康益处，MPA和VPA应分别增加到每周300min和150min； 有氧运动每次至少持续10min； 每周至少2d进行主要大肌肉群的力量训练
65岁及以上	每周至少150 min MPA，或75min VPA，或是MPA和VPA的组合运动； 为了获得更多的健康益处，MPA和VPA应分别增加到每周300min和150min； 有氧运动每次至少持续10min； 移动能力较差的人应该每周进行3d以上的平衡练习以提高平衡能力，防止跌倒； 每周至少2d或以上进行主要大肌肉群的力量训练； 不能达到以上推荐的体力活动量的人，应在自己的能力和条件允许下，尽可能多地进行体力活动

8. 注意事项

在以治疗和康复为目的的运动处方中，应强调运动前的医学评估，掌握运动者禁忌的运动项目，并加强运动前、中和后的医学监测。运动前做好充分的准备活动，运动后做好整理活动。体力活动准备问卷（physical activity readiness questionnaire for everyone，PAR-Q+）是目前国际上公认的在进行运动测试和运动前对受试者必须进行调查的问卷，适用于所有人群。可作为运动前的自我健康筛查工具，也可以作为专业人员的辅助工具用于筛查流程外的信息。通过问卷调查，可明确在运动测试和运动前是否需要咨询相关的专业人员（如医生）。需要注意，该问卷在使用时必须采用完整形式，不得随意改动或摘录。有效期是完成问卷后 12 个月内，如果身体状况发生变化，有回答“是”的问题，之前的问卷结果就无效，需要重新回答问卷内容。

二、运动处方的制定

1. 现状调查

可采用问卷调查的方式全面了解锻炼者的疾病史、生活方式和运动现状，相关条目见表 4-2。

表 4-2　疾病史、生活方式和运动现状调查

1. 心血管、肺部和代谢性疾病主要症状和体征
□ 因心肌缺血引起的胸颈部疼痛或不适　□ 休息或中等体力活动时呼吸困难　□ 头晕或者晕厥　□ 端坐呼吸或突发性夜间呼吸困难　□ 脚踝水肿　□ 心悸或心动过速　□ 间歇性跛行　□ 已知的心脏杂音　□ 异常疲劳
2. 心血管、肺部和代谢性疾病的主要医学诊断
□ 冠心病　□ 心绞痛　□ 心肌梗死　□ 末梢动脉疾病　□ 中风（脑卒中）　□ 一过性脑缺血　□ 冠状动脉支架植入　□ 冠状动脉搭桥　□ 高血压　□ 高血压性心脏病　□ 风湿性心脏病　□ 慢性心瓣膜病　□ 瓣膜置换术　□ 心脏起搏器　□ 去纤颤器置入　□ 哮喘　□ 肺气肿　□ 支气管炎等肺部疾病　□ 肺心病　□ 糖尿病　□ 深部静脉血栓或栓塞
3. 家族史、手术史、疾病史
□ 心脏病家族史　□ 肺部疾病家族史　□ 代谢疾病家族史　□ 中风家族史　□ 猝死家族史　□ 手术史（自己）　□ 关节炎史（自己）　□ 关节肿胀史　□ 关节问题引起的行走或移动困难史
4. 吸烟、饮酒、其他特殊爱好
□ 吸烟　□ 饮酒　□ 特殊爱好

续表

5. 运动现状
(1)日常主要的运动方式：
(2)运动频率：
(3)每次锻炼的时间：
(4)运动中的主观感觉：
(5)有无运动强度检测设备：
(6)有无运动性伤病的发生：
(7)是否进行过专业化的健身测试：
(8)如果进行过健身测试，其结果评价：

2. 运动者危险因素分层

对锻炼者进行危险因素分层，其主要目的包括：①锻炼者是否有参加运动负荷或者健身活动的禁忌证；②识别在运动负荷试验或者健身活动中由于年龄、症状以及其他可能增加心血管疾病危险性的因素；③识别患有临床疾病、需要在医学监督下进行健身锻炼的个体；④发现有特殊需要的个体。可采用问卷调查的方式全面了解锻炼者心血管疾病相关的危险因素，相关条目见表 4–3。

表 4–3 心血管危险因素

影响因素		内容及标准
负向因素	家族史	一级亲属（父母、兄弟、子女）中的心血管事件发生情况（男性 55 岁之前，女性 65 岁之前）
	吸烟	现在仍吸烟者或戒烟不到 6 个月
	高血压	已经确诊为高血压或者至少在两个不同时间测量，血压值都达到了高血压的标准，如收缩压（SBP）≥ 140 mmHg 或 / 和舒张压（DBP）≥ 90 mmHg
	血糖调节受损	分别在两个不同时间测定的空腹血糖（FPG）≥ 6.1 mmol/L（110mg/dL），或者 2h 餐后血糖（2h OGTT）≥ 7.8 mmol/L（140mg/dL）
	脂代谢紊乱	甘油三酯（TG）≥ 1.7 mmol/L（150mg/dL），总胆固醇（TC）≥ 5.7 mmol/L（220mg/dL），低密度脂蛋白胆固醇（LDL–C）≥ 3.4 mmol/L（130mg/dL），高密度脂蛋白胆固醇（HDL–C）≤ 1.03 mmol/L（40mg/dL），或者服用降血脂药物者
	肥胖	身高体重指数（BMI）≥ 28kg/m^2，或者腰围：女性≥ 80cm，男性≥ 85cm
	静坐少动的生活方式	每周累计参加中等强度体力活动少于 150min，或者每周用于体力活动的能量消耗少于 1 000kcal
正向因素		HDL ≥ 1.6 mmol/L（60 mg/dL），每天累计 30min 以上的体育活动，每天或每周 5d 以上

根据危险因素的类别、结合年龄等因素，基本危险因素分层见表4-4。

表4-4 基本危险因素分层

影响因素	危险分层	
	男性 < 45 岁，女性 < 55 岁	男性 ≥ 45 岁，女性 ≥ 55 岁
无症状，或一个危险因素	低危	中危
≥两个危险因素	中危	中危
患有心、肺或代谢性疾病中的一个，或者一个以上心、肺、代谢性疾病症状或体征	高危	高危

根据危险因素的分层情况进一步确定医学检查和运动中医学监督的必要性，见表4-5。

表4-5 健身前医学检查和健身中医务监督的必要性

	低度危险	中度危险	高度危险
健身前医学检查的必要性			
中等强度运动	不必要	不必要	建议检查
较大强度运动	不必要	建议检查	建议检查
健身中医务监督的必要性			
次大强度测试	不必要	不必要	需要
最大强度测试	不必要	需要	需要

3. 身体检查与功能评价

身体检查与功能评价主要包括系统的身体检查、心血管运动试验和体质测试3个方面的内容。通过运动前的身体检查与功能评价，其目的：①确定受试者当前体力活动水平；②确定是否有心血管疾病、代谢疾病和肾脏疾病的体征和症状；③识别或确诊心血管疾病和代谢性疾病的个体；④根据疾病史、检查或测试的结果（症状和体征）、目前的运动情况给出总体评价结果。身体检查与功能评价结果可以整理为表4-6的形式。

通过系统的身体检查，对健康状况进行初步的评价，即健康评价，评价的内容较为广泛和全面，包括躯体健康、精神和心理健康、道德健康和社会适应能力等。

心血管运动试验，其目的在于评价受试者的心血管功能，发现潜在的心血管疾病风险，普遍采用的方法是"多级负荷试验"，根据受试者的具体情况选择性采用极量试验（适用于运动能力较高的运动员及青年运动爱好者）、亚极量试验和症状限制试验（适用于无运动经历的健康者、具有完善监护设施下的无基础疾病的亚健康受试者）。对于已经确诊的心血管疾病者，需要进行彻底的医学检查，排除运动试验的禁忌证后可进行运动试验，在密切的监护和必要的应急设施保护下，采用低负荷试验或症状限制试验。心血管患者也不宜进行最大摄氧量和最大心率的测定，可根据负荷试验的心率或吸氧量进行推算。

体质测试，包括体力测试和有氧耐力测定。体力是身体进行运动或劳动所具备的基本素质，表现为力量、速度、耐力和灵敏性等。可以通过握力、背力、立位体前屈、闭眼单足立、俯卧撑、5 分钟跑、12 分钟跑和纵跳等指标来反映。有氧耐力测定主要采取库珀提出的“12 分钟测验”，该测验既是一种身体有氧耐力的锻炼方法，又是一种测定有氧运动能力的指标。

表 4-6 身体检查与功能评价表

基本情况			
姓名：	性别：	年龄：	职业：
联系方式			
联系地址：		电话：	邮箱：
检查或测试			
心电图检查： 静息时心率： 次 /min 血压： mmHg 影像学检查 肺 X 线（CT）： CT 或 B 超（其他部位）： 实验室检查 尿常规： 血脂系列（TC、TG、LDI-C、HDL-C）： 运动试验 体力测试（力量、速度、耐力、灵敏度等）： 有氧耐力测定： 体质强壮指数（强壮、优良、中等、体弱）： 身高体重指数（BMI）： 体型（消瘦、正常、超重、肥胖）： 运动爱好：			

4. 运动处方的制定

通过上述的身体检查与功能评价，对受试者的健康状况、体力水平和运动能力有了较为全面的了解后，可以进行运动处方的制定了。制定的运动处方可以整理为表格的形式，见表 4–7。

表 4–7　运动处方卡

姓名：　　　　性别：　　　　年龄： 预计每日得分：　　　　每周得分：
最大有氧能力：
1. 运动目的： 2. 运动类型及时间分配： 3. 负荷强度 3.1 心率控制在：　　次 /min 3.2 相当于最大摄氧量的　　% 3.3 靶心率：　　次 /min 3.4 主观体力感觉等级（PRE）：　　分 4. 锻炼次数及每次持续时间 4.1 每周：　　d 4.2 每次：　　min 4.3 力量锻炼：　　次 / 周 5. 准备活动 5.1 准备活动项目：　　（5 ～ 10min） 5.2 准备活动心率：　　次 /min 6. 整理活动 6.1 整理活动项目：　　（5 ～ 10min） 6.2 心率恢复时间：　　min 7. 注意事项：

三、老年人运动的注意事项

一般将年龄≥ 65 岁的人群定义为老年人。但由于衰老程度不一样，年龄相似的个体对运动引起的反应也表现各不相同。相比于年龄因素，健康状况通常是一个判断是否有能力参加体力活动更好的指标。

对于老年人而言，体力活动或锻炼能带来诸多的益处：①能够延缓衰老带来的运动能力下降；②能够优化老龄化造成的身体成分变化；③能够促进老年人心理和认知能力的健全；④运动是一剂良药，能够预防和控制慢性疾病的发生与进展；⑤能够减少身体残障的风险以及延长寿命。尽管有诸多的益处，但相关研究表明，老年人是所有人群中运动量最少的，仅有11%的65岁以上的老年人群的运动量能达到相关组织推荐的标准。老年人运动量不达标，原因是多方面的。其中最主要的原因是可能伴发的多种慢性疾病限制了其运动的积极性以及对运动重要性的认识不足。

老年人如果要进行安全有效的运动，需要注意的事项包括：①进行全面的检查，老年人在进行中等以上强度的运动前一定要给身体做个全面检查，特别是有心脑血管疾病的症状、体征，或者是已经被确诊的患者，应该咨询医生哪些运动不能做，平时运动时就避免此类运动；②注意运动时间，因为人体血液流变学各项指标从晚8点到早6点呈不同程度的上升趋势，所以心血管疾病患者运动应避免在早晨8点之前进行；③充足的睡眠，运动是一项耗体力的事，所以老年人运动前一定要保证充足的睡眠，才能把动作做好，达到运动健身的效果；④避免剧烈运动，老年人的肌肉在慢慢萎缩，肌肉的力量也有所减退，神经系统反应较慢，所以适合选择一些缓慢、放松的运动，能使全身的大肌肉群得到运动，如打太极拳、慢跑等；⑤运动需循序渐进，一定的运动负荷适应后再慢慢增加活动量，切忌操之过急而使活动过量，活动量过大或增加过快往往是老年人发生意外损伤的原因之一；⑥运动过程中要注意身体变化，老年人要知晓运动过度的一些症状，如运动过程中发生腰痛、胸痛、头晕等症状应立即停止运动；⑦掌握运动禁忌证，如忌负重憋气（容易引发肺气肿、气胸、心悸、头昏等），忌激烈竞技类运动，忌急于求成，忌晃摆旋转，忌头部运动幅度过大等。

四、常见慢性病运动处方的制定原则

1. 冠心病运动处方

冠心病是CVD的典型代表，是由于冠状动脉血管发生动脉粥样硬化病变，引起血管腔狭窄或阻塞，造成心肌缺血、缺氧或坏死而导致的心脏病。冠心病的临床类型主要包括无症状心肌缺血、心绞痛、缺血性心力衰竭和猝死。冠心病的常见病因是动脉粥样硬化，主要危险因素包括高血压、糖尿病、肥胖、吸烟、不健康饮食和缺乏体力活动。

冠状动脉内斑块不断聚集，导致血管逐渐狭窄，当冠状动脉狭窄达到一定的程度，如 75% 以上，无法为心脏提供足够的含氧血液及营养物质，尤其是在剧烈运动时。冠心病患者常表现为胸痛、胸部狭窄和呼吸短促等症状和体征。胸痛，就是我们通常说的心绞痛，由劳累或情绪激动引起，通常发生在胸部中间或左侧，可放射到颈部或背部，疼痛会在活动或休息后的几分钟内消失。当冠状动脉被完全堵塞后就会出现心肌梗死。当心肌肥大或无力，心脏无法泵出足够的血液来满足身体活动需求时，患者会出现呼吸短促。冠状动脉造影是诊断冠心病的金标准。

冠心病患者在制定运动处方前，需要进行运动测试和相关筛查。可选择相对安全的症状限制性运动测试，该测试可提供运动中心电图、血流动力学和预后信息。运动前需要进行专门的运动前评估，评估内容包括医学史、心血管疾病危险因素、体格检查和实验室检查。具体运动测试内容需要根据个体具体疾病情况、身体状况进行安排。冠心病患者推荐的运动处方见表 4-8。

表 4-8 冠心病运动处方

内容	有氧运动	抗阻运动	柔韧性运动
频率	3 ～ 5d/ 周	1 ～ 2d/ 周	至少每周 2 ～ 3 次，最好每天进行
强度	主观疲劳感觉（RPE）量表（6 ～ 20 分）：11 ～ 14 分	40% 1RM 开始，通过几周到数月的运动训练后，逐渐增加到 70% 1RM*	拉伸至感觉紧张或者有轻度不适
时间	循序渐进运动，从每天 15 ～ 20min，逐渐增加到每天 30 ～ 60min	每个主要肌肉群进行 2 组运动，每组 10 ～ 15 次	10 ～ 30s，每个动作重复 2 ～ 4 次
方式	持续性的、有节奏的、可以动员大肌肉群的运动	器械训练	静态拉伸、动态拉伸或本体感觉神经肌肉促进法（PNF）拉伸

*RM（repetition maximun）是抗阻运动的基本单位，1RM 代表只运动一次的最大重量。推荐老年人或无运动习惯者以 40% ～ 50% 的 1RM（低到较低强度）为起始强度，逐渐过渡到 65% ～ 75% 的 1RM（中等强度）。组数 1 ～ 3 组，从 1 组练习开始，每组重复 10 ～ 15 次的负荷。有经验的力量练习者可以 70% ～ 80% 的 1RM（较大到大强度）开始，组数 2 ～ 3 组，每组重复 8 ～ 12 次的负荷，有助于增加肌肉的围度和提高肌肉的力量。

冠心病患者运动的注意事项：①定期检查；②多吃植物性食物，如地中海饮食、水果、蔬菜、全谷类和坚果；③稳定型心绞痛患者乘飞机时需随身携带缓解心绞痛药物；④先从增加运动时间和频率开始，逐渐提高运动强度；⑤进行运动常识教育，避免过度劳动，同时注意识别不适症状；⑥运动场所配备所需的抢救仪器及药品，需要有专业人士或医师监督。

2. 高血压运动处方

高血压也称血压升高，是指血液在血管中流动时对血管壁造成的压力持续高于正常的现象。因为大多数患者基本上没有症状，所以被称为“无声的杀手”。《中国高血压防治指南（2018 年修订）》对高血压的定义：在未使用降压药物的情况下，有 3 次诊室血压值均高于正常，即收缩压（SBP）≥ 140mmHg 或 / 和舒张压（DBP）≥ 90mmHg，且这三次血压不在同一天内测量。2022 年 11 月颁布的《中国高血压临床实践指南》推荐我国成人高血压诊断界值下调为收缩压（SBP）≥ 130mmHg 或 / 和舒张压（DBP）≥ 80mmHg。根据《中国高血压防治指南》，可将高血压分为 1 级（轻度）、2 级（中度）和 3 级（重度），见表 4–9。

表 4–9　高血压分级

分类	收缩压（mmHg）	或 / 和	舒张压（mmHg）
正常血压	≤ 120	和	≤ 80
正常高值	120 ～ 139	或 / 和	80 ～ 90
高血压	≥ 140	或 / 和	≥ 90
1 级高血压	140 ～ 159	或 / 和	90 ～ 100
2 级高血压	160 ～ 179	或 / 和	100 ～ 110
3 级高血压	≥ 180	或 / 和	≥ 110

流行病学调查显示：2012—2015 年我国成人高血压患病率为 27.9%，即每 3 位成年人中就有 1 例高血压患者，并且，高血压患病率总体呈现上升的趋势。高血压的高危人群：①有家族史的人群；②情绪易激动的人群；③重口味的人群；④喜欢喝酒的人群；⑤工作和生活压力大的人群。

高血压患者在制定运动处方前同样需要根据个体情况进行运动测试，在制定测试方案的时候，需要考虑患者的血压水平、其他冠心病的危险因素以及靶器官受损情况等。具体建议如下：①未得到有效控制的高血压患者在运动前应该先咨询医师，以确定是否有必要参加运动测试；②高血压 2 级及以上或伴有靶器官受损的患者，在血压未得到有效控制或未得到医生允许下不应该参加运动及运动测试；③为制定运动处方而进行运动测试时，患者应服用常规抗高血压药物；④测试时需注意，服用 β－受体阻滞剂的患者会出现心率反应减弱、最大运动能力下降等情况。高血压运动处方见表 4-10。

表 4-10　高血压运动处方

内容	有氧运动	抗阻运动	柔韧性运动
频率	3 ～ 5d/ 周	1 ～ 2d/ 周	至少每周 2 ～ 3 次，最好每天进行
强度	中等强度，达到储备心率 * 的 40% ～ 59%，主观感觉稍微有点吃力	60% ～ 70% 1RM 开始	拉伸至感觉紧张或者有轻度不适
时间	每天连续运动 30min 以上，如果需要累计完成，则每次运动应在 10min 以上	一次至少完成 8 ～ 10 个动作，每组 8 ～ 10 次，重复 2 ～ 4 组	10 ～ 30s，每个动作重复 2 ～ 4 次
方式	持续性的、有节奏的、可以动员大肌肉群的运动	器械训练	静态拉伸、动态拉伸或本体感觉神经肌肉促进法拉伸

* 储备心率是实测最大心率与安静心率之差，表示人体在劳动或运动时心率可能增加的潜在能力。最大心率是指心脏所能达到的极限心率，安静心率是人在安静状态下的基础心率。

3. 脑卒中运动处方

脑卒中又称中风、脑血管意外，是由于脑部血管突然破裂或因血管阻塞导致血液不能流入大脑而引起脑组织损伤的一种急性脑血管疾病，包括缺血性和出血性卒中。缺血性卒中的发病率高于出血性卒中，占脑卒中总数的 60% ～ 70%。颈内动脉和椎动脉闭塞和狭窄可引起缺血性脑卒中，年龄多在 40 岁以上，男性较女性多，严重者可引起死亡。出血性卒中的死亡率较高。调查显示，脑卒中已成为我国第一位死亡原因，也是中国成年人残疾的首要原因，脑卒中具有发病率高、死亡率高和致残率高的特点。

脑卒中后患者在相同等级强度运动中氧摄入量较高，但在峰值负荷下摄氧量下降。脑卒中患者运动测试中发生变时性功能不全或早期疲劳很常见。正常窦房结在神经、体液等因素调节下，根据机体不同状况，在较大范围内改变心率的快慢以满足机体供血和代谢的需要，这种功能称为心脏变时性功能。当窦房结对运动或代谢等病理生理变化丧失了应有的正常心率反应，即心率增快未达到一定程度，称为心脏变时性功能不全。

因此，脑卒中患者在进行运动测试时需要注意：①运动测试应使用与身体损伤程度相适应的测试模式，因人而异，灵活调整；②使用功率车和双功能半坐卧式踏步机可减少平衡障碍的影响；③跑台测试的功率递增方案为每级增加0.5METs 或者 1–2METs/2 ～ 3min。脑卒中运动处方见表 4–11。

表 4–11　脑卒中运动处方

内容	有氧运动	抗阻运动	柔韧性运动
频率	3 ～ 5d/ 周	1 ～ 2d/ 周	至少每周 2 ～ 3 次，最好每天进行
强度	40% ～ 70% 的储备心率，主观感觉稍微有点吃力	50% ～ 70% 1RM 开始	拉伸至感觉紧张或者有轻度不适
时间	每天至少 20min 的有氧锻炼，随着锻炼的进阶，可以增加到每天 60min	8 ～ 10 个动作，每组 8 ～ 15 次，总共练习 1 ～ 3 组	10 ～ 30s，每个动作重复 2 ～ 4 次
方式	功率型自行车或者半坐卧式踏步机	使用较安全的设备进行	静态拉伸、动态拉伸或本体感觉神经肌肉促进法拉伸

4. 超重 / 肥胖运动处方

超重和肥胖容易引起多种疾病，如高血压、糖尿病、高血脂、动脉粥样硬化等。对超重和肥胖患者应加强管理，应当限制饮食摄入量并增加运动量，使摄入的总热量低于消耗的总热量，以达到逐渐控制体重的目的。

超重 / 肥胖人群制定运动处方之前需要根据具体情况判断是否需要进行运动测试：①开始中低强度运动时不需要进行运动测试；②存在其他并发症风险或者与心血管疾病风险相关时，应进行运动测试；③存在肌肉骨骼损伤或使用矫形器时，应调整运动测试方案；④超重 / 肥胖人群通常是低运动能力 / 体适能的人，需要采用低起始负荷，且每级递增量较小的运动方案；⑤运动和测试设备需要满足超重 / 肥胖人群特殊体重的要求。超重 / 肥胖人群运动处方见表 4–12。

表 4–12　超重 / 肥胖人群运动处方

内容	有氧运动	抗阻运动	柔韧性运动
频率	至少 5d/ 周	1 ～ 2d/ 周	至少每周 2 ～ 3 次，最好每天进行
强度	中等强度为起始	60% ～ 70% 1RM 开始	拉伸至感觉紧张或者有轻度不适

续表

内容	有氧运动	抗阻运动	柔韧性运动
时间	每天 30min 以上的有氧锻炼，随着锻炼的进阶，可以逐渐增加到每天 60min	每个主要肌群进行 2 ～ 4 组运动，每组重复 8 ～ 12 次，相同肌肉群两次相同运动间隔 48h	10 ～ 30s，每个动作重复 2 ～ 4 次
方式	游泳、有氧操等	自由力量或器械训练	静态拉伸、动态拉伸或本体感觉神经肌肉促进法拉伸

超重 / 肥胖人群运动需要注意以下几点：①根据减重目标，在 3 ～ 6 个月内至少减少初始体重的 3% ～ 10%；②进行减重运动时，需要按照目标减少能量摄入；③如需减重 5% ～ 10%，则需要严格的营养、运动和行为干预；④极低热量饮食干预风险大，须在专业人士指导下进行。

（张颖　柳谢雪）

第二节 常见慢性病的运动处方

上一章节较为详细地介绍了运动处方的基本要素和基本流程，并简单介绍了老年人运动处方制定的基本原则。运动处方的基本要素包括：运动目的、运动类型、运动强度、运动时间、运动时间带、能量消耗目标、运动频度和注意事项等。基本流程包括：收集基本信息、健康筛查、心血管风险评估、健康体适能测评、数据分析与处理、制定运动处方、运动处方的实施与修正等。

2007 年 11 月，美国运动医学会和美国医学会正式提出了“运动是良药”的学术理念，并于 2010 年首次召开了“全世界的健康处方：运动是良医”的全球大会。至此，运动作为一种治疗手段，在医学界日益得到认可和重视。

目前，心脑血管疾病、糖尿病、肥胖、慢性呼吸系统疾病和癌症等慢性非传染性疾病是导致全球死亡率上升的最主要原因。缺乏体力活动，即活动量低于推荐的标准，是世界性难题，也是导致全球死亡率上升的第四大因素。2009 年的一篇标题为 *Physical inactivity: the biggest public health problem of the 21st century* 的文献直接指出“缺乏体育活动是 21 世纪最大的公共卫生问题”。该文献报告：全球范围内导致死亡的主要危险因素中，高血压的贡献占 13%，其次是吸烟（9%）、高血糖（6%）、体力活动不足（6%）、超重和肥胖（5%）。每年因为体力活动不足造成的死亡是 530 万人，如果将因体力活动不足的人口减少 10% ～ 25%，可减少 53 万～ 130 万人的死亡。缺乏体力活动、饮食不健康等生活方式因素会对这些慢性病产生显著影响。

运动作为一种治疗手段、一味良药，对预防和控制慢性病及缓解长期久坐带来的负面影响有重大作用。

本节首先简要回顾运动对慢性病的作用，然后介绍体适能相关的内容（如体适能的概念及构成要素、体适能评估的目的及体适能评估的方法等），最后以糖尿病为例介绍常见慢性病的运动处方制定的基本要领。

一、运动对慢性病的作用

运动通过多种方式在慢性病管理中发挥有益作用，主要体现在以下多个方面。

1. 运动改善心肺功能

规律运动有助于增强心脏功能，强壮的心脏通过减少做功和降低血管压力的方式发挥降血压的效果。研究表明，与心肺耐力水平较低的群体相比，心肺耐力高的群体死亡率低得多，即使生病，治愈率和生存率也高得多。静坐少动、高血压、血脂异常、高血糖、肥胖都是动脉粥样硬化的元凶，运动可以延缓动脉粥样硬化的发展以及心脑血管性事件的发生。

2. 运动具有降血压作用

运动指南建议每天至少进行 30min 的有氧运动可降低收缩压 4 ～ 9mmHg。运动导致主要分布在骨骼肌血管周围的交感神经兴奋，引起肌肉血管舒张，外周阻力降低，舒张压降低。研究表明，定期的中等到高等强度的有氧运动可使收缩压平均降低 11mmHg 和舒张压平均降低 5mmHg。

3. 运动具有降血脂作用

运动可以对血脂谱产生积极影响，包括降低 TC、LDL-C 及 TG 升高，同时增加 HDL-C。有氧耐力运动被认为是改善血脂的最佳运动形式。在长时间耐力运动中，人体大量利用脂肪供应能量，使血液中 TG 水平下降，同时增加胆固醇的消耗。

4. 运动降低血液黏稠度

运动主要通过促进血液循环、增加血浆的比例，降低血液黏稠度、提高新陈代谢、改善心血管功能、提高心脏工作效率、增强脂质代谢等方面发挥作用。

5. 运动具有降血糖作用

运动主要通过增加胰岛素的敏感性、增加肌肉组织对葡萄糖的摄取和利用、促进糖原合成、改善脂肪代谢、促进脂肪分解、增强心肺功能和改善胰岛素抵抗等发挥降血糖的功效。

6. 运动有助于体重控制

运动主要通过增加能量消耗、提高新陈代谢率、增加肌肉量、增强胰岛素敏感性、减少食欲、促进心理健康和提高睡眠质量等措施控制和降低体重。研究表明，每天进行中等强度的运动 1h（110 ～ 120 步 /min），可以消耗 300 ～ 450kcal 的热能，这相当于一个大馒头、炸鸡腿、鸡翅的热量。

7. 运动增进大脑健康

规律的锻炼，特别是有氧运动，如快走、跑步、游泳或骑自行车等，以促进脑部神经元的生长和连接，增强大脑功能，提高记忆力、注意力和思维能力。研究表明，经常进行走路、园艺、游泳或跳舞等活动的老年人的大脑和总大脑容量较大。与不运动的人群相比，最活跃的人群的总大脑容量相差 $12cm^3$ 或 1.4%，或相当于延缓大脑衰老近 4 年。运动时人体分泌的脑源性神经营养因子（BDNF）可以防止由衰老引起的脑功能退化，减缓海马体萎缩，保持脑健康。运动可以促进脑内多巴胺的大量分泌，这不仅能够让人快乐，还有助于减少帕金森病的发病风险，延缓疾病进展。即使是脑萎缩患者，进行适当的运动（如活动脚趾、手指和舌头等）可以刺激大脑。

8. 运动可以延缓衰老

衰老是一个复杂的生物学过程，涉及基因组不稳定、端粒损耗、蛋白质稳态丧失、自噬、营养感应失调、线粒体功能障碍、细胞衰老、干细胞耗竭和慢性炎症等多种机制和因素。运动通过介导相关的机制发挥抗衰老的作用。

总之，运动通过多种方式对许多慢性病起到预防和康复的作用。从疾病管理的角度，运动处方与药物处方一样，也需要遵循基本的诊断流程，方能对症治疗。但与临床上药物处方的基本过程不同的是运动处方强调体适能的评估。体适能的评估与运动处方的制定关系密切。体适能的评估能为个性化运动方案的设计提供科学依据。

二、体适能

体适能是指人们为适应生活需要所应具备的体力活动的能力，是指在应付日常工作之余，身体不会感到过度疲劳，还有余力享受休闲及应对突发事件的能力。《中国 2 型糖尿病运动治疗指南（2024 版）》将体适能定义为“能够充满活力地执行日常任务，没有过度疲劳，并有充足的能量享受休闲时光和应对紧急情况的能力”。体适能包括心肺耐力或有氧能力、肌肉力量、肌肉耐力、身体成分、柔韧性、灵活性、协调性、平衡能力、做功能力、反应时间和运动速度。体适能可分为健康相关和运动表现相关两类，通常将前 5 项（心肺耐力或有氧能力、肌肉力量、肌肉耐力、身体成分、柔韧性）列为与健康相关的体适能，后 6 项（灵活性、协调性、平衡能力、做功能力、反应时间、运动速度）列为与运动表现相关的体适能。

1. 心肺适能

心肺适能，又称为心肺耐力（cardiorespiratory fitness/aerobic fitness）或有氧耐力，是体适能组成部分中重要的内容之一，指的是在较长时间里大肌肉群进行中等强度至高强度运动的能力。有氧运动，也称为耐力运动，是指身体大肌群有节奏的、较长时间的持续运动，这类运动所需的能量是通过有氧氧化产生的。心肺适能可以反映身体氧气和营养供输系统能力的优劣，涉及肺、心脏、血管、血液等系统和器官功能。心肺适能是评价人群体力活动水平的一个客观生理指标，与人群全因死亡率及心血管疾病死亡率高度相关，被视为人体的“第五大生命体征”，前四大生命体征包括体温、呼吸、脉搏和血压，这是医学理念的一个极大转变和基本趋势。

运动生理学家通过测量 VO_2max 或有氧运动期间肌肉的氧气利用率来评估心肺能力和最高水平的功能性有氧代谢能力。VO_2max 是指人体在进行有大量肌肉群参加的长时间剧烈运动中，当心、肺功能和肌肉利用氧的能力达到本人极限水平时，单位时间内（通常以每分钟为计算单位）所能摄取（利用）的氧量。通常用峰值摄氧量（peak oxgen uptake，VO_2Peak）来描述有慢性疾病和健康问题人群的心肺耐力。心肺耐力是健康相关体适能的核心要素，较高水平的心肺耐力可显著降低人体冠心病和全因死亡率。

运动医学通常采用极量或亚极量分级运动测试来客观评估功能性心肺能力（最大摄氧量），作为制定运动处方的依据。极量运动测试是一种逐级增加运动负荷，直至受试者不能耐受的运动状态的测试方法。这种测试主要用于判断最大氧耗量以及心、肺和运动系统的最大代偿能力，这在心血管疾病和呼吸系统疾病的诊断和治疗中具有重要价值。极量运动测试可以采用不同的形式，包括运动平板测试和踏车测试。平板测试是在设定的速度和坡度下进行步行、慢跑或快跑，而踏车测试则可以精确计算运动功率，通过负荷循序渐进地递增，逐渐达到患者的最大运动耐量。这些测试方法各有优缺点，临床上可根据具体情况具体选用。亚极量分级运动测试是一种评估个体在亚极量运动负荷下的心肺功能和运动耐力的测试方法。它通过测量在规定时间内（通常是 6min）个体能够行走的距离来评估机体功能状态及储量。

2. 肌肉适能

肌肉适能是指肌肉适应运动负荷的能力，也被称为肌肉弹性、肌肉可塑性或肌肉适应性。它涉及肌肉在受到适度负荷和刺激后，经历一系列生理和结构变化，提高其功能和性能的能力。最低水平的肌肉适能能够保证完成日常的生活活动，维持上了年纪的人的自主和自理能力，使得人们在利用闲暇时间积极锻炼时不会产生过度的压力或疲劳感。良好的肌肉适能水平有助于降低骨折和骨质疏松的风险。美国医学会目前将肌肉力量、肌肉耐力和肌肉爆发力一同纳入作为定义和评估肌肉适能的重要组成部分。

肌肉力量是指肌肉或肌肉群在一次最大努力中所能产生的力量。它通常与肌肉的大小、神经系统的激活能力以及肌肉的协调性有关。肌肉或肌肉群所产生的力量主要取决于运动速度。当关节未转动时（即速度为零），肌肉能够产生最大力量，而在关节转动速度加快时，肌肉产生的力量将随之减小。肌肉力量可以通过重量训练（通过举重或使用其他形式的阻力训练）、高强度间歇训练、功能性训练（模拟日常活动和运动中的动作，以提高肌肉力量和协调性的训练）、核心训练（加强腹部和背部肌肉力量的训练，以提高整体稳定性和力量）、平衡训练（通过单腿站立或其他平衡练习来增强肌肉力量和协调性）和渐进式超负荷训练（通过逐渐增加训练的强度或重量，以持续肌肉所需要的挑战）等多种方式得到增强。

肌肉耐力是指肌肉或肌群在长时间或反复进行工作时保持或重复特定动作的能力，可以用“能进行反复收缩动作的次数”或“肌肉维持特定力量的持续时间”进行体现。与肌肉力量不同的是：肌肉力量是指肌肉在一次最大努力中能产生的力量，而肌肉耐力是对肌肉进行长时间的体育活动或日常活动持续性的反映。肌肉耐力可以通过有氧运动（通过跑步、游泳和骑自行车等，以提高心肺功能和肌肉耐力）、力量训练（通过重复举起较轻的重量，以增加肌肉耐力）、间歇训练（交替进行高强度和低强度的活动，以提高肌肉耐力）、功能性训练（模拟日常活动的训练，以提高特定肌肉群的耐力）、合理饮食（保证足够的蛋白质摄入，有助于肌肉恢复和增长）、休息和恢复（给肌肉足够的时间恢复，以避免过度训练）、保持水分（在训练前后和训练中保持适当的水分摄入，以维持肌肉功能）、逐步增加训练强度（逐渐增加训练的难度和持续时间，以避免受伤并提高耐力）以及避免不良习惯（减少或避免吸烟和过量饮酒）等多种方法得到加强。

肌肉爆发力是指肌肉在最短时间内收缩时所能产生的最大张力，通常用肌肉单位时间的做功量来表示。影响肌肉爆发力的主要因素：①神经控制，包括运动单位的募集和激活频率。力量的增强在训练初期主要源于神经适应，即大脑学习如何利用一定量的收缩组织产生更大的力量。②肌肉横截面积，肌肉力量与肌肉横截面积有关，而非单纯的肌肉量。抗阻训练可以提高肌力和肌肉横截面积。③肌纤维的排列，肌肉在最大收缩时产生的力量范围较大，这与肌纤维的排列有关。④肌纤维类型，快肌纤维收缩力量明显大于慢肌纤维，人体肌肉中快肌纤维横断面积及百分组成较高的个体，其肌肉收缩力量也较大。⑤神经系统的调节能力，中枢神经系统通过改变发放神经冲动的强度和频率来影响肌肉的收缩力量。肌肉爆发力可以通过增强式训练（利用肌群的离心收缩和向心收缩，通过牵张缩短循环动作来提高爆发力）、超等长训练方法（包括快速跳跃练习、跳深练习和利用专门训练器械进行的超等长练习）、弹力带训练（能有效激活肌肉的各个部分，促进爆发力的提升）、沙袋负重训练（通过在关键肌群上施加额外的负担，迫使肌肉进行更加剧烈的力量训练，以提升爆发力）以及经典爆发力训练动作（包括箭步跳、立定跳远、滑冰式跳跃和屈膝跳）等方式得到训练和加强。

3. 身体成分

身体成分是指体内各种成分的含量，包括肌肉、骨骼、脂肪、水和矿物质等。这些成分的比例反映了人体内部结构的特征。身体成分对健康具有重要的影响：①合理的身体成分组成、充足的肌肉量和健康的脂肪比例有助于提高代谢、力量、耐力和抗压能力，适量的水分和良好的骨骼健康则为身体提供结构支持和功能调节。②过多的脂肪（尤其是内脏脂肪）会增加代谢和心血管疾病的风险，削弱体能储备，而过少的肌肉量则降低了代谢率、力量和耐力，影响恢复能力。③随着衰老，水分减少、肌肉质量下降、脂肪比例上升、骨密度降低，这些变化都会削弱体能储备，增加疾病和功能退化的风险。④通过监测和优化身体成分，可以提高整体健康水平，延缓衰老，并应对各种应激和疾病挑战。

4. 柔韧性

柔韧性是指个体在运动中身体各部位能够达到的最大活动范围，它涉及关节、肌肉、肌腱、韧带以及其他结缔组织的弹性和伸展能力。静态柔韧性和动态柔韧性是衡量个体柔韧性的两个重要方面。总的来说，静态柔韧性强调的是关节在静止状态下的活动范围，而动态柔韧性则强调的是关节在运动中能够达到的活动范围。两者都是提高身体灵活性和减少受伤风险的重要因素。静态柔韧性指的是在没有外力作用下，关节能够达到的最大活动范围。这种柔韧性是完成主动（没有协助）或被动（有协助）动作时关节的可活动范围，最终的位置可以保持固定。静态柔韧性可以通过静态拉伸来提高。动态柔韧性指的是在运动过程中关节的活动度。一般而言，动态柔韧度要比静态柔韧度的活动度更大。动态柔韧性可以通过动态拉伸来提高，这种拉伸一般是在准备各项运动前所使用的特殊动作，强调运动所需要的移动动作，而不单单只针对于某一块肌肉。动态拉伸要求缓慢移动至拉伸位置，可以选用被动方法，或选用主动方法。

柔韧性的特点包括：①柔韧性好的个体关节活动范围较大，能够更灵活地进行各种动作。②柔韧性好的肌肉和肌腱能够更好地伸展和收缩，减少运动中的拉伤和扭伤，允许肌肉和关节在运动中更有效地吸收和释放力量，减少受伤的风险。③柔韧性可以帮助运动员更有效地执行技术动作，提高运动表现。④良好的柔韧性有助于维持正确的身体姿势，减少因肌肉紧张或不平衡而导致的不良姿势。⑤柔韧性训练可以帮助身体适应不同的运动需求和环境变化。⑥柔韧性训练可以帮助肌肉在剧烈运动后更快地恢复。⑦柔韧性可以通过特定的训练方法，如拉伸和灵活性训练，得到提高。⑧存在年龄和性别差异，不同年龄和性别的人柔韧性可能有所不同，通常儿童和青少年的柔韧性较好，而随着年龄的增长，柔韧性可能会逐渐降低。

影响柔韧性的因素主要包括以下几个方面：①性别。研究表明，女性通常比男性具有更好的柔韧性，这可能与女性的解剖结构差异有关，如女性的髋部较宽，可以更容易地打开腿部进行深度弯曲。②年龄。儿童和青少年通常比成年人具有更好的柔韧性，因为他们的关节和肌肉更灵活。随着年龄的增长，关节和肌肉逐渐失去弹性，柔韧性也随之下降。③关节结构。关节结构是决定柔韧素质的重要因素之一，关节活动幅度的大小决定于关节本身的结构。不同个体间关节结构存在差异，不同关节在结构上的差异也十分明显。④肌肉与结缔组织。人体的肌腱、韧带、筋膜、关节囊以及皮肤都可能限制关节的活动范围，对人体的柔韧性产生影响。肌肉及其筋膜具有良好的弹性，通过拉伸的方式来提高柔韧性的努力主要应该放在肌肉及其筋膜上。⑤体内温度和外界温度。外界温度和体内温度也是影响柔韧性的重要因素。在外部温度较低的状况下，开展热身运动干预对柔韧素质提升的效益提升更加明显。⑥ BMI。BMI 与柔韧素质之间存在负相关性，即人体 BMI 指数越低，其柔韧性测量结果值越高。⑦神经系统的调节。柔韧性不仅决定于结构的改变，也决定于神经对骨骼肌的调节，特别是对抗肌放松、紧张的协调。⑧训练和活动程度。良好的柔韧性可以通过训练改善，如拉长肌肉、肌腱及韧带等。这些因素共同作用，影响个体的柔韧性表现。通过合理的训练和生活方式调整，可以在一定程度上提高个体柔韧性。

5. 平衡能力

身体平衡性是指人体维持身体姿势和稳定状态的能力。身体平衡性对于日常活动非常重要，如站立、行走、跑步等。平衡性差可能导致跌倒和受伤。随着年龄的增长，平衡能力可能会下降，因此老年人更容易跌倒。平衡性可分为静态平衡性和动态平衡性。身体静态平衡性是指人体在相对静止的状态下，维持身体某种特定姿势一段时间的能力。如站立、单脚支撑、倒立和射箭前的瞄准等动作都属于静态平衡。在静态平衡状态下，人体需要肌肉的等长收缩（静力性运动）来完成，这是一种维持身体或身体某一部位保持稳定状态的过程。身体动态平衡性是与静态平衡相对的一个概念，是指人体在运动过程中，控制身体姿势的能力。动态平衡涉及在运动或受到外力作用时，能自动地调整并维持姿势的能力，如蹦床、特技、冰上舞蹈与游泳等均需要很好的动态平衡能力。动态平衡可以分为自动动态平衡和他动动态平衡两种状态。自动动态平衡指人体进行各种自主运动能重获稳定状态的能力，如站或坐等各种姿势间的转换运动；他动动态平衡指人体受到外界的干扰，如推、拉等产生的反应，恢复稳定状态的能力。

身体平衡性涉及多个系统和多种因素的综合作用，主要包括：①前庭系统，位于内耳的前庭系统能够感知头部位置和运动，帮助我们保持平衡。②视觉系统，视觉提供了关于身体位置和周围环境的重要信息，帮助我们判断和调整身体姿势。③本体感觉系统，通过肌肉、关节和皮肤的感觉受体，本体感觉系统能够感知身体各部位的位置和运动状态。④小脑，小脑是大脑的一部分，它协调肌肉活动，帮助我们进行精细的运动控制和维持平衡。⑤肌肉和骨骼系统，肌肉的力量和耐力，以及骨骼的结构，对于支撑身体和维持平衡至关重要。⑥神经系统，神经系统负责处理来自前庭系统、视觉系统和本体感觉系统的信息，并发出指令以调整肌肉活动，保持平衡。⑦身体意识，个体对自己身体在空间中位置的感知。⑧年龄，随着年龄的增长，人的前庭功能、肌肉力量和反应速度可能会下降，从而影响平衡能力。⑨体重，体重的增加可能会增加足底压力，影响足底机械感受器的敏感性，同时更大的体重需要更大的肌肉力矩来抵消重力距，影响姿势稳定性。⑩药物因素，某些药物，如精神类药物、心血管药物、降糖药等，可能会引起头晕、乏力、共济失调等，进而影响平衡能力。⑪牙齿，牙齿的咬合状况与身体平衡能力有关，咬合不良可能会导致平衡能力下降。⑫心理因素，紧张、焦虑等情绪状态可能会影响人的平衡能力。⑬劳动性生理负荷水平，劳动强度和生理负荷水平对人体平衡功能有显著影响，负荷增加可能会导致平衡能力下降。⑭疾病和病理状态，脑供血不足、脑肿瘤、多发性硬化等疾病可能会干扰平衡信息的传导，引起身体平衡性下降。

6. 体适能测试的目的

健康体适能测试在慢性疾病管理中具有重要意义：①了解自身健康 / 体适能状况，与同年龄、性别人群标准健康状况之间的差别；②为制定个体运动化处方提供相关数据支持；③通过收集基线和运动后数据，用于评价受试者参加运动干预后的变化。

7. 体适能评估的注意事项

在进行体适能测定之前，一定要与测定对象签署知情同意书，要向测试对象详细解释测试过程，注意保护个人隐私，减轻焦虑情绪。测试需要一定的环境支持，如室温、室内通风环境等。测试时注意流程，一定要先进行静态测试，即测试静息或安静状态下的心率、血压、身高、体重和身体成分，也称为基线体适能测试，再进行动态测试，即测试运动过程中的心肺耐力、柔韧性、肌肉力量和耐力以及平衡能力。

三、老年人体适能的评估

1. 心肺耐力评估

在心肺耐力测试前需要注意一些问题：①禁止餐后马上进行测试或者空腹状态下测试；②测试前 24h 内禁止从事大强度运动；③测试前 12 ～ 24h 内禁止食用含咖啡因的食物；④测试前 24h 内禁止饮用酒精饮料；⑤测试前 24h 内避免使用影响心率的药物。

心肺耐力的测试，包括直接测试法和间接测试法。间接测试法包括场地测试

（1.61km 走测试，12min 跑，2.4km 跑，6min 步行测试）和实验室测试（功率车、跑台、台阶试验）。这两种测试方法都可能采用极量或亚极量分级运动测试来评估功能性心肺能力。

心肺运动试验（cardiopulmonary exercise testing，CPET）是极量运动测试的一种形式，它记录患者从静息状态至运动到达极限状态再逐渐恢复的数据。在心肺耐力测试中重点检测的指标包括心率、血压、心电图、通气和换气反应、主观感觉疲劳等级测量（Borg 自感用力度量表）以及运动中的症状和体征等。通过这些丰富的监测指标，CPET 能够详细描述患者在运动状态下的生理状况，从而对心肺功能进行评估。

跑步机测试是一种较为通用的极限运动测试手段。该运动是在一台可变速且倾斜的电动跑步机上进行的。跑步机上的运动负荷随着运动速度和倾斜度的增加而增加。运动量通常以 km/h 及倾斜度（%）表示。在运动中测试摄氧量的难度较大，成本较高。因此，可以使用美国运动医学会代谢方程（ACSM 代谢方程）来估计运动时的摄氧量，其计算公式可以表示为：摄氧量 [mL/（kg · min））]= 速度（m/min）× 0.1+ 倾斜度 × 速度（m/min）× 1.8+ 静息摄氧量。

6min 步行试验（6–minute walk test，6MWT）是常见的亚极量运动试验之一，由 Bakle 在 20 世纪 60 年代开发用于体适能的评估。它通过测量个体在 6min 内行走的距离来评估心肺功能不全的严重程度和疗效。它适用于评估老年人、慢性阻塞性肺疾病（COPD）患者、肺动脉高压患者、心力衰竭患者的运动耐力、心肺功能不全的严重程度和疗效。临床上通过 6MWD 的绝对值或绝对值占预测值的百分比来判断心肺功能情况。6MWD 的预测值计算，中国专家建议采用以下公式：①男性，6MWD（m）=233.205+[4.31 × 身高（cm）]–（4.01 × 年龄 + 6.14 × BMI）；②女性，6MWD（m）=285.011+[1.041 × 身高（cm）]–（0.678 × 年龄 + 2.189 × BMI）。

安全起见，老年对象的心肺耐力评估，一般采取 6MWT 进行估计。让测试对象在长度为 30m 长的步道上来回行走，量测 6min 内行走距离，若老年人走路距离小于 320m，则表现为心肺耐力较弱。

除了 6MWT，也可以选择一些类似 ACSM 代谢方程的亚极限运动方程来评估一些健康状态良好的老年人（平均年龄 ≥ 65 岁）的最大摄氧量，运动形式可以选择跑步机、卧式踏步机或固定踏步机等。

在进行心肺耐力评估时，极量或亚极量分级运动测试的选择取决于以下几个方面：①测试者的运动方式、风险因素、心血管以及代谢或肾脏疾病的诊断或症状。②进行测试的目的（体适能测试或者临床诊断治疗性测试）。③合适的运动装备和合格的专业人员。无论哪种情况的运动测试，都应该是多阶段的分级测试。

在进行心肺耐力评估期间，专业测试人员需要密切关注被测试者的身体状态和体征，以判断是否需要中止测试。分级运动测试终止一般见于以下情况：①出现心绞痛或类似心绞痛的症状；②运动负荷增加，但收缩压比基线低 10mmHg；③血压过高，收缩压高于 250mmHg 或舒张压高于 115mmHg；④呼吸短促、气喘、腿抽筋或者跛行；⑤血液灌注不良倾向（如共济失调、头晕眼花、面色苍白发紫、皮肤湿冷、恶心）；⑥心率不再随运动强度的增加而升高；⑦心率变化明显；⑧重度疲劳的身体或语言表现；⑨测试器材故障；⑩被试者自愿要求停止。

2. 肌肉适能评估

肌肉力量、耐力与爆发力的评估是衡量个体肌肉功能的重要指标，对于预防运动伤害、提高运动表现、促进身体健康具有重要意义。

（1）肌肉力量评估。

肌肉力量的评估主要有肌力分级法、直接测量法、间接测量法和主观评估法等多种方法。肌力分级法是一种临床上用于评估肌肉力量的标准方法，是通过观察肌肉在不同刺激下的收缩情况和活动能力来评估肌肉力量，并对肌肉力量进行分级的方法，通常用于神经学、康复医学和运动医学等领域。具体分级如下：① 0 级，肌肉没有任何收缩的迹象，表明肌肉完全失去了功能；② 1 级，肌肉有轻微的收缩，但无法产生任何可见的动作，力量非常微弱；③ 2 级，肌肉能够产生一些动作，但无法克服重力，只能在非抗重力的位置移动肢体；④ 3 级，肌肉可以克服重力，但不能抵抗外部施加的阻力，可以在没有外力干扰的情况下完成动作；⑤ 4 级，肌肉可以克服重力和轻度的外部阻力，但比正常肌力差，进行日常活动时可能会感到困难；⑥ 5 级，肌力正常，没有任何减弱或异常，患者可以自如地完成所有日常活动。在进行肌力评估时，建议由经验丰富的医生进行，并结合其他检查和测试结果来综合判断患者的肌力状况。直接测量法是指通过特定的测量设备直接测量肌肉力量的大小，如使用力传感器、测力计、握力计等设备进行测量。间接测量法是指通过身体其他方面的变化来间接推算肌肉力量的大小，如通过测量体脂含量、肌肉质量等指标来推算肌肉力量。主观评估法是指通过问卷、访谈等方式询问个体对肌肉力量的主观感受和评价，如使用力量自我评估量表、力量训练意愿问卷等工具进行评估。

（2）肌肉耐力评估。

肌肉耐力评估的主要方法有静态持力测试、重复动作测试、动态肌肉耐力测试、等速肌力测定仪测试和背肌耐力和腹肌耐力测试等。静态持力测试是通过测量持续时间来评估肌肉在稳定姿势下的耐力。例如，掌心朝上静态持力测试和仰卧直腿静态持力测试。重复动作测试是通过测量在一定时间内完成连续动作的次数来评估肌肉的耐力。例如，俯卧撑测试用来评估上肢肌肉的耐力。动态肌肉耐力测试用于测量特定肌群在长时间内重复执行动作的能力。等速肌力测定仪测试，其理论基础是使用特殊康复训练装置使得设备的速度保持不变，而阻力会根据使用者的用力而变化，即无论进行多大或多小的用力，运动速度都保持不变。背肌耐力测试，主要采用俯卧撑测试法，是美国运动医学会和加拿大运动生理学会推荐的用于评估肌肉耐力的测试方法。俯卧撑的标准动作要领：①姿势，双手与肩同宽或稍宽，手指向前，手掌平放在地面上，手臂伸直，支撑身体。双脚并拢或稍微分开，脚尖着地，身体呈一条直线。②下降和上升，在下降时，控制呼吸，保持核心收紧，身体缓缓下降至胸部几乎接触地面但不要碰到地面。在上升时，用胸部和手臂的力量将身体推回起始位置，同时呼气。③速度控制，下降过程要慢，上升过程要快，这样可以更有效地锻炼肌肉。俯卧撑主要通过肌肉锻炼（俯卧撑能够锻炼上肢、胸部、腰腹部和背部的肌肉，提升核心稳定性和心肺功能）、心肺功能提升（连续进行俯卧撑时，心率加快，呼吸急促，有助于提高心肺功能）和全身锻炼（一个标准的俯卧撑能够锻炼到全身的多个肌群）等发挥健康益处。腹肌耐力测试，通常采用卷腹运动、半身卷腹运动和仰卧起坐等方式进行。

（3）肌肉爆发力评估。

肌肉爆发力评估可以通过纵跳测试、立定跳远测试、单腿三级跳测试、胸前掷药球测试、过顶前掷药球测试和过顶后掷药球测试、转身投掷药球测试、楼梯冲刺爆发力测试和划船测功仪峰值功率测试等多种方法进行。纵跳测试是一种测量下半身向上爆发力的测试，测试者需要在墙壁上标记最大跳跃高度，并使用卷尺测量跳跃高度。立定跳远测试是通过测量从静止状态跳远的距离来评估腿部的爆发力。单腿三级跳测试主要用于评估单腿的爆发力和协调性。胸前掷药球测试是通过测量药球的投掷距离来评估上半身的爆发力。过顶前掷药球测试和过顶后掷药球测试用于评估肩部和上肢的爆发力。转身投掷药球测试用于评估全身协调性和爆发力。楼梯冲刺爆发力测试是通过测量上楼梯的速度来评估爆发力。划船测功仪峰值功率测试是通过测量在划船测功仪上达到的峰值功率来评估爆发力。

（4）老年体适能评估。

对于中老年人群而言，准确评估其肌肉适能十分重要。上半身和下半身具有足够的力量，能够减少跌倒以及与跌倒相关的受伤风险，降低因年龄增长带来的骨矿物质流失，维持去脂身体组织，提高葡萄糖利用率以及预防肥胖。高水平的肌肉力量，能使老年人保持功能独立性、完成自己的日常生活活动、参加健身和娱乐活动。

老年人肌肉适能主要通过肌肉力量和体能表现两个维度进行评估。专家们一致认为，按照适当的程序进行1RM测试对老年人是安全的。1RM表示1个受试者以正确的动作只能重复1次动作的阻力，例如，受试者的卧推最重能举起100kg，且只能举起一次，其1RM就是100kg。1RM测试对所涉及的肌肉、软组织及关节有极大刺激，因而要求受试者的训练状态良好，并且有抗阻训练经验，仅适用于具有抗阻训练经验、练习技术良好的运动员。但是很多老年患者以及心血管疾病患者没有做过抗阻训练或者不适合进行高强度的抗阻训练，没办法进行这么大重量的测试，因此，在临床上，康复医生通常会降低难度，如使用次最大肌肉耐力测试或者给患者进行10RM测试来估算。次最大肌肉耐力测试要求受试者以其45%的体重重量完成尽可能多的重复次数。10RM表示受试者以正确的动作最多重复10次动作的阻力。

功能性体适能是指在体力未透支的情况下，安全独立地完成日常活动的能力。功能性体适能包括多个方面，如有氧耐力、柔韧性、平衡性、敏捷性和肌肉力量。美国运动医学会推荐采取两种力量测试评估老年人群的体能和功能性体适能：①评估上半身力量的臂弯举（肱二头肌举）测试；②评估下半身力量的30m座椅起坐测试。

臂弯举（肱二头肌举）测试用于评估上半身的力量，以评估中老年人完成日常生活活动的能力，如抬举和搬运杂物、抱小孩和宠物等活动。需要的设备是一把折叠椅或者背椅，一个秒表，一个质量为2.27kg的哑铃（女性）或一个质量为3.63kg的哑铃（男性）。测试步骤如下：①让被试者坐在椅子上，背部挺直，双脚平放在地上；②被试者手握住哑铃的中间把位（握式），并将手臂垂放于体侧；③让被试者通过向上旋转前臂的方式完全弯曲肘关节来弯举哑铃，然后通过向下翻转前臂的方式完全伸展肘关节，返回到起始姿势。在测试时，指导被试者上臂与躯干保持接触，在 30s 内尽可能多地完成重复动作。评分规则：计算被试者在 30s 内完成的重复次数，如果在测试终止时，前臂弯举超过一半，应将该次未完成的动作计入完成次数，并根据相应的表格计算被试者完成的百分比。测试的注意事项：在测试前，测试者先向被试者展示动作，让被试者在没有哑铃的情况下，进行重复练习，以检查被试者的身体姿势和弯举方法是否正确。在测试过程中如果出现疼痛症状，应立即停止。

30s 座椅起坐测试，主要用于评估下半身的力量，应用于测量被试者完成日常生活活动（如爬楼梯、步行、座椅上起坐或下车等）的能力。需要的设备是一把折叠椅或者背椅，一个秒表。测试步骤如下：①将椅子靠在墙上，让被试者坐在椅子上，背部挺直，双脚平放在地上；②让被试者双手手腕交叉放在胸前；③让被试者重复起身至完全站立，然后完全坐下，回到起始姿势，重复进行。评分规则：计算被试者 30s 内的重复次数。如果在测试终止时，被试者动作已完成一半，应将该次未完成的动作计入完成次数，并根据相应的表格计算被试者完成次数的百分比。测试的注意事项：①检查椅子的放置是否正确和平衡；②在测试前，测试者先向被试者展示动作，让被试者在没有哑铃的情况下，进行重复练习，以检查被试者的身体姿势（完全站立和完全坐下）是否正确；③在测试过程中如果出现疼痛症状，应立即停止。

下半身爆发力测试的目的是评估下半身的爆发力。与肌肉力量和耐力相比，肌肉爆发力的下降速度更快。与其他肌肉适能相比，爆发力能够更有效地反映受试者灵活性和功能受限状况。增强爆发力有助于预防与滑倒有关的受损。需要的设备是一个 Tendo 分析仪系统，皮带，一把折叠椅或者背椅，一个体重秤。测试步骤如下：①被试者体重测量；②使用皮带将 Tendo 分析仪绑在客户的腰部；③将椅子靠在墙上，让被试者坐在椅子上，背部挺直，双脚平放在地上，双手手腕交叉放在胸前；④让被试者起身至完全站立，然后完全坐下，回到起始姿势，以最快速度完成一次重复动作；⑤被试者应至少完成 3 次重复动作，每次重复之间留出 60s 的完全恢复时间。通过 Tendo 分析仪测得的垂直速度（m/s）与移动质量（kg）来评估爆发力，记录最佳测试结果。测试的注意事项：①检查椅子的放置是否正确和平衡；②在测试前，测试者先向被试者展示动作，让被试者在没有哑铃的情况下，进行重复练习，以检查被试者的身体姿势（完全站立和完全坐下）是否正确；③在测试过程中如果出现疼痛症状，应立即停止。

3. 身体成分测试

身体成分的测量方法主要包括：①皮褶测试，这是一种通过捏起皮肤并使用特殊卡尺测量特定部位的皮褶厚度来间接评估身体脂肪分布的方法。②双能 X 线吸收法（DXA），这种方法通过两种不同能量的 X 线穿过人体，并根据其衰减和吸收的区别来测量骨骼中矿物质及软组织的含量，具有较高的再现性和准确率。③计算机断层扫描法（CT）/ 磁共振法，这两种方法可以测量身体成分，相比于 DXA，因其低成本、高精准度和低辐射剂量而更受青睐。④水下称重法，这是一种通过测量人在水下的体重来计算体密度的方法，有效性和可靠性较高，常作为效标来检验其他身体成分间接测量方法的有效性。⑤生物电阻抗法，这种方法通过测量人体对电流的阻力来估算身体成分。⑥近红外线吸收法，这种方法利用近红外线技术来测量身体成分。⑦三维人体扫描法，这种方法通过扫描技术获取人体三维数据，进而分析身体成分。⑧其他人体测量法，人体测量旨在测量人体的大小和比例。体重和身高是衡量人体形体大小的指标，体重与身高的比值代表体形比例。围长（手臂、大腿、腰部或臀部）、皮褶厚度、骨骼直径（膝盖、脚踝或手腕）和节段长度可用于评估身体节段的大小和比例。下面重点介绍几种利用人体测量法估算身体成分。

（1）身体质量指数和腰围。

BMI 和腰围是较为传统的用于衡量身体肥胖、体型和脂肪分布的指标。然而随着研究的深入，这些指标在评估脂肪分布方面存在一定的局限性。

BMI 作为肥胖和脂肪分布估计的局限性主要体现在以下几个方面：① BMI 是一个基于身高和体重的简单计算，不能区分肌肉与脂肪，这意味着 BMI 高的人可能实际上是肌肉量较多，而不是脂肪过多。② BMI 不能准确评估脂肪分布，对内脏脂肪的评估不足，BMI 不能准确地反映人体内脏脂肪的堆积，而内脏脂肪与多种代谢问题相关，如胰岛素抵抗、心脏病等，这对于中心性肥胖群体来说尤为重要。③未能充分考虑其他影响因素（如年龄、性别和种族等）的影响。④不同种族的适用性存在差异，BMI 是根据白种人的测量数据开发的，对其他人种人群可能不适合。研究认为，与白人相比，BMI 指数较低的亚洲人患心脏病等疾病的风险更大，这可能是由于体脂百分比和分布的差异。因此，不同种族和地区的人群可能需要不同的 BMI 阈值来评估肥胖，如亚洲人群可能需要更低的 BMI 阈值。⑤不能反映不同人群的人体脂肪分布情况，两个 BMI 相似的成年人可能携带不同数量的脂肪。BMI 相同的情况下，老年人往往比年轻人有更多的脂肪和更少的肌肉，女性往往比男性拥有更多体脂。因此，BMI 作为肥胖诊断的工具存在一定的局限性，需要结合其他人体测量指标和临床评估来更准确地诊断和管理肥胖。

腰围被认为是反映局部肥胖（即腹部肥胖）的一个有用指标和替代指标，同时也是与肥胖相关的心脏代谢疾病的一个预测因素。经过多年的实践研究发现，腰围作为肥胖和身体成分的测量指标，存在以下几方面的局限性：①未充分考虑个体差异（如年龄、种族、地域等），这些因素对于脂肪的分布和健康风险有着重要影响。②忽略其他脂肪部位的风险，腰围主要关注中心性肥胖，但对其他类型的脂肪堆积（如臀部和大腿）没有足够的反应。这些部位的脂肪堆积也可能带来健康风险。③身高因素未细化，成人的腰围一般随着身高的增加而有所增加，以腰围作为中心性肥胖的判定方法可能存在一定的局限性。④腰围的测量不考虑肌肉和脂肪的区分，特别是在体脂较低且肌肉量较高的个体中，可能会出现评估不准确的情况。例如，某些健身人群即使有较大的腰围，腰围的评估结果可能偏高，而这并不意味着他们的健康风险增加。⑤测量的可重复性问题，测量腰围需要评估员受过良好培训，知道把卷尺放在哪里，并确保每次都在同一部位测量。对于体型较大的人来说，准确测定腰围在技术上比较困难，这些挑战使得每次测量腰围的可重复性降低。总之，腰围作为肥胖和身体成分的测量工具，虽然简单易行，但在精确性和个体化评估方面存在一定的局限性。

（2）腰臀比和腰围身高比。

腰臀比（waist-to-hip ratio，WHR）是一个衡量身体脂肪分布的指标，它通过比较腰围和臀围的比值来评估个体的健康状况。其优势主要体现：①相比于 BMI 和腰围，腰臀比能更好地反映腹部及内脏脂肪的堆积水平，更能全面地评估肥胖程度和相关健康风险。②相比于 BMI，腰臀比与心血管疾病、糖尿病等慢性病的关系更为密切，能更好地预测早亡风险，是一个很好的全因死亡率预测衡量指标。③腰臀比受到人种差异的影响较小，使其成为一个较为普适的健康指标。其局限性主要体现：①女性的腰臀比会受到绝经状态的影响。与绝经前的女性相比，绝经后的女性脂肪分布模式更偏向男性的脂肪分布模式。②腰臀比不适合评估青春期前儿童的脂肪分布。③腰臀比评估内脏脂肪的准确性会随着脂肪的增加而降低。④臀围仅受皮下脂肪沉积的影响、腰围受内脏脂肪和皮下脂肪沉积的影响，因此，腰臀比也许不能够准确反映内脏脂肪积累的变化。⑤腰臀比的测量可能会受到测量技术的影响存在测量误差，如测量位置的不准确或测量时的呼吸状态等。⑥腰臀比虽然是一个有用的指标，但一般不单独用来评估健康风险，应结合其他指标如 BMI、血压、血糖等一起使用。综上所述，腰臀比是一个重要的健康指标，具有多方面的优势，但也存在一些局限性，在实际应用中需要综合考虑。

腰围身高比（waist-to-height ratio，WHtR）是一个用于评估肥胖和健康风险的指标，它结合了腰围和身高两个参数。其在临床上的使用优势体现：①与体脂分布异常相关联，WHtR 可以用于评估体脂分布异常，与高血压、糖尿病、心血管事件、缺血性卒中等健康问题有关联，有助于预测这些疾病的风险。② WHtR 在预测中心性肥胖方面的效果与腰围相当，且在身高较低或较高人群中，腰围身高比的预测效果优于腰围。③ WHtR 是一种简单易用的测量方法，可以帮助识别高风险人群，并从体重管理中受益，以改善他们的健康状况。④ WHtR 适用于不同性别和种族，可以采用相似的切点值。主要的局限性体现在：① WHtR 主要适用于 BMI 低于 35 的人群，对于 BMI 超过 35 的人、孕妇或两岁以下的儿童，腰围测量并不准确。②尽管很多研究表明 WHtR 有较好的心脏代谢预后预测价值，但也有研究认为其特异性不够高。总之，腰围身高比是一个有用的健康风险评估工具，但也存在一些局限性，需要在实际应用中注意这些问题。

（3）脂质蓄积指数和内脏脂肪指数。

脂质蓄积指数（lipid accumulation product，LAP）和内脏脂肪指数（visceral adiposity index，VAI）是用于评估脂肪分布和代谢风险的指标。适用于评估代谢综合征、高血压、糖尿病等与腹部脂肪相关的疾病风险，用于公共卫生中的流行病学调查和临床研究，以分析内脏脂肪与健康结果之间的关系。

LAP 的计算公式：①男性，LAP=（腰围 –94）× 三酰甘油；②女性，LAP=（腰围 –80）× 三酰甘油。其中，腰围用 cm 表示，三酰甘油用 mmol/L 表示。

LAP 的主要优势：①与胰岛素抵抗、代谢综合征等疾病的相关性较强，有助于识别高风险人群；②能有效反映内脏脂肪的蓄积情况，特别适用于腹型肥胖者。LAP 的主要局限性：①受限于种族和性别，不同人群中 LAP 的阈值可能不同，可能影响其预测能力；②不考虑肌肉质量，LAP 主要关注脂肪，而不考虑肌肉质量，对某些个体（如运动员）的适用性有限。

脂内脏脂肪指数（VAI）的计算公式：①男性，VAI= 腰围 /39.68+[（1.88 × BMI）]×（三酰甘油 /1.03）；②女性，VAI= 腰围 /36.58+[（1.89 × BMI）]×（三酰甘

油 /1.03）。

VAI 的主要优势：①综合性强，VAI 结合了体重、身高、腰围及血脂水平等多项数据，提供了更全面的内脏脂肪评估；②关联性高，与心血管疾病、糖尿病及其他代谢疾病的发病风险相关性显著。VAI 的主要缺点是计算较为复杂，相较 LAP，VAI 的计算涉及更多变量，可能增加临床应用的复杂性。

（4）体型指数（ABSI）和锥度指数（CI）。

ABSI 是 Krakauer 团队在 2012 年开发的一种综合考虑腰围、身高和体重的新型的肥胖指标，该指标是根据身高和体重调整后的腰围研发而来，反映了腰围与身体总体肥胖程度之间的比例关系。ABSI 因其考虑了腹部肥胖的影响，被认为是一种比 BMI 更有效的体型评估方法。又因为研究显示 ABSI 与许多代谢性疾病（如糖尿病、高血压等）的发生有显著相关性，因此有望成为一种重要的流行病学指标。

ABSI 的计算公式：ABSI= 腰围（cm）/[BMI2/3 × Height（kg）1/2]

CI 主要用于评估个体的脂肪分布情况，尤其是腹部脂肪与身体其他部分的比例。CI 值越高，表示腹部脂肪积累相对较多，可能增加心血管疾病等健康风险。

CI 的计算公式：$$CI=\frac{腰围（cm）}{0.109\times\sqrt{\frac{体重（kg）}{身高（m）}}}$$

4. 柔韧性测试

柔韧性测试与评估是评估身体健康和运动能力的重要部分，常用的柔韧性测试与评估方法包括：①坐位体前屈测试，这是一种常用的柔韧性测试方法，用于测量髋部和腰部的柔韧性。测试者坐在地面上，双腿伸直，尽可能向前弯腰，尝试用手指触碰或覆盖脚趾。通过测量手指与脚趾的接触情况，可以评估腰部和腿部的柔韧性水平。②抓背测试，用于测量肩部的柔韧性。测试方法是将一手从肩膀后方伸向后背，另一手从后背下方往上伸，通过双手手指的距离来判断柔韧性。如果双手手指可以相互握住，则柔韧性过度；如果双手手指可以轻微接触，或双手手指距离不超过 10cm，则柔韧性适中；如果双手手指无法接触，且距离超过 10cm，则柔韧性不足。③全身旋转测试，用于测量躯干和与全身旋转动作相关的几个关节的柔韧性。④灵活性测量设备，使用角度计等仪器测量关节活动范围，提供精确数据，帮助医生和理疗师客观分析患者的柔韧性状况。⑤专项体育测试，在体操、舞蹈、瑜伽等运动项目中，有专门的测试来评估运动员的柔韧性。⑥自我评价问卷，让个体对自己的柔韧性进行主观评价，虽然不如上述方法精准，但也能提供一定的参考信息。

柔韧性是老年人功能适应性的重要组成部分。在进行这些测试时，应确保受试者的安全，并在测试前做好准备活动以防肌肉拉伤。老年人柔韧性测试通常采用抓背试验和座椅体前屈试验两种方法。在进行座椅体前屈试验时，受试者坐在43cm坐高椅子上，利腿伸直脚尖翘起，将直尺起始端置于髌骨中点，另一端置于脚尖上。受试者双手重叠，沿着直尺手臂前伸，记录中指尖到达的位置。

5. 平衡能力测试

身体平衡性测试可以通过多种方法进行，包括传统的主观观察法和量表法。传统主观观察法主要包括：① Romberg 氏检查法（闭目直立检查法），要求受检者两足并拢直立、闭目，两臂前举，观察受检者睁眼及闭目时躯干有无倾倒发生。②强化 Romberg 检查法，要求受检者两足一前一后、足尖接足跟直立，观察受检者睁、闭眼时身体的摇摆情况。③单腿直立检查法（one leg stand test，OLST），要求受检者单腿直立，先睁眼，后闭眼，最长维持时间定为30s。常用的量表法包括：① Berg 平衡量表（berg balance scale，BBS），该量表包括14个项目，如由坐到站、独立站立、独立坐、由站到坐、床－椅转移、闭眼站立等，用于评估平衡能力的强弱。② Tinetti 步态和平衡量表（Tinetti gait and balance scale，TGBS），用于评估活动及平衡能力，预测跌倒风险。③ Fugl-Meyer 平衡量表，用于测试上运动神经元损伤的偏瘫受试者。④活动平衡信心量表（activities-specific balance confidence scale，ABC 量表），评估个体对平衡能力的信心。以上这些测试方法可以帮助评估个体的平衡能力，对于早期识别高跌倒风险个体、采取针对性的干预措施以及指导疾病物理治疗与康复具有重要意义。

四、糖尿病的运动处方

根据《中国2型糖尿病运动治疗指南（2024版）》，T2D的治疗目标是通过制订高度个体化的治疗计划，包括健康教育、血糖管理，降低CVD风险以及定期的并发症筛查，以达到和维持最佳的血糖、血脂和血压水平，优化体重，预防或延缓慢性并发症的发生发展。运动治疗是贯穿T2D始终的治疗方式之一。任何人，不论年龄、性别或身体状况，适量运动都是有益的。任何类型的体力活动均可增强胰岛 B 细胞功能、改善胰岛素敏感性、调节血管功能和改善肠道微生物群，所有这些都有助于实现更好的糖尿病健康管理以及降低疾病风险。运动可以改善 T2D 患者包括血糖、血脂、血压、体重及体脂率等在内的多种代谢异常。运动增加糖尿病患者血糖达标时间，减少日间血糖波动，显著增加糖尿病患者的葡萄糖在目标范围内时间（glucose in range，TIR），降低平均血糖波动幅度（mean amplitude of glycemic excursion，MAGE），且不会显著增加低血糖。运动也被证实可以减少 CVD 的风险因素。以下主要针对该指南中的一些推荐意见，分别从 T2D 的运动前评估、运动处方的制定原则以及不同类型的运动推荐进行总结。

1. 运动前评估推荐意见

T2D 患者的运动前评估主要的推荐意见包括：① T2D 患者在运动前应进行医学评估和运动评估（A 级推荐）；②对于大多数计划参加低至中等强度运动（如快走）的低风险患者而言，无心血管或微血管并发症时，无需进行运动前的医学评估（A 级推荐）；③久坐状态或合并多种慢性疾病的高危成年 T2DM 患者，建议在参加中等及较大强度运动前进行医学评估（A 级推荐）；④严重低血糖、糖尿病酮症酸中毒等急性代谢并发症、合并急性感染、增殖性视网膜病变、严重心脑血管疾病（不稳定性心绞痛、严重心律失常、一过性脑缺血发作）等情况下暂停运动，病情控制稳定后方可逐步恢复运动（A 级推荐）。

2. 运动处方的制定原则推荐意见

T2D 患者运动处方的制定原则主要的推荐意见包括：① T2DM 患者的运动处方应包含有氧、抗阻、柔韧性和平衡练习几个类别的运动计划（A 级推荐）；②在制定运动处方时应考虑运动治疗的目的、时效性及每个患者的特殊注意事项，每个类别的运动计划应包括频率、强度、时间、方式以及总量、进阶和注意事项（A 级推荐）；③ T2D 患者应保持不低于 3 ～ 5 d/ 周的运动频率，而在运动量相等的情况下，1 ～ 2 d/ 周的运动频率同样可以获得健康收益，低频率 – 长运动时间的运动会增加运动损伤的风险（A 级推荐）；④ T2D 患者应以达到中等至较大强度的运动为目标（A 级推荐）；⑤ T2DM 患者至少应达到 150 min/ 周中等强度的有氧运动时间（A 级推荐）；⑥ T2D 患者至少应达到 1 000 kcal/ 周的体力活动能量消耗（A 级推荐）；⑦在运动进阶过程中，应遵循由低强度起始，缓慢进阶至目标运动强度和运动量（A 级推荐）。糖尿病运动处方见表 4–13。

表 4-13　糖尿病运动处方

内容	有氧运动	抗阻运动	柔韧性运动
频率	3 ～ 7d/ 周	每周至少 2 次（d），最好 3 天，不连续	至少每周 2 ～ 3 次，最好每天进行
强度	中等到大强度	中高等运动强度，50% ～ 80% 1RM	拉伸至感觉紧张或者有轻度不适
时间	每周 150min 中高等强度运动	至少进行 8 ～ 10 种不同动作的练习，每组 10 ～ 14 次，重复 1 ～ 3 组	10 ～ 30s，每个动作重复 2 ～ 4 次
方式	游泳、有氧操等	自由力量或器械训练	静态拉伸、动态拉伸或本体感受神经肌肉性促进法拉伸

3. 不同运动类别的推荐意见

T2D 患者不同运动类别的推荐意见包括有氧运动、抗阻运动、联合运动、柔韧性运动、中断久坐、高强度间歇性运动、糖尿病急性并发症与运动、糖尿病慢性并发症与运动、常见共患疾病与运动以及药物治疗与运动。

有氧运动的推荐意见：①规律有氧运动可以使 HbA1c 下降 0.5% ～ 0.7%（A 级推荐），HbA1c 较高者运动后下降更明显（B 级推荐），有医务人员参与并监督、提高运动强度效果更好（B 级推荐）；②推荐 T2D 患者进行每周 3 ～ 7 d，每次间隔不超过 2 d 的有氧运动（A 级推荐）；③推荐 T2D 患者进行中等强度的有氧运动，体适能水平较高的患者可进行中等至较大强度或较大强度的有氧运动（A 级推荐）；④推荐 T2DM 患者每次运动时间不少于 10 min，每天累计 30 ～ 60 min，每周累计至少 150 min 的中等强度有氧运动，若运动强度提高，可适当缩短每次运动时间（A 级推荐）；⑤推荐每周不少于 3 d、6 000 步 /d 的步行，步频根据自身情况不低于 60 ～ 90 步 /min，最好能达到 100 步 /min 的步行运动处方（B 级推荐）。

抗阻运动的推荐意见：①规律的抗阻运动可使 HbA1c 下降约 0.4%，可降低骨骼肌流失率，提高骨骼肌葡萄糖处理率（A 级推荐）；②推荐 T2D 患者进行每周 2 ～ 3 d 规律抗阻运动（A 级推荐）；③无经验的 T2D 患者可以从 20% 1 次最大重复阻力（one-repetition maximum，1-RM）负荷开始，进行每周 1 次全身大肌群的抗阻运动（B 级推荐）。1-RM 是动态肌肉力量的标准评价方法，在正确姿势和一定规则下全关节活动范围所达到的最大抗阻阻力或最大力量，是评估个人在特定运动中最大力量的标准方法，广泛应用于力量训练领域。常用 1-RM 百分比设定抗阻运动的强度。

联合运动的推荐意见：① 3 ～ 6 个月有氧运动联合抗阻运动的结构化运动处方可以使 HbA1c 下降最高达 0.89%，有氧运动累计超过 150 min/ 周效果更佳（A 级推荐）；②推荐 T2D 患者进行有氧运动与抗阻运动相结合的联合运动（A 级推荐）。

柔韧性运动的推荐意见：①单纯柔韧性运动对血糖水平无显著影响，但可增强关节活动度，改善灵活性，预防跌倒（A 级推荐）；②推荐 T2D 患者进行至少 2 ～ 3 d/ 周的平衡及柔韧性练习（C 级推荐）；③将柔韧性运动融入某项运动当中以便更好地提高身体功能，并改善血糖（C 级推荐）。

中断久坐的推荐意见：①中断久坐可以改善血糖控制、降低 CVD 风险，并延长寿命（A 级推荐）；②所有 T2D 患者，特别是有胰岛素抵抗和 BMI 较高的患者应每 30 分钟进行 1 次任何强度的活动以中断久坐，以改善血糖控制（A 级推荐）。

高强度间歇性运动的推荐意见：①病情稳定、体质状态较好的 T2D 患者可考虑用 HIIE 替代持续强度有氧运动（B 级推荐）；②伴有并发症的 T2D 患者进行 HIIE 前，应先进行风险筛查，以避免潜在的运动风险（C 级推荐）。

民族传统体育的推荐意见：①打八段锦或太极拳是中等强度运动，每周不少于 3 次、每次 40 min、连续 12 周的运动可使 HbA1c 下降不少于 0.4%（C 级推荐）；②八段锦和太极拳是适宜的运动方式，尤其适用于老年 T2DM（C 级推荐）。

糖尿病急性并发症主要是指低血糖症和高血糖症。低血糖症状态下运动的推荐意见：①使用胰岛素或胰岛素促泌剂的 T2D 患者，为防止运动期间及运动后低血糖，应根据需要补充碳水化合物，或在医师指导下调整降糖药物的种类和剂量（B 级推荐）；②减少基础胰岛素用量、睡前补充食物和（或）连续血糖监测是降低运动后夜间低血糖风险的主要措施（B 级推荐）；③间歇性运动或混合性运动有助于减少运动中低血糖风险，提高运动期间血糖稳定性（C 级推荐）。高血糖症状态下运动的推荐意见：① T2D 患者血糖＞ 13.9 mmol/L 时，需监测血 / 尿酮体。酮体阳性时，不宜进行中等及以上强度运动。无高血糖相关症状时，可从低强度逐步开始运动（C 级推荐）。②较大强度运动后进行整理运动可改善运动后高血糖的情况（C 级推荐）。

糖尿病慢性并发症主要包括糖尿病肾脏病、糖尿病视网膜病变、糖尿病周围神经病变和糖尿病自主神经病变。相关运动的推荐意见包括以下方面。

糖尿病肾脏病患者的运动推荐：①糖尿病肾脏病不是运动禁忌证，不同分期糖尿病肾脏病患者均应积极运动，建议从低强度运动起始（E 级推荐）；②透析患者运动时需注意维持电解质平衡并及时纠正电解质紊乱（E 级推荐）。

糖尿病视网膜病变患者的运动推荐：①增殖性视网膜病变和严重的视网膜病变（包括近期全视网膜光凝或其他近期眼科手术治疗的患者），应避免较大及以上强度以及会明显升高血压的运动（如拳击、高海拔的登山、潜水等特殊运动）以降低玻璃体出血和视网膜脱离的风险，也需避免冲撞性运动（如篮球、足球、橄榄球）（E 级推荐）；②糖尿病视网膜病变患者可通过 RPE 来监测运动强度（C 级推荐）。

糖尿病周围神经病变患者的运动推荐：①糖尿病周围神经病变患者应避免参与可增加足部损伤风险的运动，如长时间徒步、慢跑或在不平的路面上行走（B 级推荐）；②糖尿病周围神经病变患者更适合低负重运动，应避免需要高平衡能力的活动（C 级推荐）。

糖尿病自主神经病变患者的运动推荐：①糖尿病自主神经病变患者运动时，应加强血糖、血压及心率监测，注意低血糖、血压反应异常、体温调节受损、静息心率升高和最大心率减慢的可能性（E 级推荐）；②可依据心率变异性调节运动强度，建议使用 RPE 评分监测运动强度（C 级推荐）；③ T2D 患者应在温度适宜的环境下锻炼，并携带充足的饮用水，以避免运动性热病（C 级推荐）。运动性热病，又称为运动性发热，是指在剧烈或长时间的运动中，由于身体产热超过散热能力，导致体温异常升高的情况。这种情况通常发生在高温环境中进行运动时，尤其是湿度较高时，因为高湿度会降低汗液蒸发的效率，减少身体散热，也可能因为脱水等原因而引发。运动性热病是一种紧急医疗状况，可能导致器官损伤甚至死亡。

T2D 患者常见共患疾病主要包括肥胖症、代谢相关脂肪性肝病（metabolic dysfunction associated fatty liver disease，MAFLD）、肌肉减少症、高血压、冠心病。相关运动的推荐意见包括以下方面。

糖尿病共患肥胖症的运动推荐：①规律运动改善心肺耐力，并与任何体重状态 T2D 的全因死亡风险下降相关（C 级推荐）；②运动联合饮食控制减重效果优于单纯饮食控制，且内脏脂肪减少更多，需要减重的 T2D 患者每周应当完成 5 ～ 7 d 的中等强度运动（约 500 kcal/d）（A 级推荐）；③每周 300 min 中等至较大强度体力活动可有效预防体重反弹（A 级推荐）；④推荐拟行减重手术治疗的 T2D 患者进行术前运动，以降低手术风险（B 级推荐）。

糖尿病共患 MAFLD 的运动推荐：①推荐超重 / 肥胖的代谢相关脂肪性肝病 MAFLD 患者改变生活方式，目标为至少减重 5%，最好减重≥ 10%，体重正常的 MAFLD 患者减重 3% 也有助于 MAFLD 的改善（B 级推荐）；②包括饮食、运动和减重的生活方式干预是 MAFLD 的主要治疗方式之一，个性化运动处方可使 MAFLD 获得长期改善，并具有独立于减重的好处（A 级推荐）；③中断久坐和减少久坐时间有利于减少肝内脂肪，并独立于体力活动水平。每日增加 20 min 中等至较大强度体力活动或增加 2 500 步可有效改善脂肪肝（E 级推荐）。

糖尿病共患肌少症的运动推荐：①合并肌少症的 T2D 患者应在达到世界卫生组织推荐的体力活动量的基础上，着重增加以爆发力训练为主的抗阻训练。老年人采用爆发力抗阻训练方案，在低强度至中等强度（即 40% ～ 60% 1-RM）干预下可实现最大力量、爆发力及肌肉体积、肌肉功能表现的增强（B 级推荐）。②太极拳、八段锦等民族传统运动，可有效改善肌少症患者的肌肉量、肌力及身体功能表现，且在老年人中的依从性较高（B 级推荐）。

糖尿病共患高血压的运动推荐：①糖尿病患者血压≥ 160/100 mmHg 时禁止中等强度以上运动，血压控制稳定后再起始运动（E 级推荐）；②避免屏息、爆发力强的运动，如高强度抗阻训练（举重、引体向上、拔河等）、跳高、跳远等（B 级推荐）；③推荐中低强度大肌肉群参与的运动方式，如步行、骑自行车、打太极拳等（B 级推荐）。

心脏康复是糖尿病合并冠心病患者多病综合管理的重要手段，应遵循心脏康复的指南制定运动处方，警惕运动期间胸闷、胸痛、心悸、异常乏力等可疑心肌缺血症状或临床表现，需通过运动心肺试验评估运动中的 CVD 风险及缺血阈，运动时心率应至少低于缺血阈 10 次 /min。合并糖尿病的患者在运动时应警惕无症状心绞痛，加强运动前后血糖、血压、心率的监测。糖尿病共患冠心病的运动推荐：心脏康复运动强度应低于诱发患者心肌缺血的阈值，如运动时心率应低于心绞痛症状或 ST 段压低时的心率 10 次 /min（E 级推荐）。

T2D 药物治疗的运动推荐：应以个体为中心，基于运动处方各要素及药物特性综合调整患者的治疗方案以提高疗效及安全性（B 级推荐）。具体包括：①双胍类药物，服用双胍类药物的糖尿病患者进行单次较大强度运动或长时间有氧运动通常不增加乳酸酸中毒的风险，但要警惕合并其他增加乳酸酸中毒风险的药物或健康状况（E 级推荐）。②胰岛素增敏剂，需考虑运动改善胰岛素敏感性的协同作用，需要及时调整联用胰岛素促泌剂或胰岛素的剂量（E 级推荐）。③ α-糖苷酶抑制剂，阿卡波糖、伏格列波糖、米格列醇是此类药物的代表药物。腹胀、腹痛等消化系统不适是常见的不良反应。目前尚无证据表明运动会显著影响此类药物代谢，服用此类药物出现低血糖时需进食单糖类食物纠正低血糖。④胰岛素促泌剂，主要包括磺脲类和格列奈类，作用于胰岛 B 细胞，通过闭合胰岛细胞的 ATP 敏感性钾通道（K^+-ATP 通道），促使胰岛素分泌进而降低血糖。常见的不良反应包括低血糖、胃肠道不适、体重增加、过敏反应、肝功能异常等。建议在运动前后监测血糖，运动前血糖低于 5.6 mmol/L 时依据计划运动的强度和时间补充适量碳水化合物，避免在药物作用峰值时间运动，同时需警惕运动后迟发性低血糖（C 级推荐）。⑤钠-葡萄糖共转运蛋白 2 抑制剂（sodium-glucose cotransporter 2 inhibitor，SGLT2i），常见的不良反应包括尿路感染、生殖器感染、血糖正常的高酮体血症、血容量减少等，因此，老年、长病程、B 细胞功能差的患者或长期使用 SGLT2i 的 T2DM 患者发生酮症酸中毒的风险可能较高（E 级推荐），进行大运动量体力活动前至少 24h 停止应用 SGLT2i（C 级推荐）。⑥肠促胰素类药物，常用的肠促胰素类药物包括二肽基肽酶Ⅳ抑制剂、GLP-1RA 和促胰岛素多肽（gastric inhibitory polypeptide，GIP）/GLP-1RA 等，可以有效控制血糖。应用 GLP-1RA 应合理饮食和运动以减少肌肉组织丢失（C 级推荐）。

（王珍　沈旭慧）

第三节 运动的营养学管理

运动营养学是营养学中的一个新的分支，也是运动医学中起步较晚的一项内容。我国著名运动营养学家陈吉棣教授将运动营养学定义为：运动营养学是研究运动员在不同的训练或比赛情况下的营养需要、营养因素和机体功能，运动能力、体力适应和恢复以及与运动性疾病防治关系的科学。运动营养学的研究目的是为运动员适应运动强度供给能量提供理论依据，为运动员延迟疲劳和加快恢复，提高训练效果和竞技水平提供合理膳食结构计划。

本节从实践的角度介绍运动中的营养与膳食具体策略，如运动者合理膳食的意义和基本要求、每天的能量需求与消耗、运动营养的时间安排、特殊环境下的膳食策略以及特殊人群的膳食方法。

一、合理膳食的基本要点

1. 合理膳食的意义

运动过程中的合理膳食对改善运动能力具有极为重要的意义，主要体现：①提供充分合理的能量，保证能源物质的利用，达到合理控制体重和体脂含量，保证充分的肌糖原和肝糖原储备，满足高强度运动中 ATP 再合成的需要，提供充足的维生素和微量元素以保证参与能量供应的酶的活性，以及运动对电解质的生理需求。②肌糖原的水平与运动损伤的发生有直接的关系，当体内糖原储备不足或耗尽时，运动损伤的机会增多，合理的膳食补充有助于预防运动损伤的发生。③剧烈运动消耗了大量的肌糖原和肝糖原、蛋白质和酶、体液和电解质，这些恢复主要靠合理的营养措施来实现。④运动性疲劳的发生主要是脱水引起体温调节失衡和代谢紊乱，酸性代谢产物堆积，糖原的极度消耗，免疫功能降低，微量元素不足引起的代谢和内环境的稳定，合理的膳食有助于延缓运动性疲劳的发生，并减轻其程度。⑤有些运动项目对膳食有着特殊的需求（如体操、跳水等运动需要控制体重），或者可能出现一些特殊的医学问题（如长期耐力训练可能出现低血红蛋白），这些都需要通过合理的膳食来解决。

2. 合理膳食的基本要求

运动膳食的基本要求：①食物的数量和质量应满足需要，以保持运动者适宜的体重和体脂。②食物应当营养平衡和多样化，如碳水化合物占总能量摄入的55%～65%，以米、面、适量的粗杂粮和块茎类为主要主食，蛋白质占15%左右（动物来源和优质植物来源各占50%），脂肪占20%～30%，以优质肉类（畜肉、禽肉、水产和蛋类）和植物油为主（如橄榄油、亚麻籽油等），牛奶和酸奶250～500g，蔬菜500g左右，水果300～500g。③食物应适当浓缩，减少体积和重量，食物体积过大，排空时间长、消化能力下降，影响运动能力。④一日三餐食物和能量分配要合理。上午运动或训练，早餐应有较高的能量，并且含有丰富的蛋白质、无机盐和维生素。下午训练，午餐应适当加强，但是要注意避免胃肠负担过重。晚餐的能量不应过多，以免影响睡眠。⑤要合理安排进餐时间。比如，大运动量训练或者竞技类比赛前的一餐应在3h之前完成，进餐和训练的时间太近，不仅影响消化，还影响运动。运动后不宜立即进食，需要休息至少40min以后再进食。如若是一般健身类训练，一般在餐后1h之后进行。

3. 运动膳食平衡原则

运动膳食需要遵循的原则：①食物多样，谷类为主，营养平衡；②食量和运动量平衡，保持适宜体重和体脂；③多吃蔬菜、水果、薯类、豆类及其制品；④每天喝牛奶和酸奶；⑤肉类食物要适量，多吃水产类；⑥注重早餐和必要的加餐；⑦注重补液和补糖；⑧在医学指导下合理使用营养补充品。

二、运动营养的时间安排

对运动营养的时间安排：①长时间（＞60min）的中等以上强度的运动，能量储备耗竭，合理的营养时间选择有助于补充能源消耗。②在大强度运动中，定时摄入6%～8%的碳水化合物/电解质饮料，每15～20min摄入300～450mL，有助于血糖水平的维持。③葡萄糖、果糖、蔗糖和其他高血糖指数的碳水化合物容易被消化，但应减少吸收慢且可能引起胃肠道问题的果糖摄入；④在任何时候，特别是运动后，可适当摄入加有蛋白质的碳水化合物，能更好促进肌糖原的恢复。⑤在运动后3h内和运动前即刻摄入6～20g必需氨基酸和30～40g高血糖指数的碳水化合物，能明显刺激肌肉蛋白质合成。⑥在有规律的抗阻力训练期间，每天摄入碳水化合物并加入蛋白质补充剂能更好促进增加力量并改善体重和体脂百分比。⑦摄入蛋白质的来源不同，吸收动力学不同，对训练适应的影响不同。如奶制品的乳清蛋白和酪蛋白，相比而言，乳清蛋白比酪蛋白消化速度快，摄入乳清蛋白可增加蛋白质的合成而对蛋白质降解营养较少或者无影响，但从整体上看，酪蛋白促进蛋白质平衡的效果优于乳清蛋白。⑧在碳水化合物和蛋白质补充剂中加入肌酸并结合有规律的抗阻训练，更有助于改善肌肉力量和体脂成分。⑨膳食的重点应集中在适量的碳水化合物和蛋白质的供应和利用率上，但包含少量脂肪有助于控制运动中的血糖反应。

三、特殊环境下运动的膳食策略

1. 高原环境下运动的膳食策略

高原环境较为特殊，表现在空气稀薄、氧分压低、气压低、气温低、温差大、辐射强。生活在高原地区或者在高原地区进行运动训练，可导致一些医学相关的问题和生理学问题，具体体现：①能量消耗大；②呼吸频率加快，气短，心率加快；③气候干燥，机体容易失水或脱水，血液黏稠度增加；④胃肠道功能紊乱，食欲下降，营养物质的消化和吸收均下降；⑤高原缺氧，蛋白质和氨基酸的分解加强，合成减缩，瘦体重减少，体重下降；⑥脂肪动员加速，分解加强，合成速度降低，严重缺氧可导致氧化不全，酮体生成增多，肌肉产生的乳酸增多，血液乳酸的清除速度减慢，机体出现酸性物质的堆积增加；⑦紫外线和缺氧引起体内自由基增多，抗氧化类维生素A、维生素C和维生素E的需求量增加。

高原环境下的膳食需遵循合理膳食为主和针对性营养素补充为辅的原则。合理膳食主要体现：①食物多样化，营养平衡，选择产能效率高易消化吸收的粮谷类作为主食，不增加胃肠道负担，减少氧耗。②高原地区运动和训练易导致体液酸化，应选择新鲜蔬菜和水果等碱性食物，有利于维持体液的酸碱平衡和内环境的稳定。避免食用萝卜、韭菜、红薯等易胀气食物。③补充牛奶和酸奶，多吃瘦肉和水产品等含优质蛋白质的食物。④少食多餐，早餐丰富。

2. 高温高湿环境下的膳食策略

在高温高湿环境下进行运动训练的膳食补充总的原则是高能量、高蛋白、高矿物质和维生素，讲究平衡。具体而言，主要体现在：①循序渐进地增加能量摄入，一般增加 10% 为宜；②蛋白质占总能量供给的 15% 为宜，稍微提高优质蛋白质的比例，以鱼、肉、蛋、奶和豆类食物为佳；③碳水化合物应占总能量的 60% 以上，运动后高糖摄入有利于肌糖原的合成和恢复；④运动训练前、中、后适量有规律补充水分，采取少量多次的原则，不应等到口渴才喝水，以补充含有糖、电解质以及一些营养成分的运动饮料作为首选，不建议只喝白开水，补充液体的量一般为丢失量的 1 ～ 1.5 倍；⑤在高温环境下的运动和训练，需要增加 B 族维生素、抗氧化维生素（维生素 A、维生素 C 和维生素 E）的摄入，以及钾、钙、镁、锌等矿物质的摄入。维生素的供给中应特别强调维生素 A 的供应，维生素 A 有抑制体温上升的作用。

3. 低温环境下的膳食策略

在低温环境下，膳食策略需要针对特殊的生理和代谢需求进行调整，主要的关键点：

（1）能量需求增加。低温环境下，人体的基础代谢率会提高 10% ～ 15%，因此能量需求相应增加。建议能量供给比常温下增加 10% ～ 15%，主要通过提高脂肪和碳水化合物的供给来实现。

（2）产能宏量营养素的比例调整：①脂肪，低温环境下，机体脂肪利用增加，脂肪供能比应提高至 35% ～ 40%。脂肪不仅能提供能量，还能增加人体对低温的耐受。②碳水化合物，碳水化合物作为能量的主要来源，供能百分比应不低于 50%。它能增强机体短期内对寒冷的耐受能力。③蛋白质，蛋白质供能为 13% ～ 15%，其中含蛋氨酸较多的动物蛋白质应占总蛋白质的 45%，因为蛋氨酸是甲基供体，对提高耐寒能力极为重要。

（3）微量营养素需求增加：①维生素，低温环境下人体对维生素的需要量增加，尤其是与能量代谢有关的维生素 B_1、维生素 B_2 及尼克酸。维生素 C 的补充可以提高机体对低温的耐受，建议日补充量为 70 ～ 120mg。②矿物质，低温环境下机体对钙、钠等矿物质的需要量增加。建议每日补钙 600 ～ 1 200mg，并注意补充钠，食盐摄入量可达温带地区的 1 ～ 2 倍。

在低温环境下，除了营养素的需求调整外，水的补充也是需要重点考虑的问题，主要的关键点：①在低温环境中，人体通过呼吸和皮肤蒸发散失的水分会增加，尤其是在高海拔或低温环境中，人们可能不会感到口渴，但由于呼吸频率快，水分消耗量比平时更大。因此，即使在不感到口渴的情况下，也应定期补充水分，以避免脱水。②注意饮水量和频率，在运动或户外活动前 2h，建议适量补充约 500mL 的水分，分成 3 ～ 4 次饮用。在运动过程中，建议每 15min 喝水一次，每次补充 110 ～ 170mL 的水，以保持不感到口渴为宜。运动后，应以每 5min 补充 100mL 左右的水分为宜，如果是剧烈运动后，最好只漱口或咽下不超过 50mL 的水，待身体逐渐恢复至正常状态后再补水。③注意饮水的温度，建议饮用接近体温的水，即 18 ～ 45℃，这有利于水分的吸收并更快止渴。在冬季也不要喝超过 50℃的水或饮料，以免烫伤口腔和食道。④电解质补充，在低温环境下，由于多尿可能导致相对的轻度脱水和失盐，因此食盐摄入量应该增加，以维持基础代谢水平和耐寒能力。⑤维生素和矿物质补充，低温环境下，水溶性维生素的体内含量有夏季偏低冬季偏高的现象。维生素 C 对暴露于寒冷环境下的机体有保护作用，可以减慢寒冷环境下直肠温度的下降，缓解肾上腺的过度应激反应，增强机体的耐寒性。同时，注意补充钙、钾、锌和镁等矿物质，增加新鲜果蔬和奶制品的摄入。⑥避免暴饮，在补充水分时不要暴饮，因为一次性大量的饮水对身体不好，会增加心脏负担，影响消化，并可能引起呕吐。总之，在低温环境下，科学地补充水和电解质是非常重要的，这有助于维持身体的水分平衡和提高耐寒能力。

四、特殊人群的膳食

“特殊人群”的范围较广泛，在运动中膳食的摄入上也需要特殊的考虑，这里主要考虑素食者和大龄运动爱好者的膳食需要注意的一些原则性问题。

1. 素食者的膳食原则

素食者的人群队伍在逐渐壮大，原因也很多，如希望长寿、动物保护、经济问题、宗教信仰等。目前也有大量的研究证明素食的健康益处，如降低冠心病、高血压、糖尿病、肾病以及某些癌症的风险。另外，素食的种类也很多，主要是根据选择的食物来定义。

目前的主流素食者包括：①半素食者，除了食用植物外，也食用一定量的蛋类、奶类、禽类和鱼，但一般不食用牛肉和猪肉等红肉及其制品；②鱼素食者，除了食用植物外，也食用一定量的蛋类、奶类和鱼，但不食用禽类、牛肉和猪肉等红肉及其制品；③蛋奶素食者，除了食用植物外，还吃蛋和奶类，但不吃任何动物性食物；④蛋或奶素食者，除了食用植物外，还吃蛋或奶类，但不吃任何动物性食物；⑤全素食者，除了植物性食物，不吃任何与动物有关的食物，包括任何动物肉、奶类、蛋类、蜂蜜和与动物有关的产品（如乳清蛋白、酪蛋白等来自奶类的产品）。

素食者的主要问题是不吃蛋白质或奶类食物后，能否通过植物性食物来满足蛋白质的供给问题，因此需要帮助素食者发现或开发更多的蛋白质或奶制品的替代产品。

2. 大龄运动爱好者的膳食原则

“大龄运动爱好者”没有一个明确和严格的定义。除了需要遵循一般人群膳食指南的基本原则外，需要重点考虑以下几个问题：①钙的补充，钙是维持骨骼健康、神经功能、凝血功能、肌肉收缩、细胞代谢和运动能力的重要物质。50岁以上的女性和70岁以上的男性，钙需要量从1 000mg/d增加到1 200mg/d。②维生素D是钙吸收的必要条件，70岁以上的老年人群维生素D的日需要量从600IU增加到800IU。③钙完全可以通过食物来补充，每天摄入4份以上的含钙食物即可满足所需，建议一天1份牛奶、1份酸奶、豆制品、绿叶蔬菜、豆类和果汁等食物。④食物来源的维生素D有限，主要在牛奶和豆奶中含量较高，带骨头的鱼类也含有一定的维生素D，且富含钙。机体可以通过15min的直接日照来获得维生素D。⑤镁也是大龄运动爱好者需要补充的重要营养素，镁与能量代谢和运动关系密切，镁缺乏与运动消耗和慢性病有关，尤其是患有高血压的大龄运动爱好者以及长期需要服用利尿剂者需要注意镁的补充。

（白宏锋　刘乐乐）

第四节 运动性疲劳及其恢复

疲劳是一种客观存在，是由脑力或体力活动引起的自身特定功能下降的现象，是运动训练中的正常现象，没有无疲劳的训练。运动性疲劳是指运动引起肌肉最大收缩或最大输出功率后出现暂时性下降的生理现象，是身体的一种保护性机制。1982 年第五届国际运动生物化学会议提出的运动性疲劳是指机体生理过程不能持续其功能在一特定水平上和 / 或不能维持预定的运动强度。这一概念从生物化学角度强调了两点：一是运动时能量体系输出的最大功率下降；二是运动能力下降或内脏器官功能下降而不能维持运动强度。该概念提出的意义在于将疲劳时体内组织和器官的功能水平与运动能力结合起来评定疲劳的发生和疲劳程度，同时有助于选择客观指标评定疲劳，如心率、血乳酸、最大吸氧量和输出功率等。当在某一特定水平工作时，单一指标或各指标的同时改变都可用来判断疲劳的程度。

本节内容主要介绍疲劳的分类、运动性疲劳的学说、产生机制、运动疲劳的判定及其常见的应对策略。

一、疲劳的分类及特征

根据不同的标准，疲劳有多种划分方法。

1. 急性、长期和慢性疲劳

根据持续时间，疲劳可分为急性、长期和慢性疲劳三类。

急性疲劳，通常是指在一次性极限或身体负荷时发生的特征，表现为身体虚弱、训练能力和肌肉力量明显下降。这类疲劳常出现在训练水平较差的运动员身上，临床表现可能包括面色苍白、心跳过速等现象。

长期疲劳一般是指持续一个月以上的疲劳。糖尿病、甲状腺功能减退、睡眠障碍（如睡眠呼吸暂停）和癌症是导致长期疲劳最常见的原因。

慢性疲劳是指持续 6 个月以上或反复发作的疲劳。常见原因包括慢性疲劳综合征（又称为肌痛性脑脊髓炎或全身性运动不耐症）、病毒感染后疲劳综合征和精神障碍（如焦虑和抑郁症等）。慢性疲劳综合征是一种长期的、无法用一般劳累和疾病状况解释的疲劳症状。主要症状包括持续的虚弱性疲劳、没有发现引起疲劳的内科或精神类病症，以及伴随有抑郁、头痛、肠胃不适和易过敏等多种症状，即使经过休息也无法改善。诊断标准包括严重虚弱性疲劳持续至少 6 个月，以及没有其他内科或精神类疾病可以解释这种疲劳。

2. 生理性和病理性疲劳

根据疲劳的限制，疲劳可分为生理性疲劳和病理性疲劳。

生理性疲劳是人体因生理状态而产生的困倦和功能失调现象，包括体力疲劳、脑力疲劳、心理（精神）疲劳和混合性疲劳等四种：①体力疲劳，在持续长时间、大强度的体力活动时，肌肉（骨骼肌）群持久或过度收缩，产生乳酸、二氧化碳和水等代谢产物，这些代谢产物如在肌肉内堆积过多，就会产生疲劳。②脑力疲劳，当脑力活动持续时间过久，也会产生疲劳，这是细胞活动所需的氧气和营养物质供不应求的结果。③心理（精神）疲劳，这种疲劳本质上属于脑力性疲劳，但它有较浓厚的精神因素和感情色彩。当受到压抑的感情冲突未能得到宣泄时，就会在身体上出现疲劳症状。④混合性疲劳是指几种不同类型的疲劳同时存在的情况，它可能包括劳累引起的生理性疲劳、精神负荷过重或有心理障碍时出现的心理性疲劳以及疾病引起的病理性疲劳。这种疲劳不是单一原因引起的，因此仅靠一种休息方法是不能消除的，需要采取综合性的休息方法来应对。

病理性疲劳是指由各种躯体性或心理性疾病引起的疲劳，临床表现为无精打采、有气无力、少食懒动、生活和劳动能力下降。它与生理性疲劳不同，后者通常是由于劳累、剧烈运动、睡眠不足等原因引起，并且可以通过休息得到缓解。病理性疲劳即使在休息后也不容易缓解，可能需要医疗干预。病理性疲劳的症状表现可以涉及身体、认知和情绪等多个方面：①身体症状，主要表现为肌肉无力、乏力，肌肉酸痛，头痛，胃肠道不适等。②认知症状，主要表现为注意力下降、记忆力减退、思维迟缓、决策困难等。③情绪症状，主要表现为烦躁易怒、抑郁、缺乏动力、社交退缩等。④睡眠障碍，主要表现为入睡困难、睡眠质量差、日间嗜睡、睡眠节律紊乱等。病理性疲劳可能由多种原因引起，包括但不限于：①内分泌系统问题，如甲状腺功能异常、肾上腺疲劳和荷尔蒙失调等。②营养代谢问题，如营养素缺乏、能量代谢异常和代谢产物堆积等。③免疫系统问题，如慢性炎症、自身免疫疾病、过敏和感染后遗症。④精神疾病，如神经衰弱、焦虑和抑郁等。⑤消耗性疾病，如糖尿病、癌症及自身免疫性疾病等。治疗病理性疲劳通常需要针对具体病因进行个体化治疗，并可能包括改善饮食结构、适当锻炼、细心护理等措施。如果出现持续且严重的疲劳症状，应及时就医以明确诊断并接受适当的治疗。

3. 心理性和躯体性疲劳

根据对身心健康的影响，疲劳可以分为心理性疲劳和躯体性疲劳两种类型。

心理性疲劳通常是指由于精神压力、情绪问题或长期的精神紧张导致的疲劳感。它可能与个体的心理状态、情绪波动、压力水平和认知负荷有关。主要原因包括工作压力、人际关系问题、长期的情绪困扰、焦虑、抑郁等心理因素。症状上可能表现为精神不振、注意力难以集中、记忆力下降、情绪低落、兴趣减退等。心理性疲劳通常需要通过减轻心理压力、改善情绪状态、进行心理辅导或治疗等方法来缓解。

躯体性疲劳是指由于身体活动过度、体力消耗过大或身体疾病导致的疲劳感。它与身体的物理状态和生理功能有关。产生的原因主要包括过度劳累、缺乏休息、营养不良、慢性疾病、睡眠不足等。症状上可能表现为肌肉酸痛、乏力、体力下降、睡眠障碍等。

躯体疲劳又进一步可分为中枢性疲劳和外周性疲劳。中枢神经系统是机体产生兴奋、发放神经冲动以及调节肌肉活动的功能系统，其兴奋性降低可导致整个机体功能下降出现运动性疲劳。中枢性疲劳是指发生在从大脑皮质到脊髓运动神经元的疲劳。中枢性疲劳是由于中枢神经系统原始信号减弱，或由于传入反馈增加，导致外周运动系统神经元兴奋度减弱进而引起疲劳。中枢性疲劳，一般在长时间的运动后会出现，具体表现为，大脑皮质细胞中的ATP水平显著降低，二磷酸腺苷（ADP）浓度升高，ADP/ATP的比值增大，血糖含量减少，γ-氨基丁酸、脑干和下丘脑5-羟色胺浓度显著升高，脑氨含量明显增加，琥珀酸脱氢酶活性降低等，导致脑细胞内的ATP再合成速率、大脑皮质的兴奋性以及发放神经冲动的频率降低，进而降低中枢神经系统的调节能力和机体的运动能力，这对于避免脑细胞过度消耗具有积极意义。

外周性疲劳是指外周肌肉活动点（主要包括节点传递、肌肉活动点）和肌肉收缩能力下降。外周性疲劳主要发生在神经-肌肉节点、肌细胞膜、细胞器和肌肉收缩蛋白等部位。外周性疲劳又可以进一步划分为两类：一是肌肉疲劳，是指在某次某组训练完成后立刻出现的短暂的发力不足，一般不会持续太长时间；二是在某次完整的训练结束后，几小时或几天，出现的时间较长的肌肉酸痛或发力不足，它可以持续较长时间，与肌肉损伤程度有关。如果把运动或健身活动看作是一次“战争”，那么中枢神经（大脑和脊髓）就充当“指挥官”，不同的肌肉就是冲锋陷阵的“小兵”，中枢神经系统指挥特定的肌肉完成各种动作。中枢疲劳就意味着“指挥官”的指挥或调动能力下降，无法充分指挥调动相应的肌肉小兵们协调作战。

外周性疲劳的具体表现：①神经－肌肉接点是神经纤维与肌肉细胞膜的连接位点，可释放乙酰胆碱引起肌细胞膜去极化，引起肌肉收缩，短时间剧烈运动（如举重和投掷等）引起乙酰胆碱释放减少，肌细胞膜去极化不能顺利进行，造成神经－肌肉接点兴奋传递障碍，骨骼肌不能兴奋和收缩，运动能力下降，产生疲劳；②细胞膜是进行物质交换、细胞识别和信息传递的结构，细胞膜结构的完整性对于其功能的发挥极其重要，运动过程中，各种理化因素的作用导致细胞膜结构和功能异常，比如细胞膜上的酶（门）控通道破坏，导致细胞膜通透性改变，肌细胞功能降低，收缩功能下降；③肌肉收缩蛋白是实现肌肉收缩的物质基础，运动过程中受到一些理化因素的影响，收缩蛋白的结构和功能下降，肌肉收缩能力降低，产生疲劳；④长时间运动导致细胞中 ATP 含量减少，自由基生成增加，Ca^{2+} 代谢异常，引起兴奋－收缩脱耦联，导致运动能力下降，产生运动性疲劳。

4. 季节性疲劳

季节性疲劳是一个与特定季节变化相关的生理现象，它可能由多种因素引起，包括光照变化、生物钟紊乱、神经递质失衡等。季节性疲劳的主要原因包括：①光照变化，秋季日照时间逐渐缩短，光照强度减弱，可能影响人体内的生物钟和内分泌系统，导致睡眠质量下降，引发疲劳感。②生物钟紊乱，季节性变化会干扰人体内生物钟的正常节律，影响睡眠和醒来时间，进而影响心理状态。③神经递质失衡，光照量的减少可能导致情绪和睡眠模式的改变，影响褪黑素和血清素等神经递质水平，从而引起情绪低落。④激素变化，春天的阳光充足有助于在早上激活促进情绪的激素血清素的产生，而褪黑激素仍然高度活跃，这两种激素的相互作用失衡可能导致疲劳。季节性疲劳的主要症状包括：①疲劳和精力不足，感到身体和精神上的疲惫，影响日常活动和社交。②嗜睡，睡眠时间增加，但仍然感到困倦。③注意力无法集中，难以集中精力完成工作或日常任务。④情绪变化，情绪低落、易怒、对很多事物无兴趣。季节性疲劳的预防措施主要包括：①增加日照时间，尽可能多让自己暴露在阳光下，尤其是在秋冬季节。②保持规律作息，早睡早起，保证充足的睡眠时间。③调整饮食，饮食宜清淡，多食用新鲜蔬菜、水果及高蛋白食物，补充营养，提高免疫力。④适度运动，选择散步、慢跑、打太极拳等不太剧烈的运动方式，促进血液循环，提高新陈代谢。⑤心理疗法和药物治疗，对于季节性情感障碍，心理疗法、适度运动、药物治疗和光照疗法都是有效的治疗方法。

二、运动性疲劳的产生机制

运动性疲劳的产生目前存在多种学说和机制，主要包括衰竭假说、堵塞学说、内环境失调假说、保护性抑制假说、突变假说和自由基假说损伤学说等。需要指出的是，不管哪一种学说都不能完全解释运动疲劳产生的原因。

1. 衰竭假说

衰竭假说，又称为能源耗竭学说。该假说认为，运动性疲劳的产生是由于体内能源物质的大量消耗所致，随着运动的持续，能源物质的消耗导致肌肉工作能力下降，最终导致疲劳。这一学说涉及糖原、血糖、ATP、磷酸肌酸（creatine phosphate，CP）、脂肪、体液和无机盐的消耗这几个方面。具体体现：①能源物质耗竭，在短时间大强度运动中，肌肉中的ATP和CP等高能磷酸物含量降低与运动疲劳有直接关系。而在中等强度、长时间的运动中，血糖水平和骨骼肌糖原的减少，造成大脑皮质和骨骼肌工作能力下降，是造成运动疲劳的直接原因。②脂肪供能下降，在较长或超长时间的运动中，脂肪供能的下降是导致运动疲劳的主要因素。③体液和无机盐消耗，运动过程中，体液和无机盐的丢失也会影响肌肉的工作能力，导致疲劳。

支持性的证据包括：①短时间、大强度运动至疲劳时，肌肉中ATP下降不明显，但CP含量下降显著，肌肉中CP含量仅为运动前的20%；②极限强度下进行无氧运动至精疲力竭时，肌肉中CP含量接近为零；③ATP下降不是引起短时间内、高强度运动过程中疲劳的直接原因，CP过度消耗才是其主要原因；④长时间、中等强度运动至疲劳时，常伴有血糖浓度降低，而补充能源物质后运动能力有一定程度的提高。

衰竭学说强调了能源物质在运动性疲劳中的重要性，但只能解释长时间耐力运动和短时间中高强度运动性疲劳的发生，对于介于两者之间的无氧耐力运动，则很难解释。运动性疲劳也是一个复杂的生理过程，其机制目前还存在很大的争议，还需要更多的研究工作来进一步阐明。

2. 堵塞假说

堵塞假说认为，产生运动性疲劳的主要原因是某些代谢产物在肌组织中大量堆积所致。支持的证据为：疲劳的肌肉中乳酸等代谢产物增多，由于乳酸解离后生成 H^+，后者使血液的 pH 下降，导致：①抑制磷酸果糖激酶活性，导致 ATP 合成速度减慢，能量供应障碍；② H^+ 与 Ca^{2+} 竞争肌钙蛋白上的结合位点，降低肌钙蛋白对 Ca^{2+} 的敏感性，影响粗肌丝和细肌丝间的相互作用，降低肌肉的收缩能力；③阻碍神经肌肉接点处兴奋的传递；④抑制氧气与血红蛋白的结合；⑤抑制肌浆网对 Ca^{2+} 的吸收，导致胞浆中 Ca^{2+} 的浓度升高，降低肌肉收缩能力。

研究表明，血氨浓度与疲劳尤其是中枢疲劳性疲劳关系密切。氨在运动时主要由肌肉产生并释放到血液，并通过血脑屏障毒害大脑。另外，脑组织自身也可能产生氨。血氨升高，主要有 3 个方面的原因：①短时间大强度运动时，骨骼肌中氨的生成主要来源于嘌呤核苷酸降解；②长时间中等强度运动时氨的主要来源是支链氨基酸（branched chain amino acid，BCAA）在骨骼肌中的降解；③脑组织中的嘌呤核苷酸降解和一些氨类的神经递质（5-HT、DA、CA）脱氨基作用产生氨。血氨升高主要通过 5 种方式导致疲劳：①通过促发糖酵解，导致乳酸含量增加；②直接抑制骨骼肌的生物电活动；③通过血液循环直接作用于脑组织对中枢神经系统产生抑制作用；④脑氨增多可引起多种酶活性下降，ATP 再合成速率下降；⑤氨可以改变脑膜对一些氨基酸的通透性，进而影响各种神经递质的代谢。

3. 内环境失调假说

持有这种理论的人认为，运动性疲劳是由于脂肪酸氧化不全导致酮体含量增加，引起血液 pH 下降，导致电解质浓度的改变、水盐代谢紊乱、血浆渗透压降低以及激素不足等引起的。具体表现：①长时间运动后体内的脂肪酸不能完全氧化，大量酮体在体内储存，进入血液后引起血液 pH 下降，导致酶活性降低，影响细胞内某些生化反应，进而影响机体的能量代谢，产生运动性疲劳；②运动散发大量的热量使体温会升高，机体散热会带走一部分水分和盐分也随之减少，如果不及时补水补盐，体内循环血容量减少，机体出现水盐代谢紊乱，身体运动能力下降，导致机体产生运动性疲劳；③运动时，由于 K^+ 的大量外流，导致细胞膜内外极化状态改变，引起细胞兴奋性下降，身体功能下降，疲劳产生；④运动时，肌肉兴奋性增加，导致细胞外 Ca^{2+} 内流增加，引起细胞代谢紊乱，疲劳增加。

试验研究结果表明，从事高温作业的人，因大量出汗导致水盐代谢紊乱引发的疲劳，仅通过补水不能缓解，但是给予 0.04% ～ 0.14% 氯化钠水溶液可缓解或消除疲劳。另有研究表明，当机体失水量达到体重 5% 时，肌肉工作能力将会下降 20% ～ 30%；失水量超过 10%时，行走的能力将受到影响，同时伴有协调力差和肌肉痉挛。

4. 保护性抑制学说

保护性抑制学说是解释运动性疲劳产生机制的一个理论。按照巴甫洛夫学派的观点，大脑皮质在高强度或长时间工作过程中处于一种高度持续兴奋状态，致使大脑细胞工作能力下降，为了防止脑细胞的进一步耗损，大脑皮质由兴奋状态转为抑制状态，这种抑制即为保护性抑制。根据该学说，运动性疲劳是由于大脑皮质产生了保护性抑制。在运动过程中，大量冲动传至大脑皮质相应的神经元，使其长时间兴奋导致耗能增多，为了避免进一步消耗，便产生了抑制过程，这对大脑皮质有保护性作用。

该学说也有一些实验研究证据的支持。1971 年，雅科甫列夫研究发现，实验小鼠在进行 10 h 游泳后引起严重疲劳，大脑皮质中具有中枢抑制作用的递质 γ-GABA 水平明显增加，大脑皮质区 ATP 含量明显下降。贝科夫在 1972 年的研究发现，狗拉小车载重行走 30 ～ 60min 产生疲劳时，一些条件反射显著减少甚至完全消失。莫索等人的研究发现，手指拉重物导致疲劳时，电刺激屈指肌，手指又能拉起重物，表明，真正导致疲劳的是大脑神经中枢，而并非肌肉本身。

此外，血糖下降、缺氧、pH 下降、盐丢失和渗透压升高等，也会促使皮质神经元工作能力下降，从而促进疲劳（保护性抑制）的发生和发展。这一学说强调了运动性疲劳作为一种生理现象，对人体来说是一种保护性机制，有助于防止机体发生过度的功能衰竭。

5. 突变假说

1982 年，爱德华兹（Edward）提出了运动疲劳的突变假说。根据该假说，运动疲劳性疲劳是由运动过程中能量消耗、肌力下降和兴奋性丧失 3 个方面的改变综合作用的结果，是机体为了避免能量储备进一步下降而存在的运动能力急剧下降的过程。Edwards 提出，肌肉疲劳的控制链中存在一个从大脑下传至肌肉的过程，各个环节都可能发生中断或突变，这些变化并不是线性下降的，而是在某个时刻突然崩溃，形成疲劳。该假说的特点在于从能量代谢和生物电的角度揭示了肌肉力量突然下降的原因，克服了以往用单一指标解释疲劳现象的不足。

突变假说与其他疲劳理论的主要区别在于其对疲劳机制的描述。传统的疲劳理论如衰竭假说和堵塞假说认为疲劳是由于能源物质耗尽或代谢产物堆积所致。而突变假说则强调在能量消耗、肌力下降和兴奋性丧失之间的三维空间关系中的突变现象，认为疲劳是一个突然的过程，而不是一个逐渐累积的过程。突变假说在运动生理学研究中具有一定的理论价值，帮助研究人员更好地理解运动性疲劳的生物化学基础。然而，该假说在实际应用中仍需进一步验证和深入研究。目前的研究主要集中在探索导致这种突变现象的具体生化机制和影响因素。

6. 自由基假说

自由基是指外层电子轨道含有未配对电子的原子、离子或分子自由基，主要包括氧自由基、羟自由基、过氧化氢及单线态氧等。在细胞内，线粒体、内质网、细胞核、质膜和胞液中都可能产生自由基。自由基化学性质活泼，可与机体内糖类、核酸、蛋白质和脂类物质发生反应，从而破坏细胞结构、影响细胞功能。自由基可与细胞膜上的不饱和脂肪酸发生脂质过氧化反应，生成具有细胞毒作用的过氧化物。脂质过氧化物可分解形成更多的自由基，引发连锁反应。剧烈运动可加速骨骼肌、心肌和肝脏等组织的脂质过氧化反应，破坏线粒体膜，导致肌纤维兴奋－收缩耦联功能减弱，能量代谢紊乱。

运动性疲劳的自由基假说是一个关于运动性疲劳产生的机制的理论。根据自由基假说，运动过程中会产生大量的自由基，这些自由基会对生物膜造成损害，从而影响肌肉和其他细胞的功能，导致疲劳的发生。自由基是具有高度活性的分子，它们能够损伤细胞膜、蛋白质和 DNA 等细胞结构，这种损伤被认为是导致运动性疲劳的一个重要因素。在剧烈运动中，由于氧气消耗增加，自由基的产生也随之增加，特别是在肌肉等高能量需求的组织中。自由基的积累可能导致氧化应激，进而影响肌肉功能和耐力，最终导致疲劳。因此，自由基假说提供了一个解释运动性疲劳的生物学机制，强调了自由基在运动过程中的潜在作用。

三、运动性疲劳的判断

由于不同形式运动具有不同的疲劳特征，因此运动性疲劳有多种评价方法和手段，本文主要介绍相比较而言容易理解且在临床和社区场景下易于操作的几种方法。

1. 主观感觉判断

运动性疲劳的主观感觉判断主要依赖于个体在运动过程中和运动后的身体感受和心理状态。常见的主观感觉判断指标：①疲劳感，感到身体特别疲惫，肌肉酸痛或僵硬。②感到精神不振，缺乏活力和动力。③情绪波动，如烦躁、易怒或情绪低落等，且对运动或训练失去兴趣或感到厌烦。④认知功能障碍，表现为注意力不集中，难以保持专注。⑤记忆力减退，难以记住训练细节或日常事务。⑥思维反应迟钝，决策能力下降。⑦睡眠质量下降，如入睡困难、多梦或早醒。⑧休息后仍感到疲劳，恢复缓慢。⑨食欲下降，消化不良，食量减少，可能出现胃部不适。常见的身体反应包括：①面色发红或苍白，皮肤湿冷。②排汗量增加，即使在相同的运动负荷下仍是如此。常见的运动表现：①运动表现下降，如速度、力量、耐力或技能水平降低。②对训练的感知负荷增加，即使训练强度没有变化。③动作迟缓，操作不灵活，准确性下降。这些主观感觉可以作为判断运动性疲劳的初步指标，但通常需要结合客观的生理和心理测试结果来综合评估疲劳程度。如果个体出现上述多个症状，可能表明存在运动性疲劳，需要适当调整训练计划和恢复策略。一般可以使用 Borg 量表等工具来量化个体在运动中的主观努力程度和疲劳感。主观体力感觉等级（rating of perceived exertion，RPE）是判断疲劳的重要指标，运动时来自肌肉、呼吸和心血管方面的刺激，都会传到大脑皮质而引起感觉系统应激。疲劳的主观感觉往往是真正疲劳的信号。具体测定方法主要有骑功率自行车或在跑台上做递增负荷运动，主观疲劳感觉等级可通过主观体力感觉等级表（表 4-14）评定。

表 4-14　主观体力感觉等级表

等级	6	7	8 ~ 10	11 ~ 12	13 ~ 14	15 ~ 16	17 ~ 18	19	20
感觉	根本不费力	极其轻松	很轻松	轻松	稍费力	费力	很费力	极其费力	尽最大努力

2. 测定肌力评价疲劳

肌力的测定常见于骨骼肌力量的测定和呼吸肌耐力测试。可以采用多种方法来评估肌肉的力量和疲劳程度。常用的评估手段包括：①骨骼肌力量测试，肌肉力量的下降是肌肉疲劳的显著特征，也是判断运动性疲劳的重要指标。如果运动后肌肉力量明显下降，且不能及时恢复，可以视为肌肉疲劳。②呼吸肌耐力测试，通过连续测定 5 次肺活量来评定，实验过程中要求相邻两次测试之间间歇 30s，疲劳时肺活量会逐次下降。③徒手肌力检查，根据患者肌肉或肌群功能，使患者采取不同的受检体位，在减重、抗重力或抗阻力的状态下使受检肌肉做标准检测动作，观察该肌肉完成受试动作的能力，判断该肌肉的收缩力量。

3. 测定感觉功能评价疲劳

常用的评价指标包括两点辨别阈、反应时、膝跳反射阈、血压体位反射。两点辨别阈，是指皮肤感觉能分辨出的最小距离，疲劳会引起各种皮肤感觉敏感性下降，该方法可作为检测运动员疲劳和恢复的简单无创指标。反应时是指由刺激作用于感受器开始到效应器开始活动为止所需要的时间，大脑皮质分析功能下降，反应时间明显延长。膝跳反射阈，机体出现疲劳时，膝跳反射的敏感性降低，引起膝跳反射所需的叩击力增加。血压体位反射是反映自主神经调节能力的指标，自主神经调节能力下降，血压体位反射异常，可作为评定心血管系统疲劳程度的依据。

4. 测定运动中心率评定疲劳

心率也是评定运动性疲劳的简易指标之一。一般通过测定基础心率、运动后即刻心率和恢复期心率来判定疲劳。基础心率是指清晨、清醒、起床前静息状态下的心率，一般情况下，基础心率保持稳定。大运动量后，经过一昼夜的调整，基础心率仍然较平时增加 5 ～ 10 次 /min 以上，可认为疲劳尚未恢复。如果连续几天持续增加，则表明运动量过大，需要调整运动量。运动中心率呈动态变化的特点，且随着运动强度的增大而增大，可通过遥测法测量运动中心率，也可通过测量运动后即刻心率进行估计。定量负荷运动后，心率恢复的快慢也可以作为运动性疲劳恢复的指标。

5. 运动性疲劳的其他评估指标

教育学观察是判定运动性疲劳的常用方法之一。在运动或训练过程中，可观察运动员或锻炼者的反应，如出现烦躁不安、面色苍白、眼神无光、打呵欠、反应迟钝、协调性降低、注意力不集中和运动能力下降等现象。

运动性疲劳的其他指标主要包括生物电法（肌电图、心电图和脑电图）、肌肉硬度、生化指标（尿素氮、血清睾酮 / 皮质醇比值、血乳酸、尿蛋白、尿胆原）等。

四、运动性疲劳的恢复

运动过程中消耗的物质，只有经过一定的恢复期才能恢复，人体功能才能提高，反之，将会出现过度疲劳或过度训练，运动能力不仅得不到提升，反而会导致运动性损伤。

运动恢复分为 3 个阶段，分别为运动时恢复阶段、运动后恢复阶段以及超量恢复阶段。运动过程中伴随能量消耗的同时，运动恢复也在同期进行。当运动过程中以磷酸原系统和糖的有氧氧化系统供能时，恢复相对较快。当需要靠糖酵解系统供能时，因有大量的代谢废物（如乳酸）堆积，恢复较慢。运动停止后，能量消耗在逐渐减弱，但体能消耗仍然比运动前或安静状态下高，此过程能量恢复过程占优势。运动时消耗的能源物质及各器官、系统的功能恢复超过原有的水平，称为超量恢复或超量代偿。

运动后有多种方式有助于功能的恢复，常见的有温水浴、桑拿浴、睡眠、心理调适、音乐疗法、营养补充、中医调理等。

运动后进行温水浴可刺激血管扩张，促进血液循环和新陈代谢，加速代谢产物的排出，改善神经、肌肉的营养，汗腺分泌增加，肌肉放松，达到加速消除运动疲劳的目的。温水浴的水温为 40℃ ±2℃，每次 10 ～ 15min，勿超过 20min、以免加重运动疲劳。桑拿浴是利用高温干燥的环境加速血液循环，使人体大量排汗，从而能及时排出体内的代谢产物。桑拿浴一般不要在运动结束后即刻进行，以免造成脱水和加重运动疲劳。疲劳后最需要的是休息，良好的睡眠习惯有助于更好恢复。良好充足的睡眠是消除运动疲劳的一种最直接、有效且经济的好方法。心理疗法是通过诱导性的语言使疲劳者用意念来调动肢体，使肌肉放松，改善呼吸和循环系统，使运动疲劳尽快消失。音乐疗法是一种时尚新颖的放松方法，通过舒缓优美的音乐来放松神经系统，使练习者心情舒畅身心放松，是一种极好的放松辅助法，配合其他消除疲劳的方法，可以增强运动疲劳的恢复效果。营养物质补充法是指从人体所需的供能物质和对生理功能调节的维生素及微量元素入手补充糖、脂肪和其他所需物质。营养物质的补充不仅仅在运动后，还应贯穿整个运动过程，这既可推迟运动疲劳的出现，又有利于消除运动疲劳。运用中医抗运动性疲劳主要是通过健脾益肾、抗疲劳专用方剂和药物型运动饮料等方面进行，传统的中医药补充法对消除运动疲劳很有必要，也对营养物质补充起促进作用。

总之，运动性疲劳是人的机体在运动后产生的一系列的生物学适应，运动性疲劳是防止机体过度反应的警报，它的恢复与运动一样重要，如果每次运动之间恢复不完全就可能引起过度疲劳的症状。运动性疲劳产生的原因和出现的部位不尽相同，表现和形成是多种多样的，不同形式的运动方法引起的疲劳机制不完全相同，采取的评估手段和应对策略也不相同。

（张颖　王珍）

第五节 常见运动伤害及处理

运动伤害是指体力活动、锻炼或体育运动造成的人体各系统、器官、组织在解剖上的破坏或生理上的紊乱。运动伤害有广义和狭义之分。广义的运动伤害不仅包括运动损伤，还包括运动性疾病以及运动给参与者造成的功能上的减弱与威胁。狭义的运动损伤是指在运动过程中，直接因运动而造成的伤害，又称为运动损伤或运动创伤。

造成运动伤害的原因很多，总体而言，可分为内在风险和外在风险两大类别。内在风险因素包括年龄、性别、身体形态、健康状况、技术动作、认知能力、生理因素、心理行为因素等。外在风险因素主要包括场地器材、气候条件、运动装备、运动项目、医疗保障等因素。内在风险因素越多，发生运动损伤的可能性越大，如果同时出现外在风险因素，则发生运动风险的概率大大增加。

运动伤害的危害广泛，严重者会影响运动者的生活质量、寿命甚至死亡。一般而言，大多数运动损伤的发生具有一定的规律，且大多是可以预防的。运动损伤的类型及发生率与运动项目密切相关。不同运动项目之所以会发生身体不同部位的损伤，主要是由两个潜在因素决定的，一个是运动项目的特殊技术要求（如篮球运动在训练和比赛中防守、进攻时膝关节经常在半蹲位进行变向启动、移动、起跳等），另一个是人体的生理解剖特点，损伤多发生在灵活性大、负重大的关节，如肩袖和膝关节等。了解运动损伤的发生原因、特点及规律，并采取有针对性的防治措施，可以将运动损伤的发生及危害降低到最低程度。

本节重点介绍常见运动损伤的分类、基本原因、防治原则、基本病理和常见运动伤害的处理。

一、运动伤害的分类

运动伤害有多种分类方法：①按照损伤的严重程度，可分为轻伤（不影响运动或训练计划）、中等伤（影响训练计划，需要停止患部的训练或减少患部的活动量，但仍然可以训练）和重伤（损伤后不能进行训练，需要住院治疗）；②按照损伤的缓急，可分为急性损伤（一次直接或间接暴力造成的损伤，如肌肉拉伤、关节韧带扭伤等）和过度训练导致的慢性损伤（多次微损伤累积导致的局部退行性改变）；③按照损伤与运动技术的关系，可分为运动技术伤（损伤的发生与运动技术特点有关和运动项目有关，多数为过度使用导致的慢性损伤）和非运动技术伤（损伤的发生与运动技术无关，多为运动过程中发生的意外伤）；④按照损伤部位皮肤黏膜的完整性，可分为开放性损伤（损伤部位的皮肤黏膜出现破损，有伤口与外界相通）和闭合性损伤（损伤部位的皮肤黏膜保持完整，没有伤口与外界相通）；⑤按照损伤组织的种类，可分为肌肉与肌腱损伤、骨损伤、关节及软骨损伤、滑囊损伤、韧带损伤、神经损伤和内脏器官损伤等。

二、常见运动伤害的原因

了解运动伤害的基本原因，对于运动损伤的防治有着积极意义。常见运动损伤的原因是多方面的。

运动锻炼前准备活动的目的是使运动系统、内脏器官、神经系统都得到充分的动员，准备活动不合理是造成运动损伤的前两位原因之一。准备活动不合理具体表现：①未做准备活动或准备不充分，肌肉能力没有调动出来；②准备活动与训练专项不匹配；③未遵循循序渐进的原则；④准备活动的时间与正式运动训练时间间隔过短或过长。

训练水平和能力不够也容易发生损伤和意外，主要体现：①技术动作不正确、用力不合理；②身体素质差，肌肉力量差，柔韧性差，动作不协调；③技术战术水平低，如耐力运动中的体力分配不当、超越时间和地点选择不合理；④心理素质差等。

另外，运动训练者的生理状态不佳（如睡眠不好、疲劳、患病或伤病初愈等）、局部训练负荷过大（如训练内容不合理，训练后没有给予足够的恢复时间）、缺乏必要的医学监督和保护（如训练中的保护和自我保护不到位、护具使用不合理和缺乏安全教育等）、预防重视不够（对预防运动损伤缺乏必要的认识和思想麻痹等）、运动环境及设施不符合卫生要求（如运动场馆和场地不符合要求、运动器械和装备不合适等）、气候因素不佳（气温过高或过低、湿度大）等都是常见运动损伤的原因。

三、运动伤害的防治原则

运动损伤的防治，主要遵循以下基本原则。

一是加强自我医学监督，参加运动前依据医学检验的方法和本体主观感觉，对自己的生理功能和健康状况进行观察和评定。自我医学监督是客观评定运动负荷、早期发现运动性疾病、预防运动伤害的重要手段。

二是加强自我运动的积极性，运动或锻炼是一个自我完善、自我健全的过程，需要自我克服惰性和战胜困难。为了给自己增加运动的动力，可以尝试以下几种做法：①穿上运动服，唤醒体内的能量；②养成写运动日记的习惯，每次锻炼后的感受都尽量留下痕迹，无论是步行、跑步还是骑自行车；③多种练习轮换进行，既有有氧运动又有耐力运动或柔韧性运动，避免单调；④将锻炼计划写进随身携带的日历中，像安排工作会议、约会一样将运动写进工作日历中；⑤寻找运动伙伴或者从周围的人中寻找锻炼的愉悦感和动力，远离运动懒人。

三是掌握正确的运动技巧。正确的运动技巧不仅能达到体育锻炼、消除心理上的紧张和恐惧的目的，还能避免不必要的运动损伤或运动性疾病的发生。

四是正确使用器材设备。在使用体育运动器材的时候，严格遵守相关操作规程。有些特定的体育器械，需要用到专用的场地，必须严格遵守，在确保自身安全的同时还要注意他人的安全。

五是合理地运用运动规则。掌握合理的运动规则，可以保证运动的公平性、精彩性和观赏性，有助于防范和保护运动者在运动过程中因无序、违规等造成不必要的运动伤害。

六是遵循机体发展规律。运动要遵循人体发展和适应环境的生理规律。人体各器官系统的活动功能，有一个逐步适应和提高的过程，锻炼身体的运动量要由小到大，运动的持续时间、距离、次数、速度、频度和强度等要逐渐增加，锻炼的内容和方法也要由易到难，从简到繁，逐步提高。

七是运动负荷适量，避免运动负荷过重。负荷适量是指体育锻炼要承受适宜的生理负荷，锻炼的效果很大程度上取决于运动刺激的强度。运动量太少不足以引起人体生理功能的变化，锻炼效果不佳，而运动量过大，却有损身体健康，导致运动性疾病的产生。普通健康人锻炼身体的适宜负荷量，一般采用心率百分数来确定，如果是有氧锻炼，以本人最高心率的 70% ～ 80% 的强度计算比较合适，如果是无氧锻炼，则以本人最高心率的 90% 的强度进行锻炼。最高心率的直接测量比较困难，一般用（220– 年龄）来估算每分钟的最高心率。例如，20 岁大学生的适宜负荷量应控制在心率为（220–20）×（70% ～ 80%）=140 ～ 160 次 /min 的范围内。

八是持之以恒，锲而不舍。锻炼要有连续性和系统性，只有经常参加体育锻炼，安排适合自己兴趣、爱好的运动项目，科学地制订健身计划，才能不断有效地增强体质。不经常参加体育锻炼或中断体育锻炼的人，会使原有身体功能、素质和运动技术水平明显下降，中断时间越长，下降越明显。另外，掌握一项具体的运动技术也需要持之以恒，因为人大脑中的神经突触，必须通过固定形式的重复练习进行连续刺激，才能在大脑中形成一整套固定形式的反应，即动力定型。动力定型建立后，运动者就能习惯性地、熟练地完成一整套练习。

四、运动伤害的修复

修复是指损伤造成机体部分细胞和组织丧失后，机体对所形成的缺损进行修补恢复的过程。修复有两种不同的形式，即完全再生和不完全再生。损伤发生后形成的组织缺损由损伤周围的同种细胞分裂增生来修复，称为再生。如果再生的组织在结构和功能上与原来的组织完全相同，称为完全再生。反之，称为不完全再生。不完全再生又分为纤维性修复和瘢痕修复。如果损伤发生后形成的组织缺损由纤维结缔组织修复，称为纤维性修复。如结缔组织、小血管、皮肤、黏膜和骨骼等组织的再生能力较强。如果缺损的组织再生能力弱，或者缺乏再生能力，不能完全由结构和功能相同的组织来修复，而是由肉芽组织填补缺损，以形成瘢痕，因此，又称为瘢痕修复。肌肉、韧带、肌腱损伤再生能力差，其修复为不完全修复。神经细胞和软骨缺乏再生能力，损伤后基本上不能修复。总之，不同组织的再生能力不同，修复方式也不同。

另外，除了组织自身的特点之外，还有一些其他因素会影响修复过程，这些因素包括局部因素和全身因素。全身因素主要是指年龄和营养因素。一般而言，儿童和青少年的组织再生能力强，损伤愈合快，而老年人则相反。严重的蛋白质缺乏，尤其是蛋氨酸和胱氨酸缺乏，将影响肉芽组织和胶原纤维的形成。另外，维生素 C 和微量元素锌也对伤口的愈合发挥重要作用。

影响伤口愈合的局部因素主要包括感染、局部血液循环障碍、组织坏死和异物等。感染会严重影响组织的修复。感染可导致伤口大量渗出，增加局部伤口的张力，导致伤口裂开。感染还可引起组织坏死，加重局部组织损伤。良好的血液循环不仅可以保证组织修复所需要的氧气和营养，而且有利于坏死组织的吸收。但是，如果损伤的局部包扎过紧、有动脉硬化等问题，都会影响局部的血液供应，影响组织的修复。损伤部位过多的坏死组织如果不及时清除，不仅会影响新生组织的生长，而且会引起感染。伤口里存在的一些沙砾、泥屑等异物，往往携带大量的细菌，也影响组织的修复。

五、常见运动伤害及处理

1. 开放性损伤

开放性损伤的主要表现是患者的皮肤完整性受损，可以出现皮下、肌肉、骨骼，甚至内脏的损伤。开放性损伤若处理不当，易继发感染或延迟伤口愈合。开放性损伤的处理原则是改善局部的修复条件，促进伤口的及早愈合。组织器官生理功能的恢复，着重考虑以下 5 个方面：①开放性损伤的处理，首要的是抢救生命，在处理复杂的伤情时，应该优先解决危及生命的紧急问题，及时评估患者伤情，清楚患者肾脏、脾脏、肝脏、肺等重要脏器有没有受到损伤；②患者需要根据具体情况采取适当的体位和局部制动，较重的伤员受伤后应该卧床休息，所取的体位应该有利于呼吸运动和保持循环畅通，受伤的部位应当适当制动，可以缓解疼痛，有利于组织恢复；③给损伤处局部加压包扎、彻底止血，预防患者发生失血性休克；④及时建立静脉通道，积极补液，预防患者体液丢失，维持体液平衡和营养代谢；⑤进行局部伤口的清创以及换药治疗，预防和控制感染，凡有开放性损伤，必须重视感染的防治；⑥做好心理护理。

2. 闭合性软组织损伤

闭合性损伤以软组织损伤最为常见。软组织损伤主要包括肌肉、肌腱、关节囊、筋膜等。闭合性损伤可以分为急性和过度使用性两大类。急性闭合性软组织损伤的处理可以分为早期、中期和后期。

急性闭合性软组织损伤发生 24 ～ 72h 内为早期，这一时期损伤局部处于出血、渗出和急性炎症阶段。处理的目的是尽快止血、减轻疼痛和局部的炎症反应。因此，处理原则是适当制动、止血、防肿、镇痛和减轻炎症反应。处理方法包括保护（protest）、局部制动（rest）、冷疗（ice）、加压包扎（compression）、抬高伤肢（elevation），可以概括为 PRICE。

急性闭合性软组织损伤发生 24 ～ 72h 后为中期，这一时期损伤组织处于再生阶段。该时期的损伤组织仍有出血、渗出、肿胀、功能障碍，组织正在修复中。该时期的主要目的是促进损伤部位的再生修复过程。因此，处理原则是改善损伤部位的血液和淋巴循环，促进组织的新陈代谢，促进淤血和渗出液的吸收，加速再生修复。处理方法包括常规热疗、电疗、按摩、针灸、拔罐、药物治疗的同时，根据伤情进行适当的功能锻炼。

急性闭合性软组织损伤后期，软组织损伤修复基本完成。该时期损伤组织处于重建阶段，其主要目的是功能恢复。处理原则是增强肌肉力量，恢复关节活动度，如果出现瘢痕或粘连，应设法软化瘢痕和松解粘连。处理方法是以力量、柔韧性练习为主，辅以按摩。

如果出现过度使用性软组织损伤，损伤部位常有酸胀、疼痛、活动受限等症状。目前的观点认为，过度使用性损伤是一种退行性改变，休息无法使之痊愈。处理原则主要是改善受伤部位血液循环、促进组织的新陈代谢，合理安排训练负荷，给局部施加一定的负荷，通过积极修复来促进伤口的愈合。处理方法是保持合理的运动量和强度，增加局部力量练习，改进技术动作促进恢复。

3. 运动性晕厥

运动性晕厥是在大强度的运动后，由于大量血液分布于下肢引起的一时性脑部血液供应不足，出现突然知觉丧失的现象，又称为重力性休克。运动性晕厥多见于长跑、马拉松、足球、篮球、公路自行车、竞走、举重、长距离滑雪或滑冰、网球等运动时间长或运动负荷比较大的项目。产生晕厥的主要原因包括突然进入激烈运动状态（疾速跑或冲刺）、在极度疲劳下继续勉强地锻炼、久蹲后骤然站起或疾速跑后紧急停下等，导致大量的血液积聚在下肢血管中，使得回心血量减少，脑部得不到血液供应所致。此外，运动性晕厥也见于空腹状态或长时间锻炼出现低血糖的情况下。运动性晕厥患者常表现为面色苍白、手脚发凉、呼吸缓慢、眼睛发黑、突然失去知觉而晕倒。

防止运动性晕厥，可以从以下几方面入手：①平时应经常参加体育锻炼，以增强体质；②运动时要控制运动负荷，防止过度疲劳；③久蹲后要缓慢站立起来；④剧烈运动后不能立即停止，要继续慢跑一段时间并做深呼吸，或者继续走一段路；⑤长距离运动要及时补充糖、盐和水；⑥剧烈运动后应至少休息半小时后再淋浴。

如果已经发生运动性晕厥，应采取仰卧、下肢抬高以增加脑血流量。运动性晕厥患者应根据意识是否清醒采取不同的处理办法。对于意识清醒者，应及时让患者平卧休息，头稍低、腿部抬高、松解衣领，自小腿向大腿作重推摩和全身揉捏，使血液回流。待患者情况有所缓解后，可补充适当的水分、糖分来恢复。此外，在运动中一旦出现晕厥的前期症状，应立即在别人的帮助下，慢跑或慢走一段距离，然后平卧片刻待身体逐渐恢复。对于意识丧失者，应立即将患者平卧，头低脚高以改善脑部的供血供氧，然后指掐患者的人中、合谷等穴位，口内有异物时应及时清理，并将患者头转向一侧，保持患者的呼吸畅通。在患者知觉未恢复之前不能给任何饮料或服用任何药物，并及时送往医院，待查明原因后，可给予相应对症治疗，如输入葡萄糖等。

4. 运动性腹痛

运动性腹痛是指由于身体运动而引起或诱发的腹部疼痛，一般在长跑、竞走、自行车运动和足球运动中容易发生。腹痛一般分为胃部痉挛、肠痉挛、腹直肌痉挛和腹部慢性病等。

运动性腹痛的常见原因包括：①准备活动不充分、活动强度增加过快、身体状况欠佳；②运动前吃得太饱，饮水过多；③腹部受凉，导致脏腑功能失调；④呼吸节奏紊乱，引起膈肌运动异常；⑤肝脾积气瘀血，导致两肋部胀痛等。

运动过程中因呼吸肌痉挛引起的腹痛常表现为上腹部或右上腹部疼痛，特别是在清晨更容易出现这种现象。胃肠痉挛性腹痛轻者表现为钝痛或胀痛，重者呈阵发性绞痛，疼痛部位多在脐周或腹上部。腹直肌痉挛痛主要发生于夏季较为剧烈的运动时，由于出现大量的水、盐丢失，体内代谢失调和疲劳所致。另外，呼吸机节律紊乱，破坏了均匀的有节奏的呼吸，使吸氧量下降，造成体内缺氧，导致膈肌疲劳，减弱了膈肌对肝脏的按摩作用，使得肝脏淤血肿胀而引起腹痛。

采取下列措施有助于预防运动性腹痛：①运动前进行体检，排除各种内脏器官疾病；②遵守运动饮食卫生原则，饭后 1.5 ～ 2h 才可参加剧烈运动，运动前不要吃容易产气的食物，如豆类、薯类和冷饮等；③做好运动前的各项准备工作；④运动过程中注意呼吸和动作调整；⑤努力提高锻炼水平，提高身体的适应能力。

在运动过程中出现腹痛，通常采取的措施：①降低运动强度，加深呼吸，调整呼吸节律，尽可能用鼻子呼吸而不要张嘴呼吸；②按压疼痛部位、弯腰或伸腰进行调整，有时候疼痛可减轻或消除；③做背伸运动拉长腹直肌可以缓解腹痛；④前面几种做法都无效的情况下，可以掐人中、内关、足三里等穴位，服用解痉药物，停止运动；⑤如果上述方法都无效，则可请医生检查治疗。

5. 运动性中暑

运动性中暑可认为是一种运动性疾病，主要是指在运动的过程中，肌肉运动产生的热量比身体散发出来的热量还多，从而造成体内的热量堆积而引起中暑。中暑的机制主要包括：①热痉挛，是指在高温环境中强体力劳动或剧烈运动后大量出汗，随汗液排出大量盐分而引起的肌肉疼痛性痉挛；②热衰竭，是指在高温环境下大量出汗和血管扩张，导致血容量不足而出现的周围血管循环功能衰竭；③热射病，是指高温引起的人体体温调节功能失调，体内热量过度积累，从而引发神经器官功能受损；④日射病，主要是指因头部持续受到强烈阳光照射，引起头部血管扩张，导致脑及脑膜充血，头部温度和体温急剧升高，以致神志异常，并继发各脏器功能障碍的一种疾病。

中暑按照症状的轻重可分为先兆中暑、轻症中暑、中症中暑和重症中暑。先兆中暑主要表现为在高温环境下大量出汗、口渴、头晕、眼花、耳鸣、胸闷、心悸、恶心、四肢无力、注意力不集中、体温正常或略有升高（通常在 37.5℃以下）。轻症中暑主要表现为体温升至 38℃以上，并伴有面色潮红、大量出汗、皮肤灼热、面色苍白、四肢湿冷、血压下降、脉搏细速等。重症中暑主要表现为大汗淋漓，极度的口渴，乏力，意识模糊，惊厥，甚至出现周围循环衰竭，并常伴有昏迷，痉挛，高热达 41℃及以上，严重者导致死亡。

运动性中暑和一般的中暑症状是一样的，只不过是造成中暑的原因有所不同。但是，无论是何种原因导致的中暑，其处理方法基本一致。主要采取的办法是脱离高温环境和及时补充液体两种办法。发生运动性中暑，首先需要脱离高温环境，可以将患者移至阴凉通风的位置，并且要对患者所处的周围环境进行降温，如吹风扇、开空调等。中暑患者因大量出汗，损失了很多的水分和电解质，因此要及时地补充液体，也可以在医生的指导下口服补盐液、葡萄糖溶液等，以增加体内的新陈代谢，防止中暑脱水的症状。如果中暑患者出现恶心、呕吐、头痛等症状，可在医生指导下口服药物治疗，如藿香正气水这种药物能够起到解表化湿、祛暑消热的功效。

运动中暑重在预防，采取的主要措施包括：①高温季节保证充足的睡眠和休息；②锻炼要避开一天当中的高温时间，最好安排在早晚进行；③在烈日下运动或锻炼，应佩戴白色太阳帽，穿浅色和宽松、吸汗的衣服；④随时注意喝清热解暑的防暑饮料；⑤加强锻炼，提高机体耐高温的能力，身体不舒服或有病时，应停止锻炼。

（唐成武　陈功）

参考文献

[1] ADAMS V, LINKE A. Impact of exercise training on cardiovascular disease and risk[J]. Biochim Biophys Acta Mol Basis Dis, 2019,1865(4):728–734.

[2] BLAAUW B, SCHIAFFINO S, REGGIANI C. Mechanisms modulating skeletal muscle phenotype[J]. Compr Physiol, 2013,3(4):1645–1687.

[3] BLAIR SN. Physical inactivity: the biggest public health problem of the 21st century[J]. Br J Sports Med, 2009,43(1):1–2.

[4] CELIK O, YILDIZ BO. Obesity and physical exercise[J]. Minerva Endocrinol (Torino), 2021,46(2):131–144.

[5] CHANG X, XU S, ZHANG H. Regulation of bone health through physical exercise: Mechanisms and types[J].Front Endocrinol (Lausanne), 2022,13:1029475.

[6] EL ASSAR M, ÁLVAREZ–BUSTOS A, SOSA P, et al. Effect of physical activity/ exercise on oxidative stress and inflammation in muscle and vascular Aging[J]. Int J Mol Sci, 2022,23(15):8713.

[7] ENOKA RM, DUCHATEAU J. Translating fatigue to human performance[J]. Med Sci Sports Exerc, 2016,48(11):2228–2238.

[8] FLYNN MG, MARKOFSKI MM, CARRILLO AE. Elevated inflammatory status and increased risk of chronic disease in chronological aging: inflamm–aging or inflamm–inactivity? [J]. Aging Dis, 2019, 10(1):147–156.

[9] FIUZA–LUCES C, SANTOS–LOZANO A, JOYNER M, et al. Exercise benefits in cardiovascular disease: beyond attenuation of traditional risk factors[J]. Nat Rev Cardiol, 2018,15(12):731–743.

[10] FLEG JL. Aerobic exercise in the elderly: a key to successful aging[J].Discov Med, 2012,13(70):223–228.

[11] GONZALO–ENCABO P, MALDONADO G, VALADÉS D, et al. The role of exercise training on low–grade systemic inflammation in adults with overweight and obesity: a systematic review[J]. Int J Environ Res Public Health, 2021,

18(24):13258.

[12] GLEESON M, BISHOP NC, STENSEL DJ, et al. The anti-inflammatory effects of exercise: mechanisms and implications for the prevention and treatment of disease[J]. Nat Rev Immunol, 2011,11:607-615.

[13] ISLAM H, NEUDORF H, MUI AL, et al. Interpreting 'anti-inflammatory' cytokine responses to exercise: focus on interleukin-10[J]. J Physiol, 2021,599(23):5163-5177.

[14] KANALEY JA, COLBERG SR, CORCORAN MH, et al. Exercise/physical activity in individuals with type 2 diabetes: a consensus statement from the american college of sports medicine[J]. Med Sci Sports Exerc, 2022,54(2):353-368.

[15] KIVIMÄKI M, STRANDBERG T, PENTTI J, et al. Body-mass index and risk of obesity-related complex multimorbidity: an observational multicohort study[J]. Lancet Diabetes Endocrinol, 2022,10(4):253-263.

[16] LAVIN KM, PERKINS RK, JEMIOLO B, et al. Effects of aging and lifelong aerobic exercise on basal and exercise-induced inflammation[J]. J Appl Physiol, 2020,128(1):87-99.

[17] LIU Y, YE W, CHEN Q, et al. Resistance exercise intensity is correlated with attenuation of hba1c and insulin in patients with type 2 diabetes: a systematic review and meta-analysis[J].Int J Environ Res Public Health, 2019,16(1):140.

[18] LU X, ZHAO C. Exercise and type 1 diabetes[J]. Adv Exp Med Biol, 2020,1228: 107-121.

[19] LI G, LI J, GAO F. Exercise and cardiovascular protection[J].Adv Exp Med Biol, 2020,1228:205-216.

[20] METSIOS GS, MOE RH, KITAS GD. Exercise and inflammation[J]. Best Pract Res Clin Rheumatol. 2020;34(2):101504. doi: 10.1016/j.berh.2020.101504.

[21] MAHALAKSHMI B, MAURYA N, LEE SD, et al. Possible neuroprotective mechanisms of physical exercise in neurodegeneration[J]. Int J Mol Sci, 2020, 21(16):5895.

[22] MAGKOS F, HJORTH MF, ASTRUP A. Diet and exercise in the prevention and treatment of type 2 diabetes mellitus[J]. Nat Rev Endocrinol, 2020,16(10):545-555.

[23] NARA H, WATANABE R. Anti-inflammatory effect of muscle-derived

interleukin-6 and its involvement in lipid metabolism[J].Int J Mol Sci, 2021, 22(18):9889.

[24] NIESS AM, SIMON P. Response and adaptation of skeletal muscle to exercise--the role of reactive oxygen species[J].Front Biosci, 2007,12:4826-4838.

[25] POWERS SK, DEMINICE R, OZDEMIR M, et al.Exercise-induced oxidative stress: friend or foe[J].J Sport Health Sci, 2020,9(5):415-425.

[26] POWERS SK, NELSON WB, HUDSON MB. Exercise-induced oxidative stress in humans: cause and consequences[J].Free Radic Biol Med, 2011,51(5):942-950.

[27] POWERS SK, JACKSON MJ. Exercise-induced oxidative stress: cellular mechanisms and impact on muscle force production[J].Physiol Rev, 2008,88(4): 1243-1276.

[28] ROSSI JF, LU ZY, MASSART C, et al. Dynamic immune/inflammation precision medicine: the good and the bad inflammation in infection and cancer [J]. Front Immunol, 2021, 12:595722.

[29] REDDY R, WITTENBERG A, CASTLE JR, et al. Effect of aerobic and resistance exercise on glycemic control in adults with type 1 diabetes[J]. Can J Diabetes, 2019, 43(6):406-414.

[30] SAMPATH KUMAR A, MAIYA AG, SHASTRY BA, et al. Exercise and insulin resistance in type 2 diabetes mellitus:a systematic review and meta-analysis[J]. Ann Phys Rehabil Med, 2019,62(2):98-103.

[31] SADJAPONG U, YODKEEREE S, SUNGKARAT S, et al. Multicomponent exercise program reduces frailty and inflammatory biomarkers and improves physical performance in community-dwelling older adults: a randomized controlled trial[J]. Int J Environ Res Public Health, 2020,17(11):3760.

[32] SUZUKI K. Chronic inflammation as an immunological abnormality and effectiveness of exercise[J]. Biomolecules, 2019,9(6):223.

[33] TUCKER WJ, FEGERS-WUSTROW I, HALLE M, et al. Exercise for primary and secondary prevention of cardiovascular disease: jacc focus seminar 1/4[J].J Am Coll Cardiol, 2022,80(11):1091-1106.

[34] TORNERO-AGUILERA JF, JIMENEZ-MORCILLO J, RUBIO-ZARAPUZ A, et al. Central and peripheral fatigue in physical exercise explained: a narrative

review[J]. Int J Environ Res Public Health, 2022,19(7):3909.

[35] WINN NC, COTTAM MA, WASSERMAN DH, et al. Exercise and adipose tissue immunity: outrunning inflammation[J]. Obesity (Silver Spring), 2021,29(5):790–801.

[36] WANG F, WANG X, LIU Y, et al. Effects of exercise-induced ros on the pathophysiological functions of skeletal muscle[J].Oxid Med Cell Longev, 2021, 2021:3846122.

[37] WANG J, LIU S, LI G, XIAO J. Exercise regulates the immune system[J]. Adv Exp Med Biol, 2020,1228:395–408.

[38] WANG Z, SHEN XH, FENG WM, et al. Mast cell specific immunological biomarkers and metabolic syndrome among middle-aged and older Chinese adults[J]. Endocrine Journal, 2017,64(3):245–253.

[39] WANG Z, ZHANG H, SHEN XH, et al.Immunoglobulin E and mast cell proteases are potential risk factors of impaired fasting glucose and impaired glucose tolerance in humans[J]. Ann Med,2013,45(3):220–229.

[40] WANG Z, ZHANG H, SHEN XH, et al.Immunoglobulin E and mast cell proteases are potential risk factors of human prediabetes and diabetes mellitus[J]. PLoS One, 2011,6(12):e28962.

[41] ZHEN WANG, XU-HUI SHEN, WEN-MING FENG, et al. Analysis of inflammatory mediators in prediabetes and newly diagnosed type 2 diabtetes patients[J]. Journal of Diabetes Research, 2016,2016:7965317.

[42] 程丽彩，冯浩，程会娜．中老年心血管疾病患者健康运动方式的选择 [J]. 山西师大体育学院学报，2005(S1):141–143.

[43] 常波．运动与下丘脑－垂体－性腺轴（之一：下丘脑－垂体－性腺轴的调控）[J]. 沈阳体育学院学报，2005(5): 13–17.

[44] 常波．运动与下丘脑－垂体－性腺轴（之二：运动对下丘脑－垂体－性腺轴的影响）[J]. 沈阳体育学院学报，2005(6): 4–7.

[45] 邓晓琴．运动与骨健康 [D]. 南昌：江西师范大学，2018.

[46] 龚燕青，王珍，杨妍妍，等．国外老年人常见慢性病自我管理有效性的循证依据 [J]. 国际老年医学杂志，2010,31(1):41–43.

[47] 鞠丽丽，黄恬．运动性疲劳的生化机制与恢复方法的综述 [J]. 当代体育科技，2015, 5(35):232–233.

[48] 戚蓓，王珍，徐春茹，等．湖州城区中老年高血压患病状况与生活方式干预调查[J]. 中国老年学杂志，2010,30(19):2813–2814.

[49] 国家老年医学中心，中华医学会糖尿病学分会，中国体育科学会．中国2型糖尿病运动治疗指南（2024版）[J]. 中华糖尿病杂志，2023,16(16):616–647.

[50] 李瑾，张培珍．抗阻训练对中老年女性心血管健康影响的研究进展[J]. 当代体育科技，2022,12(1):20–26.

[51] 李晓海．运动性疲劳产生机制的生化研究进展[J]. 吕梁学院学报，2017,7(6):81–83.

[52] 陆诗梵，张健，陈怡君，等．心理学干预对2型糖尿病控制不良者疾病观念的影响[J]. 中国老年学杂志，2014, 35(6):1658–1660.

[53] 梁凯博．运动性疲劳产生机制的研究现状[J]. 当代体育科技，2014,4(18):12+14.

[54] 马威，杨建昌．运动性疲劳产生机制的研究[J]. 内江科技，2010,30(1):32+91.

[55] 牛惠，李增焕，戴利成，等．超敏C–反应蛋白与心血管危险因素的交互作用与2型糖尿病的关系[J]. 中国老年学杂志，2016,36(10):2367–2370.

[56] 聂英芳，陆诗梵，张红，等．糖尿病控制不良患者健康相关行为的分析及干预对策[J]. 解放军护理杂志，2012,29(17):5–9.

[57] 沈旭慧，王珍，张红，等．城市社区中老年女性慢性病患病情况分析[J]. 中国老年学杂志，2012,32(3):583–584.

[58] 孙国燕，叶翎，孙玉瑶，等．锻炼免疫学方法研究[J]. 现代免疫学，2014(2):174–176.

[59] 田润，王丹，邱蔚，等．糜酶与传统心血管危险因素的交互作用及其与糖尿病的相关性研究[J]. 中国糖尿病杂志，2015,23(3):207–210.

[60] 王新磊．抗阻训练对大众健康的积极影响[J]. 体育风尚，2020(4):16.

[61] 王峰，李勤，刘建平，等．对运动性疲劳生理机制研究的思考与展望[J]. 军事体育进修学院学报，2013,32(2):118–121.

[62] 王远智，王礼宁，郭杨，等．骨质疏松性骨折风险预测模型研究进展[J]. 中国骨质疏松杂志，2024,30(10):1518–1523.

[63] 王巧玲，沈旭慧，姚行，等．糜酶和传统心血管危险因素的交互作用与糖尿病前期关系的研究[J]. 中国全科医学，2013,16(41):4140–4143+4147.

[64] 王春晓，沈旭慧，王珍．维生素D与2型糖尿病的关系[J]. 生理科学进展，

2015(2):121–125.

[65] 王珍，张红，沈旭慧，等．湖州城市社区中老年糖尿病前期和隐匿性糖尿病患病情况估计 [J]. 中国卫生统计 ,2012,29(4):594–596.

[66] 王珍，张红，沈旭慧，等．糖尿病前期与糖尿病相关因素的研究 [J]. 中国糖尿病杂志 ,2012,20(6):421–423.

[67] 王珍，张红，沈旭慧，等．心血管病传统危险因素与糖尿病及其前期关系 [J]. 中国公共卫生 ,2012,28(6):759–762.

[68] 王珍，沈旭慧，张红，等．城市老年女性高血压及相关疾病家族史调查研究 [J]. 中国全科医学 ,2010,13(17):1882–1883.

[69] 王珍，张红，沈旭慧，等．运用慢性病管理模式在社区开展糖尿病前期健康教育的体会 [J]. 国际老年医学杂志 ,2010,31(2):55–58.

[70] 王珍，沈旭慧，沈国丰，等．医学生社会共情能力的测定与分析 [J]. 中国高等医学教育，2010(7): 19–20.

[71] 王珍，沈旭慧，沈国丰，等．医学生情绪认知能力的测定与比较 [J]. 校园心理，2010,8(2): 75–76.

[72] 王人卫，陆爱云．运动性月经失调与下丘脑 – 垂体 – 卵巢 – 子宫性腺轴之关系 [J]. 上海体育学院学报，2000(1): 28–33.

[73] 向秋平．庄子养生功对中老年人血糖、血脂及血液流变学指标的影响研究 [D]. 上海：上海体育学院 ,2022.

[74] 闫平平，秦春莉，闫增印．不同年龄段的中老年人骨密度特点及其影响因素分析 [J]. 体育科技文献通报 ,2021,29(7):85–87.

[75] 叶国芬，王珍，聂英芳，等．社区中老年居民高血压患病及社区卫生资源利用状况 [J]. 中国慢性病预防与控制 ,2009,17(1):95–96.

[76] 杨舒尧，王珍，沈旭慧，等．农村社区老年糖尿病与非糖尿病人群冠心病风险比较 [J]. 中国老年学杂志 ,2016,36(7):1601–1603.

[77] 应金奕，沈旭慧，王珍．成人隐匿性自身免疫性糖尿病及其机制研究进展 [J]. 现代免疫学 ,2015,35(4):345–347+298.

[78] 张福生，高兴国，周宗惠．中药抗运动性疲劳机制的研究综述 [J]. 体育世界 (学术版),2012(10):22–23.

[79] 张红，沈旭慧，王珍，等．空腹血糖与 OGTT 2 小时血糖在糖尿病前期诊断方面的比较研究 [J]. 中国糖尿病杂志 ,2009,17(11):840–841.

[80] 张红 , 王珍 , 沈旭慧 , 等 . 胰岛素抵抗及 β－细胞敏感性与糖代谢异常的关系 [J]. 中国慢性病预防与控制 ,2012,20(3):284–286.

[81] 朱烨 , 王珍 , 张红 , 等 . 城市中老年女性高血压患病及社区资源利用分析 [J]. 中国民族民间医药 ,2010,19(11):89–90.

[82] 赵振彪 , 张咏梅 , 张至 , 等 . 健康中老年人功率踏车试验达 70% 最大心率时的心血管反应 [J]. 中国康复理论与实践 ,2003(5):63–64.

[83] 张云丽 , 王林 . 运动对下丘脑－垂体－性腺轴功能影响的研究进展 [J]. 辽宁体育科技 , 2004(2):28–29.

[84] 王珍 , 沈旭慧 . 糖尿病生活方式干预手册 [M]. 杭州 : 浙江科学技术出版社 ,2015.

[85] 维他 . 循证抗炎症饮食 [M]. 上海 : 上海科学技术文献出版社 ,2023.